Capitalism and Industrial Relations

자본주의와
노사관계

삶의 질 관점

강수돌 지음

한울
아카데미

이 도서의 국립중앙도서관 출판예정도서목록(CIP)은 서지정보유통지원시스템 홈페이지
(http://seoji.nl.go.kr)와 국가자료공동목록시스템(http://www.nl.go.kr/kolisnet)에서 이용하
실 수 있습니다. (CIP제어번호 : CIP2014023981)

차 례

'삶의 질' 관점에서 본 노사관계

자본주의 노사관계industrial relations는 우선, 노동자와 사용자의 관계를 다루는 학문 분야다. 노동력을 제공하는 사람과 노동력을 사용하는 사람 사이의 관계가 핵심이다. 물론 이는 개별적 관계를 넘어 집합적 관계를 중시한다. 개별적 관계는 인사관리나 인적자원관리 분야에서 더 많이 다룬다. 집합적 관계로서의 노사관계는 노동자를 대표하는 노동조합, 그리고 사용자를 대표하는 사용자단체, 나아가 노사 간의 상호작용을 규율하고 조절하는 정부(또는 국가) 등 3주체가 중요한 행위자로 간주된다.

이렇게 노사관계라는 학문 분야는, 이미 우리가 자본주의 사회의 주요 구성원으로 살고 있다는 사실 자체를 전제로 한다. 자본주의 사회란 자본을 투자하여 경쟁력 있는 상품을 만들고 이를 시장에 내다팔아 더 많은 이윤을 얻는 사회다. 한마디로, '돈 놓고 돈 먹는' 사회다.

그런데 투자된 자본은 토지를 구하고 공장이나 사무실 등 건물을 지으며 원료나 부품을 구할 뿐 아니라 노동시장에서 인간 노동력을 사는 데 쓰인다. 이러한 여러 생산요소들을 잘 결합하여 경쟁력 있는 상품을 만드는 과정이 생산과정이요 노동과정이다. 이렇게 만들어진 상품을 시장에 잘

파는 과정이 마케팅 과정이다. 한편, 사람들은 노동력을 제공하는 대신 임금을 받고 그 돈으로 시장에서 생필품을 구입한다. 이 생필품을 소비하며 먹고사는 과정이 생활과정이다.

이 책은 이런 맥락에서 우리가 사는 이 사회의 근간을 이루는 자본주의 노사관계가 어떤 성격과 구조를 지니고 있는지, 그 과정에서 노동자, 기업가, 노동조합, 경영진, 그리고 정부나 국가 등 주요 주체 또는 행위자들 actors이 어떤 전략strategy과 개념concept으로 어떤 관계relationship를 맺으며 상호작용interaction하는지 탐구한다. 그래서 연구의 영역도 크게 노동시장, 노동과정, 생활과정 등 3영역으로 나눠 고찰한다.

제1부 노동시장 영역에서는 노동조합과 단체교섭, 장시간 노동, 그리고 노동시장과 분배 문제를 다룬다. 제2부 노동과정 영역에서는 생산과정과 인간노동, 기술혁신, 노동건강, 경영참가 등을 다룬다. 제3부 생활과정 영역에서는 시간주권, 일중독, 사회임금, 세계화 문제를 다룬다.

그런데 이 책은 다른 노사관계 관련 저술들이 '경쟁력'이나 '생산성'을 중시하는 관점과는 달리 '삶의 질quality of life' 관점을 중시한다. 그것은 크게 세 가지 이유 때문이다.

첫째, 우리가 일을 하거나 공부를 하는 이유도 결국은 '행복'하게 살기 위함인데, 이 행복 증진에 '삶의 질'이 결정적으로 중요하다고 보기 때문이다. 물론 행복happiness을 위해서는 식, 의, 주와 같은 기본 생계 해결을 위한 소득, 즉 삶의 양이 중요하다. 하지만 기본 생계를 해결할 정도의 소득이 확보된다면 그때부터는 삶의 질이 더 중요해진다. 설사 우리가 아무리 돈을 많이 벌어도, 건강이나 여유를 잃거나 존중받지 못하고 차별받는다면, 또 공동체가 붕괴되고 생태계가 망가진다면, 삶의 질은 바닥을 칠 것이고 행복이 아니라 스트레스가 삶을 압도할 것이다.

둘째, 삶의 질을 생각하는 경영, 삶의 질을 생각하는 경제, 삶의 질을 생각하는 노사관계, 삶의 질을 생각하는 행정이 중심에 자리 잡는다면, 자연스럽게 효율efficiency 또한 올라갈 것이라 보기 때문이다. 사실 경영, 경제, 행정 등이 사람들의 삶의 질을 높이면 행복감과 만족도가 증대함으로써 사람들은 더욱 활기차게, 더욱 의욕적으로, 더욱 정성을 쏟아서 일을 하게 된다. 예컨대 OECD 국제 비교에서도 한국의 노동생산성은 유럽 선진국들에 비해서도 아주 낮은 편인데, 그것은 노동시간이나 노동인권 지수 등으로 상징되는 노동자 '삶의 질'이 낮은 것과도 상관이 있다고 본다. 역으로, 유럽 선진 각국들처럼, 삶의 질이 높은 나라들일수록 노동생산성, 즉 효율성도 높게 나타난다.

셋째, 우리가 삶의 질을 중시해야 하는 가장 중요한 이유는, 오늘날 기업이나 정부가 경쟁력이나 생산성을 중시한 나머지 '삶의 질'이 극도로 희생되고 있다는 판단 때문이다. 자본주의 세계 시장에서 생존하려면 당연히 경쟁력을 높여야 한다. 하지만 바로 이 경쟁력을 높이기 위해 생산성을 향상시키는 과정이 불행히도 삶의 질을 파괴하는 역설이 발생한다. '생산성의 역설paradox of productivity'이다. 일례로, 생산성을 높이기 위해 인건비를 절감하고자 정리해고를 하거나 비정규직을 사용하면 일하는 사람 입장에서는 고용불안과 차별 대우로 인한 스트레스로 인해, 삶의 질의 주요 측면인 건강과 여유로움, 존중받는 느낌이나 평등한 관계를 상실하기 쉽다.

이런 맥락에서 이 책은 노사 양측이, 나아가 정부를 포함한 노사관계의 3주체가 모두 '삶의 질' 관점으로 고양될 것을 촉구한다. 따라서 기존 노사관계의 분석이 노동과 자본의 상호관계를 중심으로 이뤄진 반면, 이 책은 생명과 자본의 상호관계를 중심으로 분석한다. 여기서 노동은 생명과 자본의 교집합이 된다. 여태껏 노동은 생명을 자본으로 전화하는 데 헌신했지만, 향후엔 노동이 자본을 생명으로 지양하는 데 기여해야 한다고 본다. 요컨대, 이 책은 노동시장, 노동과정, 생활과정 등 모든 영역에서 노사 간,

또는 노사정 간의 관계들이 '삶의 질' 관점에서 혁신되고 고양되어야 진정으로 바람직한 노사관계가 형성되면서 사회 전체적으로도 행복도가 높아질 것이라 본다.

그런 면에서 노사, 그리고 노사정 당사자들은 편협한 자신만의 이해관계interest를 넘어 자본주의 경제나 경영이 강제하는 경쟁의 압박이나 그 인한 생산성의 역설 등을 정직하게 성찰하고 이해understand해야 한다. 물론 이러한 시각은 자본주의를 넘어 사회주의에도 확장되어야 한다. 왜냐하면 자본주의건 사회주의건, 그 이념적 지형에 관계없이, 노동시장, 노동과정, 생활과정 등 삶의 전 영역을 깊이 고찰할 때 '삶의 질' 훼손이 심각하기 때문이다.

이 책을 펴내는 데는 도서출판 한울 김종수 대표님과 편집부 김경아 팀장의 노고가 컸다. 또 일부 자료 수집에 고려대 장문성, 조규준 군이 도움을 주었다. 이 자리를 빌려 감사 인사를 전한다. 모쪼록 이 책이 한국의 노사관계를 삶의 질 차원에서 한 단계 업그레이드시키는 데 일조하기를 바란다. 이 책의 독자들과도 노사관계의 민주화 및 지양을 위해 보다 깊이 있는 대화, 보다 긴 호흡의 토론을 해나갈 수 있기를 소망한다.

2014년 7월
고려대 세종캠퍼스 연구실에서
강 수 돌

제1부 노동시장과 노사관계

—

노 사 관 계 에   대 한
전 반 적   개 관

1. 노 사 관 계 의   정 의

노사관계labor-management relations란 글자 그대로 노동자와 사용자의 개별적·집단적 관계를 총칭하는 용어다. 개별적 관점에서 보면, 한 노동자가 취업을 하여 사용자와 고용관계를 형성하면서부터 노사관계는 시작되고 정년퇴직하거나 이직을 하는 등 고용계약이 종료되면 노사관계는 끝난다. 그러나 집단적 관점에서 보면 노사관계는 한 노동자의 취업 시점 이전부터 존재했고 이직 이후로도 존재한다. 나아가 한 사업장이나 한 나라를 넘어 세계 자본주의가 존재하는 한 집단적 노사관계는 존재한다. 이런 면에서 노사관계는 노자관계labor-capital relations이기도 하다.

즉, 노사관계를 총체적 관점에서 보면 더 많은 이윤을 추구하는 자본과 더 나은 생활을 추구하는 노동 사이의 협력과 갈등, 타협과 투쟁, 합의와 반발, 균형과 불균형, 조화와 적대 등 복합적 관계를 지칭한다고 할 수 있다. 바로 이 복합적 관계의 구체적 움직임들이 우리가 실생활에서 접하게 되는 다양한 사회경제적 변화의 배경을 이룬다. 그래서 우리의 현실은 때로는 변화와 발전으로, 때로는 정체와 퇴보로 나타난다.

이러한 노사관계를 보다 긴 역사적 맥락에서 보면 한편으로는 인류의 진화 과정과, 다른 한편으로는 자본주의의 진화 과정과 밀접하게 연동되어 있음을 알 수 있다. 인류의 진화 과정은 약 1만 년 전의 신석기 시대부터 치더라도 씨족, 부족 등의 공동체 사회로부터 고대 노예제와 중세 봉건제를 거쳐 근대 자본제 사회에 이르기까지 꽤 오랜 동안의 변화를 보여준다. 이 맥락에서 보면 노사관계란 근대 자본제 사회에 이르러 독특한 사회적 관계로 부각된 현상으로 자리매김할 수 있다.

다음으로, 자본주의의 진화 과정에서 노사관계는 다양한 변화의 경로를 보여왔다. 일례로, 초창기의 억압적인 노사관계로부터 민주적인 노사관계로 변해온 면도 있으며, 다른 한편에서는 적대적인 노사관계로부터 협력적인 노사관계로 변해온 면도 있다. 물론, 모두 상대적인 의미에서 그렇다는 말이다. 그러한 변화의 바탕에는 다양한 사회적 세력관계가 숨어 있다. 예컨대 프랑스는 노조 결성 등 노동자의 단결을 막기 위해 1791년에 르 샤플리에 법을 제정했으나, 노동자들의 투쟁이 거세지자 1864년에 노동자의 파업권을 인정했고 1868년엔 노조 결성과 집회의 자유까지 허용했으며, 마침내 1884년엔 공식적으로 르 샤플리에 법 자체를 폐지하고 말았다. 영국에서도 1800년에 제정했던 결사금지법이 양복공 플레이스 등 수많은 노동자들이 탄압을 무릅쓰고 투쟁을 전개하자 마침내 1824년에 폐지되었다.

이러한 변화의 배경에는 당연히도 수많은 사회적 세력관계가 작동한다. 즉 자본 진영에는 국가, 정치가, 기업가, 친기업 언론이나 지식인 등이 이러저러한 형태로 결합한다. 반면 노동 진영에는 노동조합이나 사회운동가, 일부 양심적인 정치가나 기업가, 그리고 사회정의를 열망하는 지식인 등이 다양한 형태로 결합한다. 또한 각 진영 내부나 양 진영 사이에도 다양한 형태의 관계가 전개된다. 이러한 복잡다단한 관계 속에서도 총체적 힘의 관계가 어느 쪽으로 쏠리는가에 따라 노사관계는 조금씩 변화한다.

2. 인 류 사 회 의 역 사 와 노 사 관 계 의 기 원

인류가 오늘날처럼 농사를 짓고 살기 시작한 때는 약 1만 년 전부터다. 이른바 '원시적 공동체 사회'가 형성된 시기로, 신석기 시대와도 일치한다. 사람들은 개인이 아니라 씨족, 부족의 일원으로 살았다. 주된 생계 방식은 수렵과 채취였으며, 농사도 새로이 짓기 시작했다.

그 뒤 농업 생산성이 증가하고 잉여 생산물이 쌓이기 시작하면서 계급도 생기고 고대 국가도 생겨났다. '고대 노예제 사회'의 탄생이다. 부족 간 전쟁도 생겼고 전쟁 포로들은 노예가 되기도 했다. 고대 그리스나 로마 시대가 바로 그 시기에 해당한다. 노예주와 노예의 관계는 사람과 사물의 관계와도 같았다. 노예들은 '말하는 도구'일 뿐이었고 소유의 대상이었으며 노예의 후손도 노예로 살아야 했기 때문이다. 노예주 입장에서는 노예 노동의 재생산을 위해 '밥만 먹여주면' 되었다.

그 뒤 10세기 무렵 이후, 커다란 장원을 가진 영주 계급과 귀족 계급, 성직자 계급이 지배하는 '중세 봉건 사회'가 구축된다. 이제 영주는 농노를 부려 농업 노동을 시킨다. 농노의 생활은 노예보다는 낫지만 장원에 속박되어 있었고 자신과 가족을 위해서도 노동을 했지만 영주에게 무상의 노동을 제공해야 했다. 봉건적 형태의 느슨한 잔재는 소작농에서 볼 수 있다. 소작농은 지주의 땅에서 농사를 지어 일정한 비율을 지주에게 바치는 대신 나머지는 자신이 가져가는 형태다.

그 뒤 15세기 이후 영국에서는 '엔클로저 운동'이 일어나, 공유지 등 농사짓던 땅에 울타리가 쳐지면서 농민들은 쫓겨나게 된다. 이들은 도시의 공장을 위한 노동력으로 변모해야 했다. 이제 농사짓던 사람들이 공장 노동을 하는 노동자가 된다. '자본제적 노동사회'가 정립되는 것도 바로 이 시기부터다. 경제인류학자 칼 폴라니가 『거대한 전환The Great Transformation』에서 말한바, 토지·노동·화폐 등 상품이 되어서는 안 될 요소들이 상품으로 변한 사회가 곧 자본주의 사회라 할 수 있다. 요컨대 노사관계의 역사적 형성에 가장 중요한 조건은 토지 등 생산수단으로부터 노동력이 분리된 일, 그리하여 노동력이 상품화한 일이라 할 수 있다.

처음엔 소규모 작업장 수준에서 일을 하는 숙련공이 많았지만, 특히 18세기 후반의 산업혁명 이후 갈수록 기계가 발달하고 대공장이 많이 생기면서 미숙련의 대중 노동자 계급이 탄생한다. 그 뒤 자동화 기계가 도입되고 전산화·정보화 시대가 도래하면서, 그리고 세계화 시대가 열리면서 노사관계도 더욱 복잡하게 전개된다.

3. 자 본 주 의 경 제 와 노 사 관 계 의 흐 름

지금까지 자본주의 경제 질서의 흐름은 대략 세 가지로 전개되었다. 첫째가 고전적 자유주의이고, 둘째가 케인스주의(복지국가주의)이며, 셋째가 신자유주의이다.

고전적 자유주의는 애덤 스미스에서 대표적으로 발견되는바, 경제 과정에 대한 국가의 개입을 철저히 반대하며 동시에 독과점의 폐해를 강조한다. 결국 공정한 경쟁의 룰이 통하는 시장 메커니즘("보이지 않는 손") 이야말로 자원의 효율적 분배와 국부의 증대, 그리고 복리 증진이 이루어진다고 보는 것이다. 이 시기의 노사관계는 한 마디도 자본가 우위의 노사관계로서, 권위주의적이고 독재적인 노사관계였다. 간혹 가부장적인 시혜를

베푸는 기업가도 있었고, 로버트 오언Robert Owen 같은 이는 실험적으로나마 대안적 노사관계를 시행하기도 했다. 하지만 전체적으로는 장시간, 저임금 노동에 무권리 노동까지 겹쳐 노동자들의 삶은 매우 처참했다. 물론 숙련공들은 나름의 숙련 기술을 바탕으로 일정한 힘을 발휘했지만 영화 〈레미제라블〉에도 나오듯 미숙련공이나 여성, 어린이들은 매우 처참한 노동조건에 노출되기도 했다.

한편 노동자들은 공제회나 교육협회 등을 만들기도 하고 노동조합 결성이나 협동조합 결성을 통해 그 나름의 대안을 추구하고자 노력하기도 했다. 이런 대안적 시도들의 바탕에는 전통적인 '도덕경제', 즉 돈벌이가 아니라 인간다운 삶을 추구하는 경제의 흔적들이 남아 있었다.

그러나 불행하게도 이러한 고전적 자유주의는 일정한 시기가 지나자 종말을 고하게 된다. 그 종말의 징후들은 여러 가지인데, 대표적인 것만 봐도 자유경쟁 대신 독점의 출현과 공정 경쟁의 억압, 시장 포화와 식민지 개척, 제국주의의 등장, 경제 공황과 대량 실업의 발생, 세계 전쟁의 발발 따위이다. 이 모두가 기억하고 싶지도 않은 지긋지긋한 역사적 과정이다. 그런데 이 고전적 자유주의조차도 '모두에게' 자유(해방)를 안겨다 준 것은 아니다. 솔직히 말하자면 돈벌이의 자유와 몸뚱어리(노동력)를 팔 자유가 핵심이었을 뿐이다.

다음으로, 경제대공황과 세계대전을 거치면서 등장한 케인스주의(복지국가주의)의 실체는 무엇인가. 그것은 한마디로 고전적 자유주의와 신생 사회주의에 대한 '자본의 대안'으로 등장한 것인데, 말하자면 테일러주의와 컨베이어 벨트로 상징되는 대량생산 체제와 그에 기초한 고이윤, 그에 기초한 고임금과 고高복지, 또 그에 기초한 대중소비 체제가 절묘하게 잘 맞물려 돌아간 새로운 자본축적 체제일 뿐이다. 이 시기는 대체로 산업화 및 기술발전에 의한 미숙련노동자의 대량 창출과 관련이 있다. 서양에서는 산별 노조가 성장, 발전하는 시기이기도 했다. 이제 산별 노조 중심으로 역량이 증가한 노동 진영은 사회 전체적으로 교섭력을 증대할 수 있었다. 노동자 정당도 제도권 속에서 일정한 자리를 차지하게 되었다.

한편, 대량 생산과 대량 이윤에 기초한 높은 복지와 대중소비는 노동조합과 단체교섭, 단체행동을 매개로 다시금 노동자들을 체제 속으로 잘 통합시키는 효과를 발휘하기도 했다. '중산층 신화'의 상징이 된 부유한 노동자들은 높은 노동 동기를 매개로 다시금 높은 노동생산성을 창출했다. 이런 방식의 이윤 획득 및 축적 체제를 '포디즘Fordism'이라 한다.

그러나 이러한 포디즘의 '선순환' 시스템은 크게 두 가지 전제가 필요했다. 하나는 대내적으로 노동자들이 높은 노동의욕과 높은 노동생산성을 보여주는 것이었고, 다른 것은 해외로부터 지속적으로 많은 잉여를 가져오는 것이었다. 국가는 이를 바탕으로 복지체제(공공부문)를 구축했으며 따라서 효율적 재정정책이 매우 중요하게 되었다. 그런데 1960년대 말~1970년대 초가 되자 이러한 전제가 흔들리기 시작했다. 한편으로는 노동자가 파편화된 노동과정에 더는 침묵하려 하지 않았고 또 한편으로는 해외의 민족주의적 저항('개발독재' 포함)도 커졌다. 나아가 범지구적 생태계 파괴도 심각할 정도로 진척되었다. 결과는 자본축적의 위기와 만성적 재정적자로 나타났다. 선순환이 '악순환'으로 뒤바뀐 것이다.

바로 이러한 배경 속에 등장한 것이 1980년대 초의 영국 대처 정부와 미국 레이건 정부로 대변되는 '신자유주의' 또는 '신보수주의' 이념이다. 역설적으로, 케인스주의는 복지체제를 통해 노동자에게는 굶어 죽을 자유를 주지 않았지만(이른바 '사회 안전망'은 이런 뜻에서 이중 역할을 수행한다. 즉 사람들이 굶어 죽지 않게 하는 측면과 함께, 사회 반란의 가능성을 미리 차단하는 측면도 있는 것이다), 신자유주의는 '굶어 죽을 자유'까지 새로이 주고 있다. 고전적 자유주의 때는 아직도 존재했던 '도덕 경제'의 흔적과 아직도 파괴되지 않았던 '공동체적 사회관계들'이 개인에게 굶어 죽을 자유를 주지 않았고, 케인스주의 때는 국가 복지가 이를 허용하지 않았지만 신자유주의 시기는 적나라하게도 이러한 '신자유'를 주고 있는 셈이다.

신자유주의는 세계화 물결과 결합하여 신자유주의 세계화 시대를 열었다. 그 네 가지 기둥은 개방화, 탈규제, 민영화, 유연화 등이다. 개방화란 국경을 세계 자본에 개방하여 투자의 자유를 추구하는 것이며, 탈규제란 국가나 노조의 규제를 없애서 이윤의 자유를 증진하는 것이다. 민영화란 공공부문을 사유화하여 이윤 논리를 확장하는 것이며, 유연화한 노동력을 유연하게 쓰고 버릴 수 있는 자유를 말한다. 요컨대, 신자유주의의 자유란, 그 이전인 케인스주의 시대에 국가나 노조가 이룩한 민주적 성과(노동3권 인정, 인간적 노동조건, 민주적 노사관계, 복지체제 등)을 무위로 돌리는 시도이며, 결국 돈벌이의 자유를 고양하는 것이다.

이제 세계 경제는 갈수록 불안정하고 경쟁은 더욱 치열해지면서 이윤 증식은 그만큼 어렵게 되었다. 이른바 '이윤율의 경향적 저하'는 현실적으로 자본을 압박한다. 따라서 그만큼 역동적으로 몸부림을 쳐야 개별 자본은 생존할 수 있다. 우리가 흔히 경영학 교과서에 '경영 혁신', '경영합리화' 또는 '경영 혁명'이라고 부르는 각종 전략을 추구하는 과정이 그러한 역동적 몸부림이며, 구체적으로는 '상시적 구조조정'으로 드러나고 있다.

자본이 돈벌이의 자유를 추구하는 사이, 세계 각국에서, 그리고 세계 전체적으로 빈곤의 세계화, 소득의 양극화가 가속화한다. 현재 지구촌 인구 70억 중에서 20억 정도는 극도의 빈곤 속에 살며 영양 결핍에 고통당한다. 그 잘산다는 미국에서조차 3000만 명 이상이 빈곤선 이하에 살며, 영국에서도 어린이 중 1/3이 가난에 시달린다. 2012년 통계로 미국 인구 중에서 상위 10%가 벌어들이는 소득이 미국 전체 소득의 절반을 넘어섰다.

또, H. P. 마르틴과 H. 슈만의 『세계화의 덫Die Globalisierungsfalle』(1997)에

따르면 세계적 초특급 부자 358명의 재산을 모두 합치면 당시 지구촌 인구의 약 절반에 해당하는 25억 명의 재산을 합친 것에 맞먹는다고 했다(마르틴·슈만, 1997). 그런데 이 수치는 15년이 흐른 뒤 더욱 악화했다. 국제 빈민구호단체인 영국의「옥스팜 보고서」에 따르면, 2013년《포브스》선정 세계 최고 부자 85명이 가진 재산이 약 1800조 원에 달해 빈민층 35억 명이 가진 재산과 비슷한 규모이다(《파이낸셜뉴스》, 2014.1.21). 더욱 무서운 사실은, '신자유주의'적 자본주의에 동조하지 않거나 그런 식으로 '구조조정'을 하지 않는 사회에 대해서는 남미나 동남아, 이라크나 발칸 사태 등에서도 보듯이 '저강도 전쟁'이나 '고강도 전쟁'을 통해 과감히 '청소'를 해버린다는 것이다(강수돌·하이데, 2009).

신자유주의는 요컨대, 한편으로는 노동자와 노조에 대해 '군기'를 잡고, 또 한편으로는 통일된 '세계 시장'을 만들어가려는 것이다. 이때 '신자유'란 이미 정경유착과 경쟁과정에 의해 독과점이 만들어진 상태에서 크게 두 주체, 즉 거대한 초국적기업 및 세계금융체제가 국가의 개입과 노조의 개입 등을 더는 받지 않고 '자유'로이 돈벌이를 추구하려 하기에 나온 이름이다. 그것도 국가나 민족 같은 경계선을 더는 인정하지 않은 상태에서(그러나 필요에 따라 마음껏 '이용'해먹으면서) '지구 전체'를 무대로 이윤 추구의 자유를 누리겠다는 것이다. 바로 이것이 신자유주의의 본질이다.

그러나 이러한 신자유주의조차 영원하지 않다는 점이 2008년 세계금융위기를 계기로 드러나고 말았다. 2008년 가을, 미국의 리먼 브라더스라는 대형 투자은행의 파산 이후 벌어진 금융 위기와 그에 이은 실물 위기, 실업과 불안, 유럽과 미국의 국가 부도 위기 등은 가히 '신자유주의의 종말'을 언급할 만하게 만들었다. 사람들은 이 위기에 대해 시간만 좀 지나면 곧 극복될 것이라 본다. 하지만『글로벌 슬럼프Global Slump』의 저자 데이비드 맥널리 교수는 단호히 아니라고 말한다. 이 침체된 분위기는 앞으로 상당히 오래갈 것이란 전망이다. 그것도 전 지구적으로 말이다. 그래서 '글로벌 슬럼프'의 시대가 왔다는 것이다(맥널리, 2011).

4. 자본주의 노사관계의 구조

자본주의 노사관계의 구조는 일종의 행렬 매트릭스 구조 속에서 파악할 수 있다. 행 구조는 크게 노동시장, 노동과정, 생활과정 등 3영역으로, 렬 구조는 개별적 노사관계, 집단적 노사관계, 전국적 노사관계, 세계적 노사관계 등 4차원으로 파악할 수 있다.

이러한 행렬 매트릭스 구조를 형성하는 핵심 추동력은 자본의 축적 운동이다. 자본이란 이윤을 낳는 화폐, 즉 자기 증식 운동을 하는 화폐이다. 단순한 교환 수단이나 가치 척도 기능만 하는 화폐가 아니라 자기 증식 운동을 하는 화폐, 이윤을 추구하는 화폐가 곧 자본이다.

자본은 맨 처음 생산수단과 노동력을 구입한 뒤 이들 생산요소를 효율적으로 결합하여 상품을 만든다. 이 상품을 시장에 내다 팔아 더 많은 이윤을 실현한다. 이것이 자본의 기본 순환이다. 여기서 자본(임금)과 노동력이 교환되는 공간이 곧 노동시장 영역이다. 그리고 그 노동력이 상품을 생산하는 공간이 곧 노동과정 영역이다. 나아가 노동력은 하루만 활동하는 게 아니라 매일 계속해서 재생산되어야 하는데, 이것이 곧 생활과정 영역으로 나타난다. 이렇게 자본주의 노사관계는 자본의 운동과 맞물려 노동시장, 노동과정, 생활과정이라는 3영역에서 형성된다.

이러한 자본의 기본 운동은 개별·집단, 전국적·세계적 차원에서 다차원으로 이뤄진다. 반드시 그런 건 아니지만, 대체로 자본주의의 진화 과정과 비례하여 개별 차원보다 집단 차원, 나아가 전국적·세계적 차원으로

그림 1-1 • 자본과 노동의 순환 과정

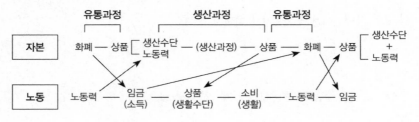

확장되는 경향이 있다. 특히 신자유주의 세계화 시대 이후로 노동시장, 노동과정, 생활과정 모두가 세계화하는 경향을 보이기도 한다.

대개 노사관계를 분석하는 연구들은 노동시장 영역이나 노동과정 영역에 초점을 맞추고 대체로 집단 차원의 현상이나 이슈들을 다룬다. 하지만 이 책은 생활과정 영역도 중시하며, 전국적·세계적 차원의 문제도 시야에서 놓치지 않으려 한다.

5. 노사관계 연구의 기본 지형

노사관계는 기본적으로 노동과 자본 사이의 관계를 연구하는 학문 분야이다. 그것은 경영학·경제학·심리학·교육학·사회학·정치학·법학 등 다양한 학문 분야를 포괄한다. 물론 각 학문 분야마다 주요 관심은 다를 수 있다. 하지만 가장 근간을 이루는 문제는 노동과 자본 사이의 관계이다.

그런데 여기서 전통적인 노사관계의 연구 지형과 이 책에서 접근하는 연구 지형은 좀 다르다는 점을 지적할 필요가 있다. 전통적 접근방식은 한편에서는 노동, 다른 편에서는 자본이 밀고 당기면서 분배 문제를 둘러싸고 중간 정도의 합의를 도출하는 지형으로 되어 있다. 그러나 이 책에서 노

그림 1-2 ● 노사관계 분석의 기본 지형

노동 | 임금 | 자본

전통적인 시각

생명 | 노동 | 자본

이 책의 새로운 시각

사관계를 연구하는 지형은 한편에 생명이 있고 다른 편에는 자본이 있으며 그 중간에 노동이 놓여 있다고 본다. 이러한 내용을 그림으로 표시하면 그림 1-2와 같다.

　이 책의 접근 방식이 기존 접근 방식과 다른 점은, 노사관계를 보다 큰 생명life과 자본capital 간 상호관계의 일부분이라 보는 데 있다. 즉, 자본 입장에서는 인간 노동력이건 자연 생태계건 이 세상의 모든 생명력vitality을 부단히 섭취함으로써 자신의 몸집을 불려나가는 것이 핵심이다. 바로 여기서 인간 노동이 하는 역할은 자신을 포함한 모든 생명력을 자본으로 변형시켜내는 데 얼마나 많이 협력할 것인가 하는 점에 있다.

　인류의 역사를 살필 때 바로 이런 접근 방식이 자본주의 노사관계가 가진 특수성을 제대로 파악하는 것일진대, 기존 접근 방식은 이미 자본의 지배적 구조를 수용하고 기정사실화한 바탕 위에서 오로지 분배 투쟁 distribution struggle에만 몰두하는 그런 이론적 지형을 갖고 있는 셈이다. 게다가 기존의 접근 방식은 노동 진영이 분배 투쟁만 잘 하게 되면 마치 자본주의 노사관계 문제를 잘 해결할 수 있을 것 같은 그런 이론적 프레임을 갖고 있다는 점에서 이미 그 한계를 드러낸다.

6. 노사관계의 과정과 전망

현실적으로 일어나는 노사관계의 과정은 대체로 노동조합의 결성, 노사
협의 및 단체교섭의 실행, 단체행동의 전개, 새로운 단체협약의 체결, 그리
고 새로운 노동 법률의 제정 등으로 나타난다. 물론 이것은 제도적 측면에
초점을 맞춘 이야기다.

제도 측면을 넘어 행위 측면까지 살피게 되면 노사관계는 더욱 복잡한
양상으로 나타난다. 행위 측면이란 노동자나 사용자들이 상황을 인식하고
특정한 행위를 선택하여 전략적으로 행동하는 것, 일례로, 노동조합을 만
들고자 하는 노동자의 행위나 노동조합을 억제하고자 하는 사용자의 행
위, 또한 단체교섭이나 파업을 요구하는 노동조합의 행위, 그러한 것에 비
협조적이거나 방해하려는 사용자 및 공권력의 행위 등을 들 수 있다.

지금까지 역사적으로 노사관계의 전개 과정이 어떤 경로를 밟았는지 간
략히 살핀다면 향후 전망도 예측이 가능할 것이다. 역사적으로 전개된 노
사관계의 과정은 크게 두 가지 경로로 압축할 수 있다.

하나는 자본주의 체제 안에서의 혁신 과정이었다. 이것을 나는 노사관
계의 민주화라고 부른다. 그것은 권위주의적 노사관계가 참여주의적 노사
관계로 변해온 경향을 말한다. 영국을 포함한 서유럽 대륙에서의 노사관
계가 보여준 경향성이다. 물론 노동 진영에서도 일정한 민주화가 있었다.
그것은 어용노조나 직종별 노조가 민주노조 또는 산업별 노조로 변화하는
과정에서 드러났다.

둘째는 자본주의 체제 밖으로 나가는 혁명 과정이었다. 나는 이것을 노
사관계의 지양이라 부른다. 이것은 1917년의 러시아 혁명으로 상징되는
사회주의 혁명만 뜻하는 것은 아니다. 물론 구소련이나 동유럽, 아시아의
중국, 북한, 남미의 쿠바, 볼리비아, 베네수엘라 등이 보여준 사회주의적

변화들도 주목할 만하지만, 자본주의 체제 안에서조차 노동자 자주관리나 협동조합, 사회적 기업 등 일부 모범적 사례들은 노사관계를 지양하는 모습을 보여준다.

이런 점을 염두에 둔다면 향후 자본주의 노사관계는 부단히 변동할 수밖에 없다는 점을 알 수 있다. 그것은 보다 구체적으로 노사 당사자들이 어떤 가치관과 전망을 갖고 어떤 역량을 얼마나 발휘하는가에 따라 달라질 수 있는 불확정적인 미래라고 할 수 있다.

다만, 이 책에서 다루는 학문으로서의 노사관계는 기본적으로 정치 민주주의를 넘어 경제 및 노동 현장의 민주화를 추구하는 산업 민주주주의 industrial democracy를 지향한다. 나아가 그것은 사회 정의social justice와 삶의 질 quality of life을 강조하며, 궁극적으로는, 앞서 연구 지형에서 언급한바, 사회 경제 시스템의 지속 가능성sustainability에 대한 관심도 잃지 않아야 한다. '이윤 극대화' 관점에 대한 대안으로 제시된 '삶의 질' 관점은 이 모든 차원을 포괄한다. 이런 점에서 이 책은 노사관계의 민주화democratization를 넘어 궁극적으로 노사관계 자체를 지양sublation, aufheben할 수 있을 때 '삶의 질'도 제대로 고양될 것이라 본다.

O 2

노동조합과 단체교섭

1. 노동조합의 정의

노동조합trade union, labor union이란 노동자의 노동조건과 생활조건을 유지하고 개선하는 것을 기본 목적으로 하는 노동자들의 자주적 결사체이다(Webb and Webb, 1894: 1).* 노동조합의 기능은 기본적으로 임금, 노동시간, 노동복지 등 노동자들의 경제적·사회적 권익과 지위를 향상시키는 데 있다. 하지만 노동조합운동의 발전에 따라 단순히 여기에 머물지 않고 노동자 계급 전체의 사회적 지위 개선을 넘어 노동해방을 지향하는 정치활동까지 수행하기도 한다.

노동조합의 기원은 중세 말기 장인이나 수공업자들이 중심이 되어 결성한 길드guild에 토대를 둔다. 길드는 장인이 되기 위한 전문적 훈련을 받는 도제의 수나 노동시간, 보수, 생산량 등을 적절한 선에서 규제함으로써 수

----

* 저자들은 이 책 초판에서 '고용조건 개선'이라 했던 것이 이제 '생활조건 개선'으로 확장했음을 강조한다. 의도치는 않았지만 '고용조건 개선'이라 했을 때 자본주의 임금제도를 영속화할 위험을 내포한다고 보았기 때문이다.

공업자 전반의 사회경제적 권익을 도모했다. 이러한 길드가 점차 노동조합으로 변모하는데, 그것은 기술 및 생산력의 발전과 더불어 장인이나 직인 등이 누리던 기존의 특권들이 약화한 사실과 연관이 된다. 이에 삶의 위기를 느낀 수공업자들이 직종별로 자주적인 조직을 만들어 사회경제적 권익을 도모하고자 했다. 바로 이것이 직조공, 제화공, 연초공 등의 직종별 노동조합crafts union으로 정립되었다.

그러나 산업혁명 이후 새로운 기술들이 발달하고 대공장 체제가 성립함에 따라 숙련공 중심의 노동조합은 상대적으로 귀족 노조라는 비난을 받게 되었다. 왜냐하면 전문 숙련을 갖지 않은 미숙련 노동자, 여성 및 아동 노동자들이 대량으로 생산되었기 때문이다. 이러한 노동자들을 조직하기 위한 새로운 시도가 다양하게 나왔는데, 이런 노력이 결국은 산업별 노동조합industrial union으로 결집되었다. 산별 노조는 예컨대 철강석탄노조, 화학노조, 자동차노조, 교원노조 등과 같이 노동자의 숙련 정도나 취업 여부를 묻지 않고 업종별·산별 영역에 따라 모두를 조직하기 시작한 결사체다.

그러한 산별 노조들을 모두 아우르는 전국적 조직을 '내셔널센터'라고 하는데, 영국의 노동조합총연맹TUC나 독일의 DGB(독일노동총동맹), 한국의 KCTU(민주노총)이 대표적인 내셔널센터라 할 수 있다.

세계적 차원에서도 각국의 노동조합을 엮어내는 노력이 이뤄졌는데, 그렇게 힘이 센 것은 아니지만 세계금속노련, 세계노동조합연맹 등이 있다.

이와 같이 노동조합은 기업, 산업, 전국, 세계 차원에서 노동자의 권익을 옹호하고 증진시키기 위해 노동자들이 내부의 단결과 사회적 연대를 도모하는 자주적 결사체라 할 수 있다.

한국의 경우, 노동조합은 일제하 산업화 과정으로 거슬러 올라간다. 일제하에서 시작된 농민 조직화나 노동자 조직화가 해방 직후인 1945년 11월에 전평(전국노동조합총평의회)이라는 진보적 산별 조직의 전국 센터로 결집되었다. 1945~1948년까지의 미군정기 아래 전평은 갈수록 배제되는 과정을 거쳐 1950년 한국 전쟁을 계기로 거의 해체된다. 한편 보수 세력들은 1946년 3월에 노총을 만들었는데, 노동자의 자주적 조직이라기보다는 정치적 깡패 조직에 가까웠다. 1953년 정전 직전에 노동조합법이 통과되었으나 공인되는 노동조합은 대체로 어용노조였다. 이승만 시기와 박정희 시기의 산업화를 거치면서 어용노조가 대세로 자리 잡았다. 1970년 11월 청년 전태일의 분신 항거로 노동계나 지식인 사회가 척박한 노동 현실에 눈을 뜨기 시작했으나 권위주의적 억압 정치 아래 민주노조운동은 꽃을 피우기 어려웠다.

1979년 10월 박정희 사망 직후, 1980년 5월 광주항쟁 무렵, 강원도 사북 탄광 등에서 노동자 운동도 봇물처럼 터졌으나 전두환, 노태우로 상징되는 신군부 세력에 의해 다시 억압되었다. 그러나 1985년 대우자동차 투쟁이나 구로 동맹 파업 등 민주노조운동의 물결은 지속되었고 마침내 1987년 6월 시민항쟁과 더불어 7~9월의 '노동자대투쟁'으로 폭발했다. 1987년부터 1990년에 이르는 이 시기가 한국 노동조합의 최전성기라 할 수 있다. 노동조합이 없던 사업장에서는 새로운 노조가 세워졌고, 어용노조만이 있던 사업장에서는 민주노조가 설립되었다. 1991년 1월엔 전노협이 창립되었고, 대기업노조 연대회의와 더불어 민주노조운동의 쌍벽을 이루었다. 이러한 노력이 각종 탄압을 이겨내고 1995년 민주노총 설립으로 귀결되어 오늘에 이른다.

2. 노 동 조 합 의 본 질

그렇다면 노동조합의 본질은 무엇인가? 결론부터 말하자면 그것은, 노

표 2-1 • 노동조합 수 및 조합원 수 추이   (단위: 개소, 1000명)

	노동조합 수				노동조합원 수
	전체	총연합 단체	산별연맹 (노조)	지부 분회 (단위노조)	
1980	2,635	1	16	2,618	948
1985	2,551	1	16	2,534	1,004
1986	2,675	1	16	2,658	1,036
1987.06.30	2,742	1	16	2,725	1,050
1987.12.31	4,103	1	16	4,086	1,267
1988	6,164	1	21	6,142	1,707
1989	7,883	1	21	7,861	1,932
1990	7,698	1	21	7,676	1,887
1991	7,656	1	21	7,634	1,803
1992	7,527	1	21	7,505	1,735
1993	7,147	1	26	7,120	1,667
1994	7,025	1	26	6,998	1,659
1995	6,606	1	26	6,579	1,615
1996	6,424	1	26	6,397	1,599
1997	5,733	1	40	5,692	1,484
1998	5,560	1	42	5,517	1,402
1999	5,637	2	43	5,592	1,481
2000	5,698	2	44	5,652	1,527
2001	6,150	2	43	6,105	1,569
2002	6,506	2	41	6,463	1,606
2003	6,257	2	43	6,212	1,550
2004	6,017	2	42	5,973	1,537
2005	5,971	2	42	5,927	1,506
2006	5,889	2	51	5,836	1,559
2007	5,099	2	39	5,058	1,688
2008	4,886	2	41	4,843	1,666
2009	4,689	2	43	4,644	1,640
2010	4,420	2	42	4,376	1,643
2011	5,120	3	50	5,067	1,720

주: 1980년 12월 31일 노동조합법 개정으로 이전의 지부 및 분회가 기업별 단위노조로 통폐합됨.

자료: 고용노동부, 『전국노동조합 조직현황』, 각 연도.

동자 사이의 경쟁을 지양sublation of competition하는 것이다. 노동자 사이의 경쟁을 지양한다는 것이란 도대체 무엇인가?

앞서 살핀바, 노동력과 임금(자본)이 교환되는 공간이 노동시장이다. 자본을 가진 사람은 생산수단과 노동력을 구매할 수 있기 때문에 힘이 세다. 그래서 '이런 일자리가 비었으니 누가 오겠는가' 하고 일자리 공고를 내면 수많은 사람이 몰려든다. 노동자들끼리 경쟁이 치열하다면 하루치 임금은 내려가는 경향이 있다. 지원자가 높은 임금을 달라고 하면 기업가는 그 사람을 선택하지 않을 것이기 때문이다. 더 낮은 임금에도 일을 하겠다고 나서는 사람이 있는 한 기업가는 그런 사람을 뽑을 것이다.

그러나 인간다운 삶을 영위하기 위해서는 일정한 수준이 있을 것이고, 더구나 임금 등 노동조건이 무한히 저하되는 경향에 대해 사람들은 인간적 자존감이 허물어지는 느낌도 받을 것이다. 바로 이러한 사회경제적 한계선으로 말미암아 노동자들은 속으로 '이것은 아닌데…'라는 저항 의식을 갖게 된다. 바로 이 지점이 매우 중요하다. 일정한 삶의 수준을 지키기 위해 기업가가 원하는 대로 무조건 순종할 수만은 없다는 점, 나 홀로 대응하면 힘이 없으니 공동 대응을 해야 그나마 소박한 요구라도 관철할 수 있을 것이라는 판단, 바로 이런 점들이 노동조합이라는 자주적 결사체의 밑바탕에 깔린 사회심리적 토대이다.

이런 점에서 노동자들 사이에 경쟁을 할 것이 아니라 소통과 연대를 통해 최소한의 인간다운 삶을 확보하거나 점진적으로 더 나은 삶의 조건을 쟁취하는 과정, 바로 이것이 노동조합의 본질적 측면이다.

자신의 유일한 생계 수단인 노동력을 판매하는 과정에서 노동자끼리 더는 경쟁을 하지 않겠다는 것이 노동조합의 본질이라면, 바로 이 본질로부터 노동조합의 힘이 나온다. 즉, 노사 간 협상 또는 교섭의 과정에서 노와 사는 일종의 파워게임이라 할 수 있는 힘겨루기를 하는데, 이것이 곧 교섭

표 2-2 • 세계 각국 노조 조직률 추이

연도　　　　나라	2000	2005	2010
핀 란 드	75.0	72.4	70.0
덴 마 크	74.2	71.7	68.5
스 웨 덴	79.1	76.5	68.2
노르웨이	54.4	54.9	54.8
벨 기 에	49.5	52.9	50.6
이탈리아	34.8	33.6	35.5
캐 나 다	28.3	27.8	27.4
영　　국	30.2	28.4	26.4
독　　일	24.6	21.7	18.6
네덜란드	22.9	20.6	18.6
일　　본	21.5	18.8	18.3
호　　주	24.5	21.9	18.1
미　　국	12.9	12.0	11.4
한　　국	11.4	9.9	9.7
OECD 전체 평균	20.2	18.8	17.6

* 자료: OECD 통계.

력bargaining power이다. 그런데 노측과 사측의 교섭력의 근본적 토대는 다르다. 구체적으로, 노측의 교섭력을 이루는 근간은 노동자 사이의 단결과 연대임에 반해, 사측의 교섭력의 핵심은 노동자 간에 얼마나 경쟁과 분열을 만들어낼 수 있는가 하는 점에 있다. 요컨대, 노동 진영의 원리는 단결과 연대지만 자본 진영의 원리는 경쟁과 분열이다. 따라서 노동자 간 단결과 연대의 수준이 높아질수록 노사 간 협상에서 노동 진영의 교섭력은 높아질 것이고, 그들이 원하는 조건을 성취할 가능성도 높아진다.

이런 면에서 보면 세계 수준에서 단 하나의 노조만이 존재하고 세상의 모든 노동자들이 그 노조의 조합원의 가입해 통일적으로 움직인다면 노동 진영의 힘은 극대화할 것이다. 하지만 실제 현실은 그렇지 않다. 국가와 민족이라는 경계선으로 노동 진영은 나눠져 있다. 게다가 선진국, 중진국, 후진국 등의 이해관계도 다르다. 그래서 대개는 각 나라별로 노동조합이 건설되고 교섭을 한다. 그러나 유럽처럼 전국 차원의 교섭을 하는 나라가 있는 반면 미국이나 일본, 한국처럼 기업 차원의 교섭을 하는 나라도 있다. 전국 차원의 교섭일수록 노동 진영의 교섭력은 커질 것이고 기업 차원으로 갈수록 작아질 것이다. 그나마 개별 기업에서도 모든 노동자가 하나로 뭉쳐서 교섭을 한다면 교섭력이 크겠지만, 조합원과 비조합원, 정규직과 비정규직 등으로 분열되어 있다면 교섭력은 별로 크지 않을 것이다.

3. 노 사 교 섭 력 의 원 천

노사 관계에서 교섭력bargaining power이란, 노사 각 진영이 일정한 합의에 도달하려는 과정에서 상대방의 입장을 고려하면서도 자신이 대표하는 진영의 이해를 관철시킬 수 있는 영향력의 크기를 말한다. 일반적으로 제도화된 집단적 노사관계는 노사의 대표가 단체교섭을 통해 단체협약이라는 일종의 합의에 도달하는 형태를 갖추고 있다. 이때 각 진영의 교섭력이 크면 클수록 자기 진영의 권익을 관철할 가능성이 높아진다. 물론 노사 관계 자체가 서로 상대방의 입장을 고려해야 한다는 뜻에서 상대성이 있기 때문에 일방적인 힘의 우위를 근거로 자기 진영의 입장을 일방적으로 강요하는 것은 결코 바람직하지 않다. 따라서 단체협상 또는 단체교섭이란 상대의 존재나 입장을 존중하면서도 교섭력을 높여 보다 유리한 조건에서 자신의 입장을 관철하려는 동태적인 과정을 내포한다.

여기서 문제가 되는 것은 노사 각 진영의 교섭력은 어떤 원천으로 구성될까 하는 점이다. 이 교섭력에는 양적 차원만이 아니라 질적 차원도 있으며, 경제적 차원만이 아니라 정치적 차원도 존재한다. 그것도 노사 각 진영이 공통적으로 공유하는 차원도 있지만, 서로 이질적으로 차별성을 드러내는 차원도 존재하기에 상당히 복합적인 성격을 가진다고 할 수 있다.

먼저, 노동 진영에서 교섭력의 원천은 무엇일까? 가장 중요한 것은, 단결력, 즉 노동조합으로 조직된 조직률과 조합원 수이다. 노동조합 조직률은 조직 대상 노동자 중에서 조합원으로 가입한 사람의 수를 백분율로 나타낸 것이다. 게다가 한 노조가 조직한 노동자의 수, 즉 조합원의 규모도 중요하다. 같은 50%의 조직률이라도 일반적으로는 조합원 수가 30명인 노조에 비해 300명인 조직이 훨씬 더 큰 힘을 발휘할 수 있을 것이기 때문이다. 따라서 노조 조직률이 높을수록, 조합원 수가 많을수록 노동 진영의 교섭력은 상승한다고 할 수 있다.

물론 이것은 단위 기업 수준에서의 논의지만, 노동자 단결의 수준이 업종별·산업별·지역별로 이루어지고 전국적으로, 나아가 국제적으로 상승할수록 교섭력은 급증한다. 즉, 노동자들이 기업 안에서만 단결하는 것보다 기업의 경계를 넘어 업종, 산업, 지역 수준으로 확장해서 단결을 이룰수록 교섭력은 폭발적으로 증가한다. 만약 전 세계의 노동자가 하나의 조직으로 단결되어 한마음으로 움직인다면, 노사 간 교섭은 이미 결론이 나버린 셈이 된다.

한편, 노조가 일반 시민사회로부터 공감을 얻는 것, 여론의 힘, 나아가 언론의 힘도 매우 중요하다. 이것은 노조가 자신의 행위의 정당성을 사회적으로 확보하는 과정이기도 하다. 특히 노조가 내세우는 주장이나 논리의 타당성, 노조가 선택한 집단행동의 불가피성이나 정당성, 노조가 최종적으로 제시한 대안의 설득력 등이 대단히 중요한 변수가 될 것이다. 만일 노조가 이런 부분과 관련해 여론이나 언론을 자기편으로 만들 수 있다면 협상에서 매우 유리한 고지를 점하는 격이 되겠지만, 만약 여론이나 언론이 노조의 행위를 '집단 이기주의'로 매도하고 노조를 고립시키는 경우라면 대단히 불리한 위치에 놓이게 될 것이다. 따라서 노조는 평소에 시민사회나 언론 조직과의 소통이나 연대에도 많은 힘을 쏟아야 한다.

다음으로 중요한 것은 재정력이다. 재정력의 가장 큰 핵심은 파업과 같은 집단행동, 즉 쟁의 행위 시에 노동조합이 파업에 참여하는 조합원들의 생계 및 쟁의 참여를 얼마나 책임질 수 있는가 하는 문제에 있다. 물론 파업 시 생계나 쟁의 참여 외에도 조합 활동과 관련해 해고를 당한 경우의 생활 보조나, 평소에도 조합원들의 교육이나 관계 증진, 노조 활동의 홍보와 정보 공유 등을 위해 투입할 수 있는 재원도 매우 중요하다. 이러한 재정력이 클수록 노조의 교섭력은 올라갈 수밖에 없다. 물론 이것은 노조 간부나 노조 자체가 어용적 성격이 아니라 민주적 성격을 지니고 있다는 전제 아래서 적용되는 이야기다.

그리고 끝으로 중요한 것은 정책력이다. 정책력의 핵심은 기업 측을 상대로 교섭을 할 때 상대방을 설득하거나 상대방의 제안보다 우위에 놓일 수 있는 대안의 제시 능력이다. 일례로, 기업 측이 대규모의 정리해고를 하고자 할 때, 노조가 이런저런 변수를 고려하여 정리해고를 하지 않고도 고용 안정과 생산성 향상을 동시에 도모할 수 있는 방안을 제시할 수 있다면 노조의 교섭력은 훨씬 높아질 것이다. 물론 이 정책력에는 회사의 재무적 상황이나 전략적 방침, 향후 계획 등에 관한 정보력도 포함된다. 상대방의 상황이나 역량을 잘 알고 있다면 효과적으로 대처할 수 있는 힘이 커질 것이기 때문이다. 이런 맥락에서 정보력을 포함한 정책력이 클수록 노조 진영의 교섭력은 올라간다고 본다.

이제 기업 진영에서 교섭력의 원천은 무엇일까를 생각해보자. 기업이 노조를 상대로 교섭을 진행하는 데 가장 큰 힘은 아무래도 자본력일 것이다. 자본력의 내용은 노조를 설득하는 과정에서 동원 가능한 자금의 규모, 노조와 협상이 더는 진전되기 어렵다고 생각할 경우 노조의 집단행동까지 감수하면서도 경영위기에 이르지 않을 수 있는 저력, 기존 생산입지에서 계속 영업을 하는 것이 도무지 어렵다고 판단되는 경우 해외 이전 등 여타 지역으로 생산 시설을 이전할 수 있는 능력 등을 포함한다. 또한 자본력은 노동자 사이에 임금 경쟁이나 노동조건의 경쟁을 유도함으로써 노동자 집단을 분열시킬 수 있다. 노동자들이 서로 경쟁할수록 단결력은 줄어들게 된다. 이런 복합적 성격을 갖는 자본력이 높을수록 기업 진영의 교섭력은 높아진다.

다음으로 기업 입장에서는 정보력이 중요하다. 노조가 겉으로 요구하는 것과는 달리 속으로 쳐놓은 마지노선에 대한 정보, 노조 활동가 중에서 강경 노선을 지닌 자와 온건 노선을 지닌 자에 대한 정보, 노동쟁의 발생 시 노조가 취하고자 하는 쟁의 행위의 형태, 노조가 기업으로부터 수용 가능한 것으로 고려하는 다양한 선택지에 대한 정보 등이 중요할 것이다. 기업은 이러한 복합적 정보를 사전에 얻기 위해 노조 활동가와의 만남이나 접촉을 조직하기도 하고, 경우에 따라서는 사적인 정보원 또는 공적인 정보원까지 동원하기도 한다. 최근에는 정보기술의 발달로 말미암아, 전화나 이메일 감시, CCTV나 GPS, 스마트 폰을 통한 위치나 이동 경로 추적 등 다양한 감시 및 정보 확보가 가능한 상황이다. 이러한 정보력이 높아질수록 기업 진영의 교섭력은 당연히 올라갈 것이다.

한편, 이러한 정보력의 후속 조치로 친 기업적 활동가와 비판적 활동가를 분리하고, 온건파와 강경파를 분리하여 관리할 수 있다면 기업 입장에서는 협상에서 매우 유리한 위치를 점하게 될 것이다. 물론 이러한 조치들은 전술한 정보 능력의 제고 조치들과 더불어 불법과 합법의 경계를 넘나들기도 한다. 알게 모르게 불법을 저지르는 경우도 많다는 뜻이다. 하지만 기업 입장에서는 설사 사후적으로ex post 불법에 상응하는 처벌을 받는다 하더라도 사전적으로ex ante 노조의 활동을 제약하거나 노조보다 유리한 협상 고지를 점유하는 것이 훨씬 비용이 적게 든다고 판단하기 쉽다.

이 모든 논의를 종합할 때, 노사 각기 교섭력 증진에는 조직력·자금력·정보력·정책력 등 공통 요인을 가진다 하더라도, 그 기저에 깔린 행동 원리는 대단히 상반됨을 알 수 있다. 그것은 노동 진영이 자본 진영에 맞서 단결과 연대의 원리를 기초로 협상력이나 영향력을 높일 수 있다고 할 때, 기업 진영은 노동 진영에 맞서 경쟁과 분열의 원리를 기초로 협상력이나 영향력을 높일 수 있기 때문이다. 요컨대, 기업이 노동 진영을 경쟁과 분열로 이끌수록 자본의 노동에 대한 지배력은 증가한다. 역으로, 노동 진영은 바로 그러한 기업과 자본의 지배력에 단결과 연대로 맞섬으로써 독자적인 자율 권력을 키우려 한다.

4. 단 체 교 섭 의 내 용 과 형 태

노사 간에 벌어지는 단체교섭의 내용은 크게 임금, 시간, 복지, 평등, 고용 등으로 나눌 수 있다. 18세기 산업화 이후 전통적으로는 임금과 노동시간 문제가 가장 대표적인 교섭 사안이었다. 그리고 2차대전 이후 1970년대 무렵까지(대체로 케인스주의 시대 또는 복지국가 자본주의 시대와 일치한다) 구미 각국에서는 복지 문제가 추가적으로 교섭 내용의 핵심을 차지했다. 물론 그것은 기업만이 아니라 전 사회 차원의 문제이기도 했다. 그러나 1980년대 신자유주의 시대 이후에 기업의 자유가 상대적으로 강조되면서 고용안정 문제나 비정규직 문제 등이 단체협상의 주요 내용으로 더욱 부각되었다.

위 사안 중 가장 기본적이면서도 가장 많은 쟁점이 되는 임금 관련 협상을 보다 구체적으로 보자. 임금 협상은 크게 임금 수준 협상과 임금 체계 협상으로 나눌 수 있다. 임금 수준 협상은 통상적으로 매년 벌어진다. 물가 상승률을 적시에 반영하기 위해서다.

임금 수준 협상이란 해마다 기본급 또는 월급, 연봉의 수준을 노사가 집단적 교섭을 통해 결정하는 것이다. 임금 수준 협상에서는 우선, 최저생계비 또는 최저생활비, 생산성, 물가, 기업의 지불능력, 동종 업종의 평균 수준 등을 반영하여 최저 수준과 최고 수준이 정해져 노사가 협상할 수 있는 기본적인 범위range가 형성된다. 그 범위 내에서 과연 상·중·하 중에서 어떤 지점point에서 타협과 합의가 될지는 결국 노사 간 협상력bargaining power으로 정해질 것이다. 임금이 (신)고전파 경제학의 논리처럼 단순히 노동력의 수요와 공급이라는 수량적 문제로만 결정되는 것이 아니라는 말이다. 특히 그 최종적 결정력이 노사 간의 상대적 협상력에 달려 있다는 것은, 임금 등 노동조건의 결정이 정치경제적이고 사회문화적인 요인을 총체적으로 반영한다는 말이다.

임금 체계 협상은 기본급과 수당, 보너스의 구성 문제를 다루거나, 기본급의 성격을 연공급(호봉제)로부터 직무급이나 직능급으로 바꾸는 문제와 관련된다. 한국의 경우 기본급에 비해 수당이나 보너스의 비중이 높다는 점이 특징인데, 기본급 비중을 둘러싸고 노사 간에 잠재적 갈등 요인이 존재한다. 왜냐하면, 생활 물가를 감안할 때 기본급이 상대적으로 낮기 때문에 노동시간이 길어질 수밖에 없는 현실이 수십 년간 지속되기 때문이다. 또한 한국의 경우 전통적인 연공서열주의, 즉 나이나 근속연수를 반영하여 승급이 이뤄지는 호봉제로 말미암아 임금이 최근 기술 변동이나 직원 역량을 제대로 반영하지 못한다는 기업 진영으로부터의 지적을 받아왔다.

이런 점에서 여러 기업에서는 직능급이나 직무급을 도입하려고 했고, 노조에서는 그것이 노동자 경쟁을 강화하거나 임금 저하를 유도할 것이라는 점을 우려하며 저항을 하기도 했다.

한편 최근에는 노사 간에 임금피크제wage peak system가 쟁점이 되고 있는데, 이것은 인구의 고령화 경향 속에서 호봉급 체계의 임금이 직원의 성과나 기여도를 제대로 반영하지 못한다는 점, 기업의 인건비 부담이 크다는 점, 고용불안 시대에 해고를 예방하는 한 수단이 된다는 점 등에서 일종의 대안으로 나온 것이다. 특히 인구 구성의 급속한 고령화는 최근 세계 최저의 출산율과 더불어 한국 기업에도 심각한 도전으로 작용한다. 사실 한국은 2000년경에 고령화사회(만 65세 이상 노인이 총인구의 7%를 넘기 시작한 사회)에 진입했으며, 2018년 무렵엔 고령사회(만 65세 이상 노인이 총인구의 14%를 넘기 시작한 사회)에 진입할 것으로 예측된다. 나아가 2025년경엔 초고령사회(만 65세 이상 노인이 총인구의 20%를 넘기 시작한 사회) 진입이 예상된다.

이런 현실을 반영한 듯, 한국에서는 노사 간 적대적인 대결과 갈등을 부르는 정리해고 방식을 피하기 위해 임금피크제 도입을 선호하는 기업이 늘고 있다. 실제로, 2003년에 한국신용보증기금과 대한전선에서 처음으로 정년보장형 임금피크제를 도입했고, 이어 한국컨테이너부두공단과 한국수자원공사, 한국감정원, 한국수출입은행, 서울신문 등 다양한 업종과 분야에서 임금피크제를 도입, 실시 중이다. 고용노동부에 따르면, 상시 근로 100인 이상 사업장 중 임금피크제 도입 기업이 2005년 2.3%, 2006년엔 3.3%, 2007년 4.4%, 2009년 9.2%, 2010년 12.1%, 그리고 2012년엔 16.3%로 나타났다. 비록 확산 속도가 빠르진 않지만 꾸준히 증가하는 추세다.

특히 2013년 4월에 국회에서 통과된 '정년 60세 연장법'은 정년연장형 임금피크제의 도입과 확산을 가속화할 전망이다. 이 법에 따르면 상시 300

그림 2-1 • 노사 간 단체교섭 및 단체협약 체결 과정

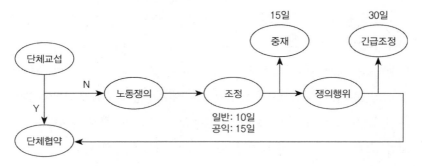

인 이상의 대기업이나 공기업은 2016년부터, 중소기업은 2017년부터 정년 60세를 의무화해야 한다.

임금 협상 외에 일반적으로 단체협상 또는 단체교섭이라 불리는 것은 임금 외의 모든 노동조건이나 생활조건 등에 관한 협상을 벌이는 것이다. 노동시간, 기업복지, 휴가 문제, 보너스 문제, 고용 안정 등이 가장 대표적인 이슈이다.

단체교섭은 크게 전국 교섭과 산별 교섭, 기업 교섭 등 수준별로 나눌 수 있으며, 각 수준별로 노사 동수의 교섭단 대표가 만나 신의 및 성실 원칙에 기초해 협상을 벌인다. 협상이 잘 되어 합의가 나오면 그것이 단체협약 collective agreement으로 된다. 만일 단체교섭이 잘 진행되지 않아 노사 간 의견의 불일치로 더는 협상 진전이 없게 되면 이를 '노동쟁의'가 발생했다고 한다. 노동쟁의가 발생했다고 해서 곧바로 집단행동에 돌입할 수는 없다. 조정 절차를 거쳐야 하기 때문이다. 이를 '조정 전치주의'라 한다. 조정은 일반 사업장은 10일간, 공공 사업장은 15일간 이뤄진다. 이 동안에는 쟁의행위를 중단해야 한다. 조정을 통해 노사 간 격화된 감정이나 분위기를 차분하게 식힌다는 뜻에서 조정 기간을 '냉각기간'이라고도 한다. 만일 조정 절차를 거치고도 노사 합의가 도출되지 않는다면 노사는 각기 일정한 절

차를 거쳐 쟁의 행위에 돌입할 수 있다.

노측의 쟁의 행위는 파업, 태업, 준법투쟁, 피케팅, 불매동맹 등이 가장 대표적이며, 사측의 쟁의 행위는 직장폐쇄가 대표적이다. 단, 직장폐쇄는 노측의 집단행동 이후에 행해져야 합법이다. 그리고 노측의 쟁의 행위는 그 목적, 주체, 내용, 절차 등 다각적 차원에서 정당성이 확보되어야 불법 파업이라는 덫에 빠지지 않는다. 그렇지 않은 경우 민·형사상 처벌, 즉 막 대한 금액의 가압류 및 손해배상 청구소송을 당하기도 한다.

쟁의 행위가 벌어지는 도중이라도 일방 또는 쌍방의 신청에 의해 중재 절차가 전개되기도 하며, 특히 필수공익 분야나 국민 경제에 현저한 영향을 줄 수 있는 경우에 노동부 장관이 중앙노동위원회 위원장의 동의를 얻어 긴급조정을 명령할 수도 있다. 중재의 경우 15일간, 긴급조정의 경우 30일간 쟁의 행위는 중지되어야 한다.

헌법에 기초한 제반 노동관계법이 전국적·포괄적·보편적 성격을 지님에 비해, 노사 간 단체협약은 일종의 현장 노동법이라 할 수 있다. 즉, 노사는 현장에서 적용되는 노동법을 자율적으로 만들어가는 것이다. 이것이 가능하려면 노사는 상호 존중과 신뢰를 바탕으로 성실히 교섭에 임해야 하며, 모든 관련 정보를 투명하게 공유하고 한번 약속한 내용은 반드시 지키는 일관성을 가져야 한다. 그리고 입법, 사법, 행정 등 국가 기구는 노사 양측이 자율적으로 교섭할 수 있도록 중립을 지키는 것이 바람직하다.

교섭의 형태는 대체로 유럽 대륙은 산별 교섭이나 대각선 교섭을 위주로 하며, 미국이나 한국은 기업별 교섭을 위주로 한다. 물론 한국도 교육, 보건 분야에선 산별 교섭이 이뤄지기도 한다. 대각선 교섭이란 독일의 폭스바겐VW이나 루프트한자LH와 같은 회사처럼 비교적 탄탄한 기업의 경영진이 별도의 기업가 연맹에 가입하지 않은 채 산별 노조와 직접 교섭을 벌여 합의하는 구조이다.

5. 노조의 임금 효과

노조의 임금 효과란 노조에 가입함으로써 얻게 되는 상대적 임금 상승 효과를 말한다. 기존 연구(김기승·김명환, 2013; 김정우, 2013; 우현·유경준, 1997)에 따르면, 한국에서 노조의 임금 효과는 대체로 2~20% 정도의 범위를 갖는 것으로 나타난다. 노조의 임금 효과가 일정한 수준으로 수렴되지 않고 이러한 범위를 가지는 이유는 연구자마다 방법론이 다르기 때문이기도 하며, 노조 교섭력이나 기업 측의 경제적 상황 등이 다르기 때문이기도 하다.

그런데 노조의 임금 효과는 이러한 임금 수준 말고도 다른 차원이 있다. 그것은 노조가 노동자 집단들 사이에 임금 수준을 얼마나 평등하게 만들어 가는가 하는 문제와 관련된다. 즉, 차분히 고찰하면 노조의 임금 효과는 크게 임금 수준 효과와 임금 평등 효과로 나눌 수 있음을 알 수 있다.

한국 노조의 임금 상승 효과는 해외의 경우와 비교할 때 상대적으로 낮은 편이라 할 수 있다(조윤기·배규한, 2001). 그것은 크게 두 요인으로 설명된다. 하나는 한국 노조의 조직률, 즉 단결과 연대의 수준이 상대적으로 낮다는 점, 다른 하나는 성장 및 수출지향적인 정부의 경제정책이 노조의 임금 상승을 대체로 억제해왔다는 점이다.

좀 더 구체적으로 들어가면, 한국의 노동조합은 1987년 민주노조운동의 물결에서조차 다음과 같은 네 가지 특성을 보였다. 그것은 대기업노조 중심, 정규직 노조 중심, 남성 노조 중심, 한국인 노조 중심 등이다. 이들 집단에서는 노조의 임금 상승효과가 대단히 두드러졌다. 즉, 한국에서 노조의 임금 효과란 결국 대기업, 정규직, 남성, 한국인 집단에게서만 특별히 높은 형태로 나타났다고 본다.

한편 동일한 문제는 곧 노조의 임금 평등화 문제이기도 하다. 이에 대해

선 상대적으로 연구가 부족한 편이다(어수봉·이태헌, 1991; 이정우·남상섭, 1994).

이러한 점을 고려한다면, 향후 한국 노조의 임금 수준 및 평등화 효과는 노조 운동이 얼마나 중소, 영세기업 등 미조직 노동자에게로, 나아가 비정규직, 여성, 그리고 외국에서 온 이주노동자에게로 다가서는가에 따라 달라질 것이라 전망할 수 있다. 그 실질적 효과는 직접적 조직화의 결과로 나타날 수도 있고, 간접적으로는 단체협약 적용 범위를 확대함으로써 나타날 수도 있다. 결국, 노조의 임금 효과는 한편으로 전반적인 수준을 얼마나 상승시키는가에 따라, 다른 한편으로는 다양한 노동자 집단들 사이에 그 임금을 얼마나 평등한 수준으로 상승시킬 수 있는가에 따라 달리 평가될 것이다.

6. 노조의 시간 효과

노조의 시간 효과는 노조원의 노동시간이 비노조원에 비해 유의미한 수준으로 단축되는 효과를 말한다. 노동조합이 원래 노동자 사이의 단결을 통해 임금이나 노동시간 등 직접적인 노동조건을 향상시키기 위해 출발한 점을 감안한다면, 노조의 시간 효과는 당연히도 노동시간 단축으로 나타날 것이라 본다. 물론 노조의 정책에 따라 새로운 교대제가 도입되기도 하고 이것은 다시 노동시간의 길이에도 영향을 준다(권순원·윤기설, 2012). 가장 대표적인 것이 2013년 3월부터 현대자동차에서 실시된 주간 연속 2교대제이다. 이것은 기존의 주야 맞교대제보다 훨씬 진전된 것으로, 주야 맞교대에서는 격주로 주간과 야간을 교차로 12시간 가까이 노동하던 것을 이제는 오전반, 오후반으로 나눠 각기 8시간, 9시간씩 노동을 하는 것이다.

이러한 변화는 물론 현대차 노조가 노동자 삶의 질 향상과 일자리 나누기라는 차원에서 약 10년 정도 꾸준히 요구하고 투쟁한 결과이다(박태주, 2011).

역사적으로 보더라도 영국에서 1833년 공장법으로 13~18세의 미성년자들에게, 또 1844년 법에서 성인 남성에게 표준노동일을 하루 12시간으로 적용한 것이나 1847년의 신공장법에서 이를 10시간으로 단축시킨 것도, 노동력 재생산 구조에 대한 국가와 자본의 우려에 기초한 면도 있지만 노동자나 노조 운동의 효과라고도 볼 수 있다. 한편, 1886년 미국 시카고의 노동자들이 '8시간 노동제'를 외치며 파업을 벌여 오늘날 '메이데이'(5월 1일 노동자의 날)의 기원이 되고 이후 노동시간 단축의 기반이 된 것도, 결국은 조직된 노동자들에 의한 노동시간 단축 효과라고 할 수 있다. 한국 역시 2004년 이후 주 5일제(주 40시간제)가 점진적으로 도입된 배경엔 노조의 지속적인 요구와 집단행동이 있었음을 부인하기 어렵다.

노조의 임금 효과와 마찬가지로, 노조의 시간 효과 또한 절대적 수준만이 아니라 상대적 평등 차원에서 고찰함이 마땅할 것이다. 즉, 노조의 존재나 활동으로 인해 전반적으로 노동시간이 얼마나 줄어들 수 있는가 하는 문제와 더불어 규모별·직종별·고용형태별·성별·국적별 등 다양한 노동자 집단 사이에 노동시간의 차이가 어떻게 달리 나타나는지의 문제 또한 고찰할 필요가 있을 것이다. 앞서 살핀 바에 따르면, 한국의 공공부문이나 대기업, 정규직, 남성, 한국인 노동자 집단의 경우 노조로 말미암아 노동시간이 단축된 효과가 더 크게 나타날 것이라 추론할 수 있다. 물론 이는 각 개별 사업장에서 규정한 '소정 근로시간'을 중심으로 말하는 것이다. 노조가 법정 근로시간을 단축시킨다면 전체 노동시간을 줄이게 되므로 노동시간의 격차는 상대적으로 발생하지 않으나, 각 업종별 또는 각 기업별 소정 근로시간은 노조의 활동에 따라 얼마든지 달라질 수 있기 때문이다.

그런데 민주노조 활성화 시기 직후인 1990년부터 IMF 경제위기 발생 시기인 1998년까지의 노동시간 추이를 보면 상당히 흥미로운 점이 발견된다. 그것은 노조가 있는 사업장이 노조가 없는 경우보다 일관되게 평균 소정 근로시간이 짧은 것으로 나타났지만, 특이하게도 노조가 없는 경우보다 초과 근로시간이 일관되게 길게 나타났다는 점이다(조윤기·배규한, 2001). 노조 있는 사업장의 경우 9년 월평균 소정 근로시간은 181.55시간으로, 노조 없는 사업장의 185.22시간보다 4시간 가까이 짧았다. 이것만 보면 전술한 노조의 시간 효과가 확실히 나타나는 것으로 판단할 수 있다.

하지만 초과 근로시간을 보면 전혀 다른 그림이 나온다. 노조 있는 사업장의 경우 9년간 평균적 초과 근로는 월 31.13시간이었고, 노조 없는 사업장은 월 23.70시간이었다. 두 집단 사이에 초과 근로시간은 무려 8시간 가깝게 차이가 나며, 그것도 노조가 있는 사업장이 더 길다는 점이 대단히 흥미로운 부분이다. 바로 이러한 점으로 말미암아, 소정 근로시간과 초과 근로시간까지 합한 총근로시간은 노조가 있는 사업장이 월 122.68시간, 노조 없는 사업장이 월 208.92시간으로 나타나, 노조의 임금 효과는 나타나되 통상적인 논리와는 반대로 노조의 '시간 역효과' 형태가 나타난다고 할 수 있다.

요컨대 한국의 경우 노조의 시간 효과는 '시간 역효과'로 나타나며, 그것은 이렇게 정리된다. 첫째, 노조 있는 사업장의 소정 근로시간이 없는 경우보다 더 짧다. 둘째, 노조 있는 사업장의 초과근로시간이 없는 경우보다 더 길다. 셋째, 노조 있는 사업장의 총근로시간이 노조 없는 경우보다 더 길게 나타났다.

그렇다면 이것은 왜 그런가? 그것은 한편으로 한국 노동자의 기본급이 상대적으로 낮다는 점에 기초한다. 여러 실태조사에 따르면 기본급만으로 생활이 가능하다는 노동자가 별로 없을 정도다. 그래서 한국의 임금구성을 보면 기본급 외에 각종 수당과 보너스가 절반 정도를 차지한다. 노동자의 입장에서 보면 생활임금을 벌기 위해 기본 노동시간을 넘어 초과노동을 상시적으로 해야 한다는 것을 알 수 있다. 그리하여 노동자들 사이에는 초과노동의 기회를 둘러싸고 소리 없는 경쟁이 일어난다. 결국 더 많은 생산 물량을 끌어와 더 많은 초과노동을 함으로써 임금 수준을 높이고자 하는 경쟁이 회사 내부의 노동자 사이에서 벌어진다. 그리하여 노조가 있는 사업장이나 노조의 힘이 센 부서일수록 초과노동이 많아지고 마침내 '시간 역효과'라는 특이한 현상이 발생하는 것이다.

이 부분은 장기적으로 한국의 노동조합에 중요한 과제를 안긴다. 즉, 노조가 어떤 전략과 방책을 써야 더 짧은 시간을 일하더라도 인간다운 삶을 영위할 수 있는지 하는 문제에 대해 노조운동 진영이 더 많은 고민을 해야 하는 것이다. 이것은 물론 개별 사업장이나 업종 수준을 넘어 전체 사회 수준에서 시스템상의 구조 변화를 전제로 해야만 해결될 수 있는 거시적 문제이기도 하다.

장시간 노동 체제

1. 장시간 노동시간 체제란?

1886년 5월 1일, 미국 시카고 노동자들이 "8시간 노동, 8시간 휴식, 8시간 자유!"를 외치며 거리로 몰려 나왔다. 인간다운 삶을 위해 최우선적으로 생활임금 보장과 노동시간 단축이 필요하다는 것이었다. 당시 사람들은 하루에 대개 12시간에서 16시간 노동을 예사로 하면서도 배고픔에 시달렸다. 집회 및 시위 과정에서 숱한 사람들이 다치거나 죽었다. 오늘날 '메이데이'의 기원이다.

130년이 지난 지금도 그 구호는 여전히 유효하다. 아니, 갈수록 더 절실하다. 물론 지난 130년간의 노동능률 향상과 기술발전을 생각하면 이 구호는 수정될 필요가 있다. 그것은 하루 24시간 중 12시간은 휴식과 놀이 시간으로 하고, 나머지 12시간을 '4시간 노동, 4시간 독서, 4시간 친교'로 채우는 것이다. 물론 이것은 구호의 차원이지 현실의 차원은 아니다.

사실, 현실은 훨씬 복잡하다. 예를 들면 아이나 노인을 돌보는 시간이라든지, 병원이나 우체국에 왔다 갔다 한다든지, 그 의미와 상관없이 다양한 사람을 사무적으로 만나야 한다든지, 때로는 개인적이든 집단적이든 논쟁이나 싸움까지 해야 하는 시간도 자주 끼어든다. 사람은 결코 홀로 사는 존재가 아니라 더불어 사는 사회적 존재이기 때문이다. 사회적 존재로서의 사람의 운명이다.

그러나 노동 현실을 살펴보면, 이런 예기치 않은 시간의 문제보다 이미 구조화된 시간의 문제가 우리 모두의 꿈을 산산조각 낸다. 그것은 한마디로, '장시간 노동 체제'다. 이것은 흔히 초기 자본주의 현상이거나 '유혈 착취'가 특징인 중소 영세 기업의 문제라 생각하기 쉽다. 그러나 신자유주의 세계화가 판을 치는 오늘날, 이것은 시대의 경계를 넘고 국경을 넘어, 심지어 영세 기업의 울타리를 넘어 범지구적으로 번져나간다. 도대체 무엇이 어떻게 얽혀 있는가?

노사관계 분야 학술 문헌에 '노동시간 체제working time regime'에 관한 일반적인 정의는 물론 '장시간 노동 체제long-hours work regime: LWR'에 대한 정의조차 없다. 어쩌면 학술적인 정의를 내릴 필요가 없을 정도로 현실은 너무나 명백하다.

그럼에도 굳이 여기서 정의를 내리자면 노동시간 체제란 '직접적 노동시간, 휴게 시간, 휴가 시간, 각종 면제 시간 등의 길이와 구성을 나타내는 시스템'이라 할 수 있다. 이의 연장선상에서 장시간 노동 체제를 정의하면 '실 노동시간의 길이가 주 40시간을 넘는 등 직장 - 가정 균형을 저해할 정도의 긴 노동이 지속되는 시스템'이라 할 수 있다.

2. 장시간 노동의 구조적 요인

그렇다면 이 '노동시간 체제', 더 구체적으로는 '장시간 노동 체제'를 규정하는 핵심 변수들은 무엇일까? 그것은 가장 기본적으로 잉여가치 생산을 둘러싼 자본 전략과 노조 대응, 즉 노자 관계가 있다. 일례로 개별 자본이 시간당 기본임금을 아주 낮게 유지하는 경우, 사람들은 생존에 필요한 비용을 충당하기 위해 불가피하게 장시간 노동에 매달려야 한다. 이것은 노동이 생산한 총가치 중 임금 부분을 가능한 한 작게 유지하고 가능한 한 잉여 부분을 늘리려는 것이기 때문에 일찍이 마르크스가 『자본 I』(1867)에서 말한 '절대적 잉여가치'를 키우려는 자본 전략과 일치한다. 나아가 그가 "기계는 노동에 대한 자본가의 무기"라 표현한 것은, 가능한 한 임금으로 나가는 필요 노동시간에 비해 잉여 노동시간을 상대적으로 늘리려는 자본 전략을 포착했기 때문이다. 개별 자본이 새로운 생산기술의 도입과 경영 합리화 등을 통해 노동능률에 박차를 가하는 것도 이 '상대적 잉여가치' 때문이다. 요컨대, 절대적·상대적 잉여가치를 높이려는 자본의 전략과 이에 대한 노동의 대응과 또다시 새로운 자본 전략, 즉 노자 간 역동적 관계에 따라 장시간 노동체제가 상당 부분 규정된다.

또한 노동시간 체제는 협의의 노자 관계로 환원되지 않는 생활 문화의 변동, 양성 평등을 비롯한 사회적 평등, 제도적 지원 등의 함수이기도 하다. 일례로 줄리엣 쇼어J. Schor는 『과로하는 미국인The Overworked American』(1992)에서 1970년대 노동자와 1990년대 노동자를 비교하면서, 생산성은 분명히 올랐는데 노동시간이 줄어들지 않는 이유를 묻는다(Schor, 1992). 이에 따르면 '소비 중독'이 장시간 노동체제를 부른다"고 할 수 있다. 나는 『살림의 경제학』(2009)에서 이 소비중독을 노동중독과 함께 자본 증식이라는 수레를 지탱하는 두 바퀴로 비유한 바 있다. 결국 이를 통해 인간의 생활세계가 더욱 화폐의존도, 즉 자본의존도가 높아지는 방향으로 변화하게 된다. 만일 생활의 화폐의존도가 높지 않게 변한다면 굳이 임금노동을 오래 하지 않아도 된다. 특히 아파트 대출이나 자동차 할부, 각종 보험 등 꾸준히 돈을 벌어서 돈을 넣어야 하는 것이 많아질수록 노동자들은 임노동에 스스로 속박될 것이고 보다 짧은 시일 안에 더 많은 돈을 벌기 위해 장시간 노동을 선호하게 된다. 따라서 이러한 '생활세계의 화폐의존도'를 장시간 노동체제를 규정하는 또 다른 변수라 본다. 또한 양성 평등의 정도가 높을수록 가사 노동의 분담을 위해 사람들은 장시간 노동을 가능한 한 적게 하려 할 것이고, 낮을수록 대개 남성이 더 장시간 노동을 하게 될 가능성이 높다. 나아가 사회제도적 지원, 예컨대 저녁 늦게까지 아이를 돌보는 보육시설의 확충이나 24시간 매장 또는 은행 등 금융업무 시간의 확장 등은 장시간 노동을 조장하는 데 큰 역할을 담당한다. 이 생활세계의 여러 변수가 노동시간 체제에 영향을 미친다.

한편, 혹스차일드A. R. Hochschild는 『시간 속박The Time Bind』(1997)에서 미국 사회에서 "노동이 가정이 되고 가정이 노동이 되는 뒤섞임 현상", 그리하여 '시간 속박'이 확산하는 현상을 지적하고, 이것은 남성이든 여성이든 '사적' 가족 가치를 평가 절하하는 대신 돈벌이 노동이라는 '공적' 경제가치를 평가 절상하는 '문화적 가치'의 변동 때문이라 설명한다. 그리하여 예전에는 여성이 직장에 나가는 게 특이한 일이었는데, 이제는 여성이 가정에 머무르면 오히려 이상하게 되었다고 한다. 덕스베리와 히긴스(Duxbury and Higgins, 2006)도 캐나다 사회가 1991년에 비해 10년이 지난 2001년엔 '직장 업무를 가정에 들고 가 보충 노동을 하는' 경우가 1/3에서 1/2 수준으로 높아졌다고 경고한다. 그리하여 직장 - 가정 균형이 갈수록 깨지고 있다는 것이다. 이런 면에서 돈벌이 노동을 평가 절상하는 '문화 가치'의 변화도 장시간 노동체제를 규정하는 중요 변수가 된다. 물론 이 '문화 가치'의 변동도 독립적인 것이 아니라 자본의 노동에 대한 사회적 지배가 확장되는 과정에서 나온 노동의 적응 형태 중 하나다.

3. 장시간 노동의 주체적 요인

그런데 이러한 자본의 전략과 노동의 대응, 생활세계의 변화, 가치관 변동 등 여러 중요한 변수로 '노동시간 체제' 또는 '장시간 노동체제'를 논리적으로 잘 설명한다 하더라도 아직 뭔가 허전한 구석이 남는다. 그것은 특히 자본 전략의 측면보다는 노동 대응의 측면, 즉 노동자의 주체적 측면과 연관이 있다. 왜냐하면 이런 질문이 여전히 떠오르기 때문이다. '자본이 잉여가치를 축출해가는 걸 뻔히 아는데도 왜 노동자들은 순종만 하거나 스스로 자본의 속박 안으로 더 단단히 묶여 들어가는가?' '노동은 자본의 공격성 앞에 분명히 피해자인 것은 맞는데, 그렇다고 노동이 자본과 공범 관계를 이룬 측면은 없는가?' 나아가, '좀 잘나가는 노동자가 그보다 약한 노동자에게 공격적인 것은 왜 그럴까?' 심지어 '노동자가 스스로 힘든 줄 알면서도 장시간 노동을 마치 그게 정상인 것처럼 수용하거나 (일중독이나 과로사 등으로 나타나듯) 갈수록 상황이 더 심해지는 것은 왜일까?' 특히, '노동이 스스로를 죽이는 이 파괴의 시스템을 근원적으로 바꾸려는 실천보다 (자기 몫을 조금 더 갖기 위한) 분배 투쟁으로 '배부른 돼지'로 만족하려는 경향은 어떤 뿌리에서 유래하는가?'

이런 면에서 우리는 자본과 노동의 구조 차원만이 아니라 그러한 관계를 유지, 확대, 강화하는 데 일조하는 노동의 주체적 행위 차원까지 심층적으로 살펴야 한다. 바로 여기서 중요한 개념들이 '시스템 동일시'와 '경쟁의 내면화', 그리고 '노동의 내면화'이다. 나아가 이 모든 것의 밑바탕에는 '두려움'이 깃들어 있다는 사실도 중요하다(강수돌·하이데, 2009).

H. 하이데 교수와 함께 지은 『자본을 넘어, 노동을 넘어』(2009)에서 자본의 원초적 축적기부터 지금까지 부단한 구조적 폭력이 노동을 비롯한 온 사회를 짓눌러 왔음을 강조한 바 있다. 노동의 저항도 숱하게 벌어졌다.

그러나 불행히도 그 저항조차 거듭 패배로 끝났다. 바로 그 과정에서 갈수록 더 많은 이들이 물리적·정신적 상처(트라우마)를 입게 되고, 좌절감과 두려움에 떨게 된다. 칠전팔기의 자세로 또 시도를 해보지만 역시 역부족으로 끝난다. 마침내 강력한 자본과 권력의 지배 앞에서 유일하게 남은 생존 전략은, 그 강력한 힘을 발휘하는 체제에 반항하거나 도주하기보다는 순응하고 적응하는 것이다. 이것이 '시스템 동일시'다. 이제 생존을 원하는 대부분의 사람들에게 남은 과제는 시스템이 요구하는 '경쟁을 내면화'하고 개별 자본이 강요하는 '노동을 내면화'하여 자본과 노동이 더는 적대적으로 대립하는 것이 아니라 '통일'을 이루는 것이다. 그리하여 적군이 아군이 되고 아군이 적군이 되는 묘한 상황이 나타난다. 심지어 사랑하는 가족이나 자기 자신의 참된 내면조차 효율적이고 경쟁적인 노동 수행에 방해 요인으로 느껴지기도 한다. 노동자의 '사회적 DNA'가 심각하게 변형된 결과다. 제 아무리 똑똑한 노동정책이나 노조대응이 나온다 한들, 제 아무리 반신자유주의 운동이 거세게 일어난들, 삶의 현장에서는 장시간 노동은 물론 만성적 과로, 비정규직 경시, 기업 노조의 이기주의, 일중독, 과로사 문제들이 더 심해진다. 마침내, 노동은 해방의 조건이 아니라 사랑하는 가족, 자기 내면의 진정한 느낌, 인간 해방의 근본 문제 등을 회피하기 위한 '마약'이 되어버렸다. 그래서 '자본'도 넘어야 하지만, '노동'도 넘어가야 한다.

이상과 같은 이론적 논의에 의거할 때, 우리는 '장시간 노동체제LWR'는 노자관계IR, 생활세계의 화폐의존도DoM, 양성평등GE, 사회적 지원SS, 가치관 변화VC, 노동 동일시IwW 등의 함수로 정식화할 수 있다. 즉 LWR = f(IR, DoM, GE, SS, VC, IwW)으로 정리된다. 아래에서 하나씩 자세히 고찰한다.

4. 상 대 적 저 임 금 과 잉 여 가 치

노동시간 국제비교가 나오면 수십 년 전이나 2000년 이후나 역시 한국
이 세계 최고 수준이다. 놀라운 것은 한국이 그나마 노동시간 단축을 한답
시고 2004년 이후 단계적으로 주 5일제 근무를 시행하고 있지만 현실은 별
변화가 없다는 점이다. 일례로, 유엔 산하 국제노동기구ILO가 2004~2005년
통계를 기준으로 하여 41개국을 대상으로 조사한 결과 한국은 노동자가 1
주일에 48시간 이상 일하는 경우가 49.5%로 나타나, 50.9%인 페루에 이어
두 번째였다(YTN 뉴스, 2007.6.7). 또, 같은 기구에서 52개국의 각종 노동 관
련 통계를 분석한 뒤 2007년에 발표한 「노동시장 핵심 지표」 보고서에서
도 한국 노동자들의 연간 노동시간이 2305시간으로 나타나, 과거에 비해
줄긴 했어도 여전히 비교 대상국 중 최고였다(《경향신문》, 2007.9.3). 한국
에 이어 방글라데시와 스리랑카, 홍콩과 말레이시아, 태국 등이 노동시간
이 긴 그룹에 포진했다. 이에 반해 벨기에와 덴마크, 프랑스, 독일 등이 연
간 노동시간이 1600시간에 미치지 못해 최단 노동시간 국가그룹으로 분류
됐다. 이것은 OECD 통계에서도 마찬가지다. 2012년 현재 34개 OECD 국
가들 중 최근 한국의 연간 노동시간은 2092시간으로 멕시코의 2317시간
및 칠레의 2102시간에 이어 OECD 최장 노동시간 그룹에 든다. 독일의
1317시간에 비해서는 무려 700시간 더 많이 하는 셈이다. 특히 2003년 법
정 주당노동시간이 44시간에서 40시간으로 줄었지만 연간 실 노동시간은
거의 줄지 않았다. 2004년 2392시간이던 연간 노동시간이 2007년 2306시
간으로 고작 86시간 줄었으며, 2010년까지 다시 119시간 줄었을 뿐이다.
물론 경향적으로 노동시간이 줄어들긴 하지만 그 단축률은 낮은 편이고,
이것마저 공식 통계치일 뿐이다. 실제 근로시간은 대단히 심각한 수준인데,
사무직은 예사로 저녁 6시 이후 초과노동을 하고, 생산직은 평일 초과근로

는 물론 주말이나 휴일 특근으로 가족과 함께할 시간을 스스로 박탈하고 있다.

그러나 1인당 노동생산성(국내총생산GDP을 취업자 수로 나눈 것)은 미국(6만 3885달러)의 68% 수준(4만 3442달러)으로, 1980년의 28% 수준에 비하면 (기술 투자 등으로) 많이 높아졌으나 여전히 노동 효율성은 낮다. 많은 경우 이것은 상사의 눈치 보기 등 조직 문화, 업무 시간 중 잡담 등 시간의 비효율적 사용, 낮은 기본급과 과도한 잔업 등의 문제가 원인으로 지적된다(《경향신문》, 2011.6.3).

그런데 이러한 국가별 비교보다 더 심각한 것은 산업분야별 실 근로시간이다. 특히 가장 잘나가는 분야 중 하나인 한국 자동차산업의 경우 완성차업체와 부품업체에선 전 산업 평균보다 30% 이상 노동시간이 길다. 아직도 1960~1970년대 수준의 '살인적' 장시간 노동이 지배적이다. 한국노동연구원 배규식 박사의 「우리나라 노동시간 유연성의 활용」 보고서(2011)에 따르면 자동차 부품업체의 연간 근로시간은 2006년 2597.9시간까지 줄었다가 2008년 세계 금융위기 직후인 2009년엔 다시금 2752.7시간으로 늘었다. 이는 2009년 기준 전 산업 평균 연간 근로시간인 2074시간보다 32.7%나 많다(《국민일보》, 2011.4.6). 이 보고서는 전국금속노조가 산하 완성차 업체와 부품업체를 대상으로 2008년과 2010년 각각 실시한 노동시간 실태조사를 토대로 한 것인데 "연장노동이 월별로 관행화, 고정화"되어 있어, "일부 회사는 월 연장노동 시간이 117시간에 이를 정도"다. 급상승한 생활비에 비해 여전히 낮은 기본급이 연장 근로를 강제한 측면이 있다.

구체적인 예로, 2011년 대표적인 노동쟁의 사업장인 (자동차부품 제조) '유성기업' 노동자의 경우 입사 9년차의 기본급은 123만 4316원으로 시급으로 환산했을 때 약 5900원 정도다. 이는 현재 최저임금 4320원보다 1580원 더 높은 수준이다(사회진보연대, 2011). 낮은 기본급을 보충하기 위해 유성기업 노동자들은 월 평균 연장노동 30시간, 야간노동 80시간, 주말 특근 37시간을 수행한다. 이러한 장시간 노동 및 야간노동으로 인해 노동자가 자살하거나 뇌출혈, 급성패혈증 등으로 돌연사하는 경우가 1년 6개월 동안 4명이 발생했다. 이러한 삶의 위기에 직면한 유성기업 노조는 현대자동차 노조와 마찬가지로 '심야노동'을 없애는 '주간 연속 2교대제'를 제안하게 되었다.

흥미롭게도 유성기업은 현대차라는 완성차 업체의 하청 계열화 구조의 일부다. 현대자동차의 임금 수준은 유성기업보다는 낮지만, 여전히 생활 비용에 견주면 기본급만으로는 생활이 힘겹다. 현대자동차 역시 다른 기업과 마찬가지로 생산 기계의 현대화를 통해 산 노동을 효율적으로 흡입한다. 기존의 절대적 잉여가치 생산과 더불어 상대적 잉여가치 생산이 유기적으로 결합된다. 이 기술혁신을 통한 상대적 잉여가치의 생산이 범지구적 경쟁으로 확산되면 중장기적으로 '고용 없는 성장'을 부르고 더 장기적으로는 '성장 자체도 정체'하게 만든다. 그 위에 독점자본 중심의 수직계열화가 이뤄지면서 상대적 잉여가치 생산의 외연이 확대된다. 그 예가 사내하청, 사외하청 등 종속적 부품생산 체제다.

요컨대, 많은 논란이 가능하겠지만 이 부분은 그간 과학기술 시스템이 산업 생산에 엄청 도입되었는데도 여전히 한국의 제조업은 상대적 저임금에 기초한 장시간 노동체제를 벗어나지 못하고 있으며 이것이 독점자본 중심의 수직계열화를 통해 사회 전체로 재생산됨을 증명한다. 앞서 말한 절대적 잉여가치 생산이 결코 지나간 과거의 일이 아닌 셈이다. 절대적 잉여가치의 생산은 단기적으로는 '고용 있는 성장'을 동반하지만, 장기적으로는 '고용의 정체'를 부른다. 물론 이것은 그간의 기술혁신과 자동화 체제의 도입, 도요타 식 적기생산방식 등 생산의 네트워크화 등 각종 생산합리화의 결과 상대적 잉여가치 생산과 유기적으로 결합된다. 그러나 그 결과는 이중의 의미에서 역설적이다. 첫째, 자본의 수익률은 갈수록 떨어진다 [이윤율 저하 경향]. 그에 자본은 목숨을 걸고 '마른 수건도 짜내는' 극한적 노동통제를 구사한다[반경향의 작동]. 그 결과 다음과 같은 경향도 나타난다. 즉 둘째로, 노동의 안정성도 갈수록 떨어진다[실직 공포와 비정규화]. 일례로, 가장 처우가 좋은 축에 든다는 (그러나 내심으로는 장시간 노동과 과로에 시달리는) 현대자동차 노동자들도 극심한 고용불안에 시달린다. 마침내 그들은 2011년 봄, 2세들을 위해 '고용 상속'을 기업 측에 요구하기로 결의하기도 했다. 이 해프닝은 바로 이 '첨단 생산기술하 장시간 노동체제'라는 모순[대립물의 통일]이 빚어낸 부산물이었다(박태주, 2014 참조).

참고로 한 가지만 더 추가하면, 생산 입지의 해외 이전, 즉 신자유주의 물결과 더불어 강화된, 자본의 해외 생산기지 건설이란 (민주노조운동의 강화와 상대적 고임금 경향을 회피하기 위해) 이러한 저임금, 장시간 노동에 기초한 자본 증식 구조를 (세계 노동시장의 격차를 활용하기 위해) 해외의 유리한 입지로 이동하는 것이다. 한마디로 모순의 해결이 아니라 모순의 이전일 뿐이다. 신자유주의 시대 30년이 흐른 지금, (스탈린주의적 노동통제와 자본주의적 부정부패가 맞물려 돌아가는) 중국이 '세계의 공장'으로 부상한 것, 그 결과 미국 달러를 가장 많이 소유한 국가로 급등한 것이 그 생생한 증거다.

5. 생활의 화폐의존도 심화

물론 겉으로 드러나는 절대임금액만 보면 한국 자동차산업 노동자들은 40년 전에 비해 월급을 100배나 더 받는다(약 5만 원에서 500만 원으로 상승). 그런데 절대임금보다 더 중요한 것은 실질적 구매력과 실 노동시간이다. 실 노동시간의 경우, 앞에서 살핀바 주 40시간인 법정 정규노동만으로는 생활이 어렵기 때문에 총임금의 30~50%는 초과노동, 심야노동, 휴일 특근 등으로 채워진다. '직장 - 가정 균형'은 사치품일 뿐이다. 매일 파김치가 되 듯 장시간 노동하는 것이 몸에 밴다. 오히려 한가하게 노는 것이 이상할 정 도다.

이제 실질 구매력을 살펴보기로 하자. 실질 구매력이란 명목임금을 물 가로 나눈 것으로, 물가가 오르면 임금이 올라도 '말짱 도루묵'이란 얘기 다. 우선 현대경제연구원의 「OECD 국가 중 국내 물가가 높은 이유」(2011. 5.11)라는 보고서에 따르면, 2000~2010년 우리나라 식품물가지수 평균 상 승률은 4.4%를 기록했다. 이는 OECD 평균 2.8%, 주요 7개국(미국, 영국, 프 랑스, 독일, 이탈리아, 캐나다, 일본)의 평균인 2.1%를 크게 웃돈다. 같은 기간 근원물가(주거비, 교육비 등) 상승률도 평균 2.6%로 OECD의 2.3%나 G7의 1.7%보다 높았다. 근원물가 가운데 13.27%를 차지하는 전체 교육기관에 대한 지출은 국내총생산GDP의 7.0%로, G7 평균 4.6%, OECD 평균 5.7%보 다 훨씬 컸다. 또 근원물가의 10.04%를 차지하는 주거비 중 아파트 임대료 는 OECD 국가 중 두 번째였다. 요컨대, 한국의 평균 소비자물가CPI 상승률 은 3.1%로서 OECD 평균인 2.7%나 G7 평균 1.9%를 웃돌았다.

그러나 이런 추상적 수치는 현실을 오히려 가린다. 한국의 사교육비는 교육부의 공식 조사만 해도 해마다 20조 원을 넘고 통계에 잡히지 않은 부 분까지 하면 30조 원을 넘는다. 가구별 자녀 1인당 평균 50만 원이 넘는다. 특히 대졸과 고졸의 임금이나 경력 격차, 서울의 대학 출신과 지방대 출신 의 처우 격차, 일류대와 비일류대의 격차가 갈수록 벌어지는 조건에서 노 동자들은 대부분 자녀가 좀 더 나은 삶을 살기를 바란다. 즉, 자녀의 교육 지원을 위해 장시간 노동을 선택하는 것이다.* 그런데 대학 등록금은 어

....
* 이 부분 역시 '강자 동일시'의 한 결과다.

떤가? 웬만한 사립대학에서는 평균 등록금이 2000년에 451만 원에서 2011년 776만 원으로 올랐고, 국립대조차 2000년에 219만 원에서 2011년에는 440만 원으로 올랐다. 많은 사립대에서 등록금이 연간 1000만 원에 육박한다.

주거비는 어떤가? 사실, 이것은 실제 거주를 목적으로 하는 실제 주거비라기보다 은행 융자를 내서라도 집 한 채를 장만하기만 하면 나중에 가격이 엄청 오를 것이라 보고 쓰는 돈이란 의미에서 '투거비'라 하는 것이 정직하다. 그렇지 않다면 수천만, 때로는 수억에 이르는 은행 융자와 이자를 감내하지 않을 것이다.* 예컨대 한국은행이 2011년 5월 25일 발표한 1/4분기 가계신용에 따르면, 은행 등 금융기관의 가계대출과 카드사의 (외상판매인) 판매신용을 더한 가계신용(가계 빚) 잔액은 2011년 3월 말 현재 801조 4천억 원으로 처음으로 800조 원을 넘어섰다. 그러나 엄밀한 의미에서 국제비교의 지표로 활용되는 '자금순환표상 가계부분 금융부채'인 실질 가계부채를 보면 그 수치는 무려 1000조 원에 이른다. 이를 기준으로 한 한국의 가처분소득 대비 금융부채비율은 2010년 말 현재 146%로, 주요국보다 훨씬 높다. 2008년 리먼 브라더스 사태 때 미국의 금융부채 비율이 120%였다니 매우 위험한 수준이다. 이 가계부채의 절반 정도는 모기지, 즉 주택담보 대출이다. 요컨대, 한국의 가계 당 부채 규모가 4000만 원이 훨씬 넘는다. 아까 주거비가 아니라 '투거비'라 꼬집은 것도 바로 이런 이유다.

요즘은 집집마다 1대 아니면 2대씩 갖게 된 자동차도 문제다. 일단 일시불로 사기보다는 할부로 사는데 대개 3년 동안 매월 납부해야 하는 돈이 수십만 원씩이다. 나날이 오르는 기름 값에다 유지비까지 하면 자동차 한 대만 해도 할부금 포함, 한 달 평균 유지비가 100만 원 가깝다. 예전엔 생

....
* 막차를 탄 자들은 '하우스 푸어house poor'의 덫에 걸려버렸다.

각지도 않던 것이다. 나아가 통신비는 어떤가? 2010년 8월, 통계청의 2/4분기 가계 동향에 따르면, 전국 가구(2인 이상)의 통신서비스 지출은 총지출의 7.35%인 14만 2542원으로 집계됐다. 이는 관련 통계가 나온 2003년 이후 가장 높다. 통신서비스비가 소비지출에서 차지하는 비중은 2/4분기 기준으로 2006년 6.84%에서 2007년 7.08%, 2008년 7.23%, 2009년 7.24%, 2010년 7.35% 등 꾸준히 증가했다. 통신요금이 인하했음에도 가구당 통신비 지출이 늘어난 이유로 스마트폰 가입자 증가 등이 꼽힌다. 이런 식으로 첨단 기술과 더불어 일상생활의 화폐 의존도가 높아진다.

　게다가 한국은 사회보장의 미비로 말미암아 노후에 대한 불안감이 상존한다. 예전에는 자식들이 사회보장 역할을 했다. 하지만 갈수록 자식들이 이기적으로 변하는 데다 고용불안과 막대한 부채 등 경제적 여건이 강한 압박을 가해, 이제는 부모의 노후를 예전처럼 보장하기 어렵다. 정부나 각종 사회기관들이 '노령화 사회'에 대한 대책이 절실하다고 소리를 높이는 이유도 이런 까닭이다. 결국 믿을 것은 '자신밖에' 없다. 살아 있는 한, 또한 IMF 때처럼 언제 잘릴지도 모르기 때문에, 되도록 많이 벌어놓아야 그나마 노년에 노숙자나 거지가 되지 않을 것이라는 두려움이 삶을 짓누른다.

　바로 이런 관점에서 새로운 사회를 여는 연구원(새사연) 정태인 원장의 「복지논쟁과 노동」이라는 글에 주목할 필요가 있다(《전국금속노조 노보》, 2011.5.30). "정부와 재계를 일단 논외로 한다 하더라도 노동계는 노동시간 단축에 찬성할까? 난 조직 노동, 그중에서도 대기업 위주인 민주노총이 제일 반대할 것이라고 짐작한다." 그가 이렇게 도발적인 발언을 하는 이유는 간단하다. "40대에서 50대의 중장년 중화학공업 노동자들은 아이들 사교육비와 부동산 값을 대기 위해 여전히 잔업과 철야를 반복하고 있다. 총액임금이 중산층 이상이라 하더라도 월급은 자녀 교육비로, 대출 이자로 주먹 속 마른 모래처럼 금세 빠져나간다. 더구나 외환위기 때의 경험("언제 잘

릴지 모른다")은 일할 수 있을 때 최대한 해야 노후 걱정을 그래도 덜 수 있다는 확신을 주었다. 하청업체 등 다른 중소기업, 또 비정규직과의 임금격차가 심해지면서 더욱더 대기업 노동자들의 해고 비용(해고되면 치러야 할 대가)은 높아졌다. 그만큼 파업이나 이직 위협 등 노조의 무기는 무뎌졌다."

이 모든 상황이 의미하는 것은 무엇인가? 그것은 직접적 생산관계라고 할 수 있는 노자관계만이 아니라 우리의 일상생활 전체가 자본에 종속되는 정도가 높아졌다는 것이다. 그에 따라 기존 남성 부양자는 물론 여성들의 삶도 갈수록 더 많이 돈벌이 노동에 묶인다. 이와 더불어 자녀와 친밀히 소통하는 시간은 사라지고 모든 인간관계가 개별화하거나 사무적으로 변하고 만다.* 그 와중에 자녀들의 가치관도 돈벌이 중심이 된다. 이런 과정이 비인간화를 부름을 느끼면서도 사람들은 이 흐름을 바로잡으려는 의지와 능력을 더는 지니고 있지 않다. 이게 진짜 문제다.

6. 노동과의 동일시

바로 이 지점에서 우리는 장시간 노동체제의 더 근원적인 부분에 이른다. 앞에서 던진 질문들, 예컨대 자본이 절대적·상대적 잉여가치를 부단히 축출해가는 것을 뻔히 아는데도 왜 노동자들은 순종만 하거나 스스로 자본에 더 예속되는 길을 가는가? 노동은 자본의 공격성 앞에 분명히 피해자이면서도 왜 자본과 공범 관계를 맺어나가는가? 특히 노동자가 스스로 힘든 줄 알면서도 장시간 노동을 마치 그게 정상인 것처럼 수용하거나 (일중독이나 과로사 등) 갈수록 그 상황이 악화하는 것은 무슨 까닭인가? 특히

....
* 에바 일루즈(2010)가 말한 '차가운 친밀함'과 유사하다.

노동자가 스스로를 죽이는 이 파괴의 시스템을 근원적으로 바꾸려 노력하기보다 (자기 몫을 조금 더 차지하려) 분배 투쟁에 머무는 경향은 왜 그런가?

이에 대한 결론부터 말하자면, 우리는 자본주의 형성 초기부터 막대한 시스템의 폭력을 겪으면서 집단적 상흔을 경험했고, 그로 인한 근원적인 두려움에 고통을 당하면서 마침내 생존 전략으로 '시스템과의 동일시', '강자와의 동일시', 그리고 그 강자 내지 시스템이 요구하는 '노동과의 동일시'를 통해 '경쟁의 내면화', '노동의 내면화'를 집단적으로 진행해왔기 때문이다. 물론 이것은 단 한 차례의 과정으로 완결되는 것이 아니라 크고 작은 폭력과 크고 작은 상흔이 부단히 반복되면서 누적적이고 다층적으로 진행된다. 마침내 장시간 노동은 상처받은 자아를 인정받거나 자아실현을 하는 데 필수불가결한 요소처럼 보이게 된다. 오랫동안 성실하게 일해 좋은 성과를 내는 것은 그 사람의 인격 수준과 동일시된다. '자랑스런' 대한민국 경제, 그 50년간의 산업화 과정 속에서 이런 분위기가 온 사회에 집단적으로 관철되었다. 이제 '우리' 경제를 위해, '국익'을 위해, '우리' 기업을 위해, '나의 발전'을 위해 열심히 일하자는데 누가 말리는가?

이 문제는 우리가 지극히 근원적인 문제에 진실하게 대면하기를 요구한다. 많은 경우 현실의 기득권이나 현실적 열망이 헛된 것임을 고백하기를 요청한다. 따라서 너무나 고통스럽다. 그러나 이 고통이 아무리 두렵고 불편할지라도 이를 과감하게 느끼고 껴안으면서도 넘어가야 한다. 그렇지 않으면 늘 그래왔듯 조금 나아가는 듯하다가도 금방 원점으로 회귀한다. 그래서 아무 희망이 보이지 않게 된다. 따라서 다시금 뿌리를 살펴야 한다.

한국 자본주의의 본격적 싹을 일제하 자본주의 산업화에서 찾는다면, 일제의 침략 자체가 폭력적 과정이었고 산업화 과정 또한 폭력적이었다. 그것은 공장 노동의 엄한 규율과 강력한 노동통제만이 아니라 사람들의 정신세계조차 억압되는 과정이었다. 약삭빠르게 강자에 빌붙어 사는 '친

일파'들의 삶은 그 이후 사람들에게 선택 가능한 생존전략을 미리 예시했다.*

해방 직후, 새로운 체제를 요구하던 진보 세력은 미군정의 폭력과 그 앞잡이 세력(부활한 친일 세력)의 폭력을 경험하면서 또다시 상흔을 겪는다. 한국전쟁 또한 상흔의 중층화 과정이었다. 그 위에 '레드 콤플렉스'가 집단적으로 각인된다. 그 핵심은 '낙인에 대한 두려움'이었다. 자본주의 성장을 옹호하는 세력이 아니라면 '내부의 적'이 되어 생존이 위협받는다는 두려움이다. 이에 대한 정신교육이 가정, 학교, 언론, 사회를 통해 체계적으로 전개되었다. 이제 온 사회는 '허리띠를 졸라매고 선진국의 길'로 매진해야 하며, 누군가 딴소리를 하면 즉각 배제, 고립되는 것이 당연시되었다.

그런 전제들이 충족된 연후에 한국 경제는 1960년대 초부터 1997년까지 약 40년간 쉼 없이 성장 가도를 달려왔다. 마치 고속도로 위의 자동차처럼 주춤거리면 죽는다. 앞만 보고 무조건 달려야 안전하다. 그렇게 오랜 세월이 흘렀다. 그 과정은 (1987년의 노동자대투쟁을 포함) 대체로 성장지상주의와 분배갈등이라는 두 축에 의해 이끌려왔다. 그러다가 사고가 터졌다. 1997년의 'IMF 사태'다. '나라의 발전이 나의 발전'이라고 동일시해온 나라 경제가 망할 수도 있다는 경험, 민주노조조차 내 분신인 일자리를 지켜주지 못할 수 있다는 경험, 나도 언제 잘릴지 모른다는 경험, 이것이 다시금 상상 이상의 집단적 상흔을 각인했다.

그리하여 IMF 사태 이후의 노동 현실은 크게 두 가지로 나타난다. (이는 정규직이나 비정규직이나 마찬가지다. 또한 민주노조가 있는 곳이나 없는 곳이나 마찬가지다.) 첫째, '이미' 해고된 자들은 '해고는 살인이다', '일하고 싶다',

----

* 일본 제국주의 또한 선진 제국주의의 폭력 앞에 재빠르게 '강자 동일시'를 한 결과로 탄생했다.

'공장으로 돌아가고 싶다.'며 목숨을 걸고 투쟁한다. 둘째, '아직' 해고되지 않은 자들은 '잘못 찍히면 해고다', '살아 있을 때 많이 벌자', '물량이 많을 때 많이 일하자'며 목숨을 걸고 노동한다. 그 결과 최근 유성기업 사례에서 보듯, 파업 중인 노동자와 노조가 "공장으로 돌아가 일하고 싶다"고 하는데도, 오히려 회사가 노동자들을 공장에 들어가지도 못하게 가로막는 기묘한 일까지 벌어진다. 물론 이것은 개별 자본이 파업 노동자를 배제, 모범 노동자만 잉여가치 생산에 투입하려는 의도임이 뻔하다. 문제는 저 뿌리 깊은 '경쟁의 내면화' 및 '노동의 내면화'를 털어내기 위한 논의는 유보한 채, 오로지 노동시장 내부에서의 파이 확보에 매몰된 주체의 모습이다.

이런 점에서 민주노조의 운동 논리를 내재적으로 성찰하는 것은 의미가 크다. 지난 20년간 민주노조는 "연장근로의 예외규정을 사업장에서 엄격히 규제하기보다 오히려 잔업과 특근의 보장이라는 '자본의 덫'에 빠져 허우적대기 바빴다. 언제부터인가 사업부대표가 되기 위해서 활동가가 조합원들에게 주말근무 몇 개를 따겠다고 약속해야 하는 장시간노동체제의 포로가 되었다"(《프레시안》, 2010.3.1). 그렇다. 장시간 노동체제의 지속화에는 분명히 자본과 국가가 1차적 책임이 있지만, 그 2차적 책임은 이러한 "담합 구조"를 눈감거나 앞장선 노동조합에게도 있다. 고통스럽지만 사실이다. 이러한 장시간 노동체제를 위한 관행적 '공범 관계'는, 현대자동차 노조의 '고용 세습' 요구와 마찬가지로 생존에의 절박함에 내몰린 노동자의 처절한 목소리임에는 분명하지만, 그리하여 그 고통 자체엔 충분히 공감하지만, 그러나 이것은 결코 자본을 넘어가고자 하는 노동의 주체성은 아니다. 오히려 자본에 더욱 단단히, 그것도 스스로 나서서 결박되고자 하는 '자기 파괴성'에 다름 아니다. 고통스럽지만 이것이 사태의 진실이다.

요약하면 이렇다. 자본과의 거듭된 싸움에서 패배하고 좌절하고 상처 입은 노동자들, 그리고 그것을 지켜본 사회 구성원 전체는 집단적으로 강자 동일시, 체제 동일시를 선택했다(강수돌·하이데, 2009). 그것이 유일한 '현실적' 생존 방식으로 보이기 때문이다. 이 과정은 불행하게도 진정한 자기 자신에 대한 배신 과정이다. 이제 나는 없다. 내 꿈도 없다. 내 느낌도 없다. 오로지 자본이 설정한 사다리 안에 들어가서 밤낮으로 높이 기어오르려 피와 땀과 눈물을 흘리는 일밖에 없다. 이 '자기 배신'은 말 못 할 고통을 수반한다. 자신의 진정한 느낌을, 뿌리 깊은 곳에서 거듭 치솟아 오르는 두려움과 서글픔을 계속 억눌러야 하기 때문이다. 그래서 담배를 피우고 술을 마시고 노래방을 찾는다. 노동중독이 다른 중독들과 결합한다. 일종의 합병증이 된다. 소비중독은 노동중독을 재촉하고 노동중독은 소비중독 속에서 (금방 공허해질) 일시적 위로만 얻는다. 언제까지 이 '못 할 짓'을 계속해야 하는가?

바로 이때 떠오르는 것이 '자식'이다. 내 자식만큼은 이것을 되풀이하지 않도록 만들어야 한다. 이것이 유일한 '낙'으로 느껴진다. 그래서 '자기에 대한 배신'은 이제 '자식에 대한 기대'와 결합한다. 내가 아무리 고생해도 내 자식이 '성공'한다면, 설사 나는 이제 저 사다리의 높은 곳에 못 오른다 해도 내 자식만 '출세'를 한다면, 그간의 내 고생은 보람이 있다고 믿는다. 이런 점에서 '자식에 대한 기대'는 제2차 '자기 배신'이 된다.

7. 인간다운 삶을 위하여

이제 긴 논의를 마무리해야 한다. 다시금 유성기업 사례로 돌아가 보자. 유성기업이나 현대자동차 노동자들은 왜 오랫동안 파업을 했나? 그들의 요구는 단순했다. 그것은, 밤에는 일하지 않고 잠자고 싶다는 것이었다. '밤에는 일하지 않고 잠자고 싶다!' 그렇다. 이것이 한국의 노동자가 대부분 원하는 것이다. 인간다운 삶을 위해 도대체 무엇이 필요한지, 스스로 물어본 것이다. 바로 이런 '자기 물음'이 집단적으로 일어나야 한다.

그러면서도 더 깊이 들어가야 한다. 우리의 생각과 의식과 감정은 이미 양파껍질처럼 겹겹이 싸여 있다. 이를 차곡차곡 벗겨내야 한다. 그래야 본질적 부분, 참된 자아가 나온다. 10명 내외의 친밀한 '인간적 소모임'이 중요하다. 가급적 술은 적게 마시라. 물이나 차만 갖고도 인간적 대화가 가능해야 한다. 처음엔 '나 혼자만 느끼면 뭐 하나?' 싶지만, 일단 뱉어내 보라. '어, 당신도 그렇게 생각하네? 나도 그런데……'라는 반응들이 나온다. 이게 중요하다. 그러면서 솔직해지라. 내 깊은 내면에서 울리는 소리들에 귀를 기울이고 그냥 뱉어내기 시작하라. 그리고 공유하라. 누가 더 옳고 누가 더 강자인지 가리는 싸움은 제발 그만두라. 내가 느끼는 고통, 내가 느끼는 두려움을 정직하게 말하고 공유하라. 그러면서 공감대가 형성되면 그 무슨 장애물에도 불구하고 우리의 자연스런 인간적 필요를 현실로 만들기 위해 무엇부터 시작할지 이야기할 수 있다.

이런 작은 변화들이 모든 현장에서 활발하게 일어나야 한다. 그렇다고 소낙비처럼 홍수처럼 쏟아질 필요는 없다. 오히려 가랑비처럼 이슬비처럼, 평화롭게 느긋하게 행복하게 진행되는 것이 더 낫다. 변하지 않는 듯하면서 변하기 시작하고, 움직이지 않는 듯하면서도 움직여나가야 한다. 그리고 '특정한' 계기가 터지면 '모두' 손에 손을 잡고 광장으로 대로로 나와야 한다. 모여야 한다. '축제'를 벌여야 한다. 자본과 권력이 더는 우리를 구속하지 않는다고 선언해야 한다. 이제부터는 우리가 자율적으로, 집단적으로, 공동체적으로 스스로 다스려나간다고 큰 소리로 외쳐야 한다. 이제 더는 장시간 노동, 살아 있는 인간의 생명력을 좀먹는 노동, 사람과 자연을 체계적으로 압살하는 노동은 사라졌다고, 이제는 '돈 놓고 돈 먹는' 이윤 게임은 끝났다고 선언해야 한다. 혹시 우리 당대에 새 세상이 오지 않아도 좋다. 그러나 우리의 꿈은 계속 흐른다. 포기하지 않고 굴복하지 않는한, 그래서 나의 정체성 대신에 자본을 정체성으로 바꿔 놓지 않는 한, 2세가, 3세가 그런 투쟁을 이어갈 것이다. 될 때까지 포기하지 않으면 반드시이루어진다. 실패는 있어도 굴복은 없다. 패배는 있어도 배신은 없다. 힘들고 지칠지라도 참된 해방의 전망은 우리의 집단적 영혼 속에 살아 숨 쉬며 이어질 것이다. 마침내 광장에서 공장에서 마을에서 공원에서, 이제 성장지상주의, 출세지상주의는 헛된 망상일 뿐이라는 목소리가 터져 나온다. 진정 우리가 바라는 것은 주어진 사다리 안에서 더 높은 곳을 동경하고승진하는 게 아니라 모두가 원탁에 옹기종기 앉아서 존재의 기쁨과 삶의행복을, 관계의 소중함과 창조의 아름다움을 나누는 것임을 온 세상에 선언해야 한다. 그것이 노동 해방이고 인간 해방이다. 그래야 '4시간 노동, 4시간 독서, 4시간 친교'라는 구호를 현실로 만들어 날마다 '이것이 인간다운 삶'이라고 웃으며 살 수 있다. 그것이 자본을 넘고 노동을 넘어 참 행복을 여는 길이다. 아무리 힘들어도, 이것이 인간의 길이고 생명의 길이다.

노 동 시 장 과 **분 배**
임 금 , 고 용 , 시 간

1 . 노 동 소 득 과 불 평 등

흔히 자본주의 사회에서 분배는 이렇게 이뤄진다고 한다. 사회 전체적
으로 만들어진 부wealth로부터 기업가는 이윤profit을, 은행은 이자interest를, 지
주는 지대rent를, 국가는 세금tax을, 그리고 노동자는 임금wage을 분배받는다
는 것이다. 얼핏 보면 정당하고도 공정한 듯하다. 각자가 투자한 만큼 수
익을 얻어가는 것같이 보이기 때문이다. 하지만 근본적으로 볼 때, 사람의
노동력이나 자연의 생명력이 없다면 어느 사회건 부를 창출할 수 없다.

이런 점에서 우리가 지향할 가치는 흔히 말하는 경제가치economic value만
이 아니라 사회가치social value, 나아가 생명가치life value 등으로 확장되어야 한
다. 경제가치란 한마디로 돈으로 표현된다. 물론 돈을 벌기 위해 기업들은
상품을 생산한다. 이 상품은 쓸모를 뜻하는 사용가치use value와 가격을 뜻
하는 교환가치exchange value의 통일물이다. 이 교환가치의 가장 보편적 모습
이 돈이다. 그러나 사람은 돈으로만 사는 게 아니다. 가족의 사랑은 물론
친구나 이웃의 사랑과 우애, 신뢰와 존중 같은 것이 있어야 사람답게 살 수

있다. 사람과 사람의 따뜻한 관계, 더불어 사는 삶의 가치가 곧 사회가치다. 나아가 생명가치란 존재 그 자체, 나아가 존재와 존재 사이의 생동하는 관계를 뜻한다. 평화, 공존, 조화, 공생 등의 가치가 곧 생명가치인 셈이다. 이런 식으로 우리의 가치 지평이 확장되면 노사관계를 바라보는 시각도 훨씬 깊어지고 넓어질 수 있다. 즉, 노사관계를 단순히 노사가 협력하여 경쟁력을 높이고 돈을 많이 벌어 적절히 분배하기만 하면 모두 해결되는 문제라고 보기는 어려운 것이다.

게다가 현실은 적정 분배는커녕 오히려 분배 양극화가 더욱 심화하는 양상이다. 일례로 2014년 4월 재벌닷컴www.chaebul.com에 따르면, 2013 회계년도 사업보고서를 제출한 2148개사의 연간 보수 5억 원 이상 등기임원은 699명으로 나타났다. 그룹별로 보면 삼성그룹이 69명으로 가장 많았고, 이어 SK 24명, 현대차 23명, 포스코 21명, LG 18명, 롯데 15명, GS 12명, 한화 11명, 현대중공업 9명, 한진 4명 등이다. 10대 재벌 기업이 매출액이나 자산 순위에서는 물론 소득분배에서도 높은 자리를 독점하고 있다. 실제로 공정거래위원회가 공개한 2014년 상호출자제한 기업집단 지정현황에 따르면, 상위 1~4위 대기업집단(삼성·현대차·SK·LG)이 상위 30대 민간집단의 자산총액, 매출액 총합에서 차지하는 비중은 각기 52.0%, 55.4%였으며, 당기순이익 비중은 무려 90.1%였다. 경제구조로만 보면 한국은 '1 : 99 사회'이다. 1%의 대기업(재벌)이 99% 이상의 위세를 떨친다.

1997년 말에서 1998년 초에 이르기까지 이른바 '금 모으기 운동'의 일환으로 수많은 국민들이 장롱 속 결혼반지나 금목걸이, 애기 돌 반지 등을 기꺼이 내다 팔았던 이유가 무엇일까? 그것은 결코 지금처럼 재벌 독식의 불평등 경제를 만들기 위해서가 아니지 않았을까?

한편, 연간 보수 5억 원이 넘는 등기임원 중 여성은 전체의 1.9%인 13명에 지나지 않았다. 그나마 월급쟁이 출신으로 임원이 된 1명을 제외한 나머지 12명은 모두 총수 자녀이거나 오너가※ 출신이다. 굳이 '유리 천정' 이론(여성이 조직 내 승진을 하는 데는 보이지 않는 한계선이 있다는 이론)을 들지 않더라도, 한국 사회에서 여성들이 차별을 받으며 얼마나 고군분투하는지 알 수 있다.

2013년 1년 동안 무려 100억 원대의 보수를 받은 이는 6명이나 되었는데, 그중 1~3위는 최태원 SK그룹 회장(301억 600만 원), 정몽구 현대차그룹 회장(140억 원), 김승연 한화그룹 회장(131억 2000만 원)이었다. 흥미롭게도 최 회장은 2003년 SK글로벌 분식회계로 항소심에서 징역 3년에 집행유예 5년이 선고돼 풀려났음에도, 10년 만에 다시 회사 돈 수백억 원을 빼돌린 혐의로 법정 구속돼 1년 넘게 갇혔다. 그런데도 2013년에 무려 300억 이상을 받았다. 현대차 정 회장은 비자금을 조성하고 회사 돈을 빼돌려 계열사에 손실을 입힌 혐의로 2006년에 구속되어 2007년 항소심에서 징역 3년에 집행유예 5년의 판결을 받고 풀려났다. 그런데 현대차는 2013년 당기순이익만 해도 14조 원인데도, 2010년 7월에 대법원이 "사내하청은 불법파견이므로 2년 이상 근무자를 정규직으로 간주한다"는 판결을 성실히 이행하지 않았다. 그런 상황에서 정 회장은 140억 원을 받았다. 또한 김 회장은 부실 계열사를 부당 지원한 혐의로 작년에 구속됐다가 지난 2월에야 풀려났는데(징역 3년, 집행유예 5년), 급여 200억 원을 회사에 반납하고도 연봉 총액 3위를 기록했다.

고액연봉을 공개하는 것은 투명사회를 실천한다는 인상을 주지만, 보통 사람들에겐 위화감이나 좌절감을 안겨다준다. 고액 연봉을 공개하지 말자는 제안이 아니라, 시간이 걸리더라도 보다 평등한 사회를 만들어가는 것이 바른 길이란 말이다. 해마다 조금씩이라도 불평등이 줄어든다면, 그나마 사람들은 사회 변화에 대한 신뢰를 갖게 될 것이다.

보다 평등한 세상을 만들어나가는 데 지침이 될 만한 아이디어가 몇 가지 있다. 첫째로, 스페인의 몬드라곤 협동조합은 최고 연봉과 최저 연봉의 격차를 7배 정도로 잡았다. 둘째, 스위스는 10만 명 이상의 청원으로 CEO 임금을 노동자 최저임금의 12배 이하로 묶어두자는 '1:12 법안'을 국민투표에 부치기도 했다. 셋째, 프랑스와 아일랜드에서는 2008년 금융위기 이후 공기업과 공공금융기관의 CEO 보수 상한선을 제한하는 규정을 마련했다. 넷째, 김병섭 서울대 행정대학원 교수가 2014년에 성인 2만여 명을 대상으로 '대기업 사장의 월급은 가장 말단 직원의 몇 배 정도면 적절한가'라는 설문조사(1050명 대상)를 통해 '1 : 12.14'가 적정하다는 결과를 얻었다(연합뉴스, 2014.3.31).

물론 양적인 평등보다 중요한 것이 질적인 건강성, 즉 지속 가능성이긴 하다. 그러나 지금처럼 갈수록 세상이 불평등해진다면 개인의 건강은 물론 사회 건강은 회복 불가능하게 손상될 것이다. 더는 미루어선 안 될 사회적 과제이다.

2. 정리해고 4대 요건과 쌍용차 부당해고 사례

근로기준법에 '경영상 이유에 의한 해고'가 정당하기 위해선 크게 네 가지 요건을 갖추어야 한다. 그것은 ① 긴박한 경영상의 필요, ② 해고 회피 노력, ③ 공정하고 합리적인 기준, ④ 사전 통보 및 노동자 대표 기구와 성실한 협의 등이다.

물론 기업은 정리해고 외에도 징계해고를 할 수 있다. 징계해고는 노동자가 근로계약을 성실히 이행하지 않거나 기업에 특별한 손실을 초래한 경우, 또는 범죄를 저지른 경우에 기업이 해고를 하는 것이다. 그런데 최근에 사회적 문제로 부각한 것은 정리해고 문제다.

1998년 현대자동차, 2001년 대우자동차에 이어 2009년 쌍용자동차의 경우에도 정리해고로 인해 노사 간 갈등이 첨예화했고 온 사회적 관심사가 되기도 했다. 2009년 쌍용차의 경우는 IMF 시기 이후 여러 차례 위기를 넘기면서 중국 상하이차에 매각되었다가 재매각 과정에서 대규모 정리해고가 발생했다. 2009년 당시 총노동자의 37%에 이르는 2646명이 정리되어야 하는 상황이었다. 그래야 기업의 수익성이 좋아지고 새로운 인수 기업에 무난히 매각될 것이라 주장되었다.*

2009년 5월 말부터 8월 초까지 무려 77일간 공장점거 파업이 벌어진 것도 바로 이런 배경에서였다. 오랫동안 회사와 함께 생사고락을 함께한 노동자들이 자신의 삶과 동일시해온 일자리가 사라질 위기에 처하자 결코 조용히 양보할 수 없었던 것이다. 비록 형식적으로는 2000여 명이 '희망퇴직'으로, 450여 명이 '무급휴직'으로, 그리고 150여 명이 '정리해고'로 회사를 떠났지만 사실은 모두가 정리해고된 셈이나 마찬가지였다. 노동자들은 정리해고가 무효라 선언하고 투쟁을 했지만, 결국은 회사와 국가의 막대한 폭력 앞에 더는 저항이 불가능한 상황에서 정리해고를 최소화하는 데 합의하고 파업은 끝났다. 그 이후로도 수많은 투쟁과 저항이 뒤따랐고, (원래는 2010년 8월 복직 약속을 받았던) 450여 무급휴직자는 3년 5개월 만인 2013년 1월에 전원 복직이 결정되었다. 2009년 4월 이후 2014년 4월까지의 기간 동안에 기업 및 국가 폭력의 후유증, 배신감, 좌절감 등으로 무려 25명의 노동자나 가족이 자살하거나 심장마비 등으로 목숨을 잃었다.

그런데 서울고법은 2014년 2월 7일, 쌍용차 해고노동자 김 씨 등 153명이 회사를 상대로 낸 해고무효 확인 소송에서 원심을 깨고 "이들에 대한 해고는 무효"라 판결했다. 그 근거는, 정리해고 당시 긴박한 경영상의 필요

> ....
> * 공지영(2012)을 참고할 수 있다.

나 해고 회피 노력의 충분성이 인정되지 않는다는 점이었다. 전술한 바, 현행 근로기준법에 합법 해고의 4대 요건 중 "긴박한 경영상의 필요"나 "해고 회피 노력"의 충분성이나 정당성이 인정되지 않는다는 취지였다.

이에 비춰 재판부는 "쌍용차가 정리해고 당시 유동성 위기를 겪은 사실은 인정되지만 구조적인 재무건전성 위기까지 있었다고 볼 수는 없다"고 했다. 특히 "쌍용차가 장기공급 계약이 맺어져 있던 차종이 단종되는 걸 전제로 매출 수량을 과소평가해 유형자산 손실액을 과다 계상했고, 자동차 1대당 생산시간HPV이 경쟁사보다 높다는 이유만으로 생산효율성이 낮다고 단정, 이를 인원감축의 근거로 삼았"기에 '긴박한 경영상의 필요'가 부인되었다. 또 "회사가 해고 회피 노력을 일정 부분 했지만, 훨씬 더 많이 노력했어야" 했다고 보았다.

쌍용차 상황을 회고하면 이렇다. 2004년 중국 상하이차에 매각된 쌍용차는 2008년 금융위기와 세계 경기 악화로 회생절차를 밟는다. 결국 2009년 4월, 전체 인력의 37%에 이르는 2646명(비정규직 포함 시 3000명)에 정리해고가 통보된다. 노조가 이에 반발, 평택공장 등을 점거하고 77일간 파업을 했지만 (그 사이 희망퇴직 등으로 퇴사한 1666명 외) 980명이 최종 해고 대상자가 되었다. "해고는 살인이다", "함께 살자"며 극한투쟁을 한 결과 노조가 얻은 건 980명 중 165명만 해고하는 것이었다(459명은 무급휴직, 353명은 추가 희망퇴직, 3명은 직무전환). 그중 153명이 소송을 제기, 5년 만에 승리한 것이다.

노동자와 그 가족들에게 지극히 눈물겨운 승소지만, 그 대가는 참 컸다. 무엇보다 해고 대상자와 가족들 약 1만 명은 생사를 넘나들며 투쟁했다. 이미 태아를 포함한 25명이 생명을 잃었다. 철탑 농성도 했다. 아직 경찰이나 용역의 폭력 후유증에 아픈 이도 많다. 또 노조 및 조합원들엔 무려 약 47억 원(회사 측에 33억, 경찰 측에 13.7억)의 배상 책임도 지워졌다. 돈으로 압박을 당해 숨쉬기도 어려운 게 한국의 노동 현실이다.

2014년 2월의 정리해고 무효 판결이 그나마 부당해고에 저항한 노동자들의 트라우마를 치유하는 데 조금은 도움 될 것이다. 그러나 여기서 몇 걸음 더 나가야 한다.

첫째, 한국 사회에서 이른바 전문가의 역할을 깊이 성찰해야 한다. 재판부의 판단처럼, 쌍용차 정리해고의 근거가 된 A 회계법인의 2008년 감사보고서는 '엉터리'였다. 작성자들은 '공인회계사'다. 기업의 자산, 부채, 자본, 손실과 이익 등 재무 상황에 대해 전문가적 권위를 가진 자들이다. 이들이 어떤 가치와 철학으로 그 능력을 발휘하는가에 따라 다수의 목숨을 좌우한다. 그들은 모두 '철학 있는 전문가'로 거듭나야 한다.

둘째, 정리해고가 부당하다고 판결 난 마당에, 그 부당한 정리해고에 맞서 싸운 노동자들의 명예 회복이 급하다. 사실 투쟁한 노동자와 가족들은 아직도 상처가 깊다. 이들에 대한 천문학적 손해배상 요구를 거두고, 오히려 회사나 경찰, 정부가 공개 사과해야 한다. 대선 공약대로 '먹튀 자본'의 재발방지를 위한 국정조사나 검찰 재수사도 필요하다. 노동하는 사람들의 기를 살리지 못하는 사회는 '창조경제'는커녕 '창조컨설팅' 같은 폭력적 전문가들만 키운다.

셋째, 사실 이번 판결은 2년 전 1심 판결, "금융위기 등으로 유동성 부족을 해결할 방법이 없어 회생절차를 밟게 된 사측이 경영상 어려움을 극복하고 비용 절감으로 경쟁력을 확보하기 위해 구조조정의 일환으로 해고를 할 필요성이 인정된다"고 한 것과 정반대다. 이 또한 판사라는 전문가의 역할 문제라 할 수 있지만, 이참에 '노동법원'의 설립이 절실하다. 노동 문제는 일반 사건과 달리 노동력이나 노사관계의 특수성을 내포하기에 보다 전문적인 권능을 가진 기관이 다뤄야 한다. 이 모두, 잘못된 '의자놀이'로 인한 사회적 비용을 예방하고 헌법상 행복추구권이나 인간 존엄을 수호할

조건들이다.

3. 노 동 거 부 이 론 에 대 한 고 찰

노동시장에 대한 진입 자체를 회의적으로 바라보는 '노동거부' 이론이 있다. 독일의 크리시스 그룹이 펴낸 『노동을 거부하라!』(2007, 이후)라는 책이 노동거부 이론을 펼친다. 독일어 원제목이 'Feierabend!'인데 직역하면 '일 끝났다!'이다. 실은 이 말은 이중적이다. 하나는 하루 종일 일한 뒤 노곤한 저녁 무렵, 마침내 업무 종료 벨이 울렸다는 말이다. 속된 우리말로 '종 쳤다!'라 할 수 있고 일본말로 '시마이!'다. 이제부터 '자유시간!'이란 뜻이 함축되어 있다. 다른 하나는 더 추상적인 의미로 노동의 패러다임, 임금노예를 내포한 사회 경제적 구조, 인간의 자유롭고 창의적인 영혼이 거세된 상태의 고용 관계 등이 '끝장이다!'라고 선언하는 것이다. 이 말은 그런 모든 것을 '끝장내자!'라는 뜻으로 해석된다.

오늘날 노동이나 일자리를 자신의 정체성과 동일시하는 풍토에서 대부분의 사람들에게 '노동거부' 구호는 상당히 불편하게 들린다. 모두가 고용 불안이나 취업 전쟁을 겪고 있는데 "도대체 노동을 거부하라니, 정신 나간 소리 아냐?" 하는 것이 초기 반응일 수 있다. 같은 맥락에서 비슷한 시기에 나온 졸저 『일중독 벗어나기』(메이데이, 2007)도 사람들에게 꽤 불편한 느낌을 불러일으켰다. "진짜 일중독에 걸릴 정도로 실컷 일 좀 해봤으면 좋겠다"라는 게 많은 이들의 반응이었다.

그러나 우리의 노동 상황을 한번 차분히 둘러보자. 갈수록 실업자와 비정규직은 늘어나고 기존의 안정된 일자리는 줄어든다. 4% 내외라는 공식 실업률과 달리 사실상 실업자는 수백만이다. 비정규직은 전체 노동자의

60%에 육박하고 그 수는 800만이 넘는다. 게다가 정규직조차 편치 않다. 눈치 보기에, 노동강도에, 스트레스에, 상호 경쟁에 시달려야 한다. 한 시간에 10명씩 산재를 당하고 하루에도 두세 명이 과로사로 쓰러진다. 아직도 노동조합은 정당하게 인정되지 않고 '삐딱한' 시선과 노골적 탄압을 받는다. 노동법은 존재하되 '노동탄압법'이란 비판을 받기 일쑤다. 심지어 고용노동부조차 '자본권력부' 내지 '노동탄압부'란 비난을 듣는다. 한편 양성평등이 예전보다 많이 강조되고 현실도 많이 나아졌지만 아직 갈 길은 멀다. 비정규직 노동자의 대부분(2/3)은 여성이다. 이렇게 갈수록 핵심부 정규직은 줄어드는 반면 주변부는 넓어진다. 청소년 아르바이트, 장애인, 퇴직자, 이주 노동자, 여성 노동자, 비정규직 노동자 등이 주변부를 구성한다. 노동의 연대보다 파편화가 심해진다.

이러한 노동 현실과 밀접하게 연결된 것이 교육 현실이다. 왜냐하면 자본주의 교육은 인격 형성과 공동체 의식 함양보다 돈벌이에 도움 되는 노동력의 양성 공장 역할을 하기 때문이다. 나라별로 성인의 행복도를 비교한 결과와 마찬가지로 청소년 행복도 비교에서도 한국은 꼴찌 수준이다. 게다가 한국의 10대 청소년, 즉 초·중·고 학생들은 학업 스트레스와 진로 문제, 부모와의 갈등 등으로 마음이 곪고 있다. 해마다 10대 청소년 자살자가 250~300명이란 수치가 이를 증명한다. 그렇다고 무거운 가방을 메고 성실히 학교를 다닌다고 해서 즐거운 건 아니다. 겉으로는 아무 일 없는 듯하지만 속으로는 짜증과 울화가 치밀고 마음이 늘 불안하다. 대부분 자신의 진정한 꿈과 자아실현이 아니라 일류 대학, 일류 직장을 최우선적으로 꼽으며 굴레 속에 갇혀 살아가니 이런 일이 벌어진다. 대학생들도 마찬가지다. 겉으로 남들이 우러러보는 일류 대학을 간들, 진정으로 자신이 원하는 학교와 학과를 선택했다면 모를까, 그 외는 허공을 헤매며 속으로 갈등한다. 진짜 공부는 대학에서부터 해야 하는데, 자기가 가는 길에 자신이 없다. 하물며 일류 대학이 아닌 대학 또는 지방 대학을 다니는 학생들은 말할 나위도 없다. 속으로도 불안한데 겉으로 손가락질까지 받으니 정말 괴롭다. 그렇다고 미래가 보장된 것도 아니다.

흥미롭게도 바로 이런 절망적 현실을 몰라서가 아니라 오히려 잘 알고 있기 때문에 '노동거부' 명제가 설득력을 얻는다. 한국뿐 아니라 온 세상이 대부분 그렇게 절망적으로 돌아가는 게 현실이다. 이 책이 처음 나온 독일만 그런 게 아니라는 말이다.

그런데 이 '노동거부' 구호가 일반인들에게만 불편한 것이 아니라 노동운동이나 사회운동을 하는 사람들에게도 불편하게 다가오는 것은 왜 그럴까? 그것은 여태껏 우리가 '노동의 신성함'에 깊은 믿음을 지니고 있기 때문이다. 노동운동에서 '근로자'라는 말을 싫어하고 '노동자'이기를 자처하는 것도, 정부나 자본이 강요하는 대로 순종하는 사람들이 아니라, '신성한' 노동을 주체적으로 수행하는 사회의 주인공임을 강조하기 위해서다. 그렇게 노동을 신성시해 온 사람들에게 '노동을 거부하라!'라는 구호는 매우 부적절하게 느껴질 수 있다.

그러나 사실 '노동'이라는 범주가 초역사적인 것이 아니라 '근대 상품 생산 사회'가 만든 특정한 행위 양식이다. 그것도 중세 종교 개혁을 통해 '노동의 신성함'이란 믿음이 '만들어졌고' 구체적으로는 상공인 계급, 즉 부르주아지의 이해관계를 반영한 믿음이다.

요약하자면 자본과 권력은 필요할 때는 노동자들에게 자부심을 심어주며 성실히 노동하는 걸 칭찬하지만 돈벌이가 조금이라도 어려워지면 가차 없이 노동자를 내팽개치는데, 순진한 노동자들은 저 혼자서 "노동은 신성하다"라며 노동 찬가를 부르고 심지어는 노동중독에 빠져 삶의 길을 잃고 헤매다가 마침내 과로사로, 직업병으로 귀한 생명을 잃고 만다. 그리고 아직 노동 시장에 '성공적으로' 진입하지 못한 이들은 바로 그 노동의 자리에 엄청난 동경과 환상을 품고 있는데, 이 모든 것은 자칫 귀한 인생을 노동의 굴레 속으로 밀어 넣은 뒤 평생 헛살게 만드는 망상일 뿐이라는 진단이다.

따라서 우리에게 익숙한, "일하지 않는 자여, 먹지도 마라"라는 구호는 이제 자본가를 향한 노동의 화살이 아니라, 거꾸로 노동자의 가슴에 비수를 꽂는 자본과 권력의 무기가 되어버렸다. 이 사실을 제대로 인지한다면 우리는 이제 '일하는 것'과 '먹고사는 것'을 같은 선상에 놓고 동일시하기를 그만두어야 한다. '취업하면 먹고살고, 실직하면 굶주린다'는 공식, 즉 '예수 천당, 불신 지옥'과 매우 유사한 이런 구호를 과감하게 지양하는 것이야말로 진정 새로운 세상을 여는 열쇠다.

4. 노동시간 단축과 일자리 나누기

경제나 경영의 문제를 가장 근본적인 차원에서 세 가지로 압축하면 파이의 크기size of pie, 파이의 분배share of pie, 파이의 원천source of pie 문제로 요약할 수 있다. 파이의 크기란 대체로 사회경제적 기득권층이 강조하는 것으로, 일단은 파이를 키워야 한다는 주장이다. 그래야 나눠먹을 것도 생기고 선진국 진입도 가능하다는 얘기다. 파이의 크기를 강조하는 입장은 그 파이가 어떤 원료로 만들어지는지, 파이를 만드는 과정에서 사람과 자연의 희생이 생기는 건 아닌지 등의 문제엔 관심이 별로 없다.

다음으로 파이의 분배를 강조하는 입장은 대체로 노동자나 노동조합, 사회 정의를 강조하는 시민사회 단체 등이다. 열심히 일한 결과 파이를 키웠다면 그 대가로 적정 분배가 실현되어야 한다는 입장이다. 또 그렇게 적정 분배가 이뤄져야 사람들에게 동기 부여가 되어 그다음 단계에서도 열심히 일을 할 것이 아닌가 하는 입장이다. 옛말에 '콩 한 알도 세 명이 나눠

먹는다'는 말이 있는데, 아무리 파이가 작아도 서로 사이좋게 나눠 먹는다면 사람들이 감동을 받아 더 열심히 협력할 것이라는 가정이 깔려 있다. 파이의 크기와 분배 문제는 이런 점에서 상호 규정하는 측면이 있다. 즉 파이가 커야 나눌 수 있으며, 잘 나누기만 하면 더 크게 만드는 것은 시간문제일 뿐이다. 이런 면에서 파이의 분배는 생각지 않고 크기만 강조하는 입장은 지나치게 편협한 입장임이 확인된다.

셋째로, 파이의 원천 문제를 보자. 이의 문제의식은 파이를 아무리 크게 만들어 정의롭게 분배한다고 하더라도 원래의 파이 그 자체가 먹어서는 안 되는 원료로 만들어졌거나 부당한 과정을 거쳐 만들어졌다면 처음부터 잘못된 것이라는 생각에 기초한다. 일례로, 아프리카에서 강제로 데려간 노예들을 기초로 하여 만들어진 사탕수수와 설탕, 농약이나 제초제를 듬뿍 쳐서 깨끗하고 큼직하게 생산한 과일, 비정규직이나 외국인 이주 노동자를 활용해 아주 값싸게 만들어낸 공업 제품 같은 것들은 그 원천 자체가 잘못된 것이다. 그렇게 번 돈을 아무리 많이 아무리 공정하게 나눈들, 결코 건강하고 행복한 삶을 영위하긴 어렵다는 입장이다. 바로 이런 입장을 가진 진영은 생명이나 평화의 가치를 중시하는 사람들이다.

이제, 이런 세 가지 입장을 모두 고려하는 관점에서 노동시장의 문제, 특히 고용문제를 살펴보자. 오늘날 노동시장의 문제는 대체로 고용불안으로 압축된다. 그것은 실업 문제와 비정규직 문제로 드러난다. 하지만 다른 편에서는 취업자조차 편하지 못하다. 장시간 노동이나 노동강도 강화에 시달리며 자연스럽게 산업재해에 노출된다. 이런 상황에서 가장 진보적인 대안은 노동시간 단축과 일자리 나누기이다.

일례로, 한 사회가 정상적으로 돌아가기 위해 90 M/H의 노동량이 필요하다고 하자. 현재는 9명M이 10시간H씩 일해서 90M/H를 만들어내고 있다. 그런데 보수 진영은 9명을 6명M으로 줄이고 모두 15시간H씩 일을 시켜

90M/H를 생산한다. 3명은 정리해고 대상이다. 남은 6명은 별 다른 저항도 하지 못하고 15시간씩 일을 해야 한다. 심신이 피곤해지고 소진되기 쉽다. 심하면 과로사로 쓰러진다. 그러나 진보진영은 9명이 아니라 15명M으로 사람을 늘리는 대신 모두의 노동시간을 6시간H으로 줄인다. 그래도 사회를 위해 필요한 90M/H의 노동량은 산출된다. 처음에 9명에서 15명으로 늘었으니 청년 6명이 일자리를 얻게 되며, 모두가 6시간만 일하니 삶의 여유도 생기며 건강도 좋아진다. 삶의 질이 고양되는 것이다.

이렇게 되면 그동안 사람들이 열심히 일해서 키운 파이가 노동자들에게도 잘 분배되는 셈이며, 또 조금씩 즐겁고 건강하게 노동을 하니 파이의 원천도 비교적 건강하게 구성되는 셈이다. 나아가 노동자가 올린 효율이 노동자의 삶의 질로 돌아오는 것이 실감날수록 노동자들은 더 열심히 해서 파이도 더 키울 것이다.

5. 생 활 의 화 폐 의 존 도 감 소

만일 노동시간 단축을 통한 일자리 나누기가 사회적 합의로 시행된다 하더라도, 임금 소득이 노동시간 단축 정도만큼 또는 일부라도 축소된다고 할 때, 노동자의 생활 안정은 위협받기 쉽다. 바로 이런 점 때문에 노동자나 노동조합이 노동시간 단축에 대해 거부감을 갖고 있는지도 모른다. 바로 이런 두려움이나 우려에 대한 대안이 사회 공공성 강화이다.

사회 공공성 강화란 주거, 교육, 의료, 노후 문제 등 한 인간이 사회생활을 해나가는 데 기본적으로 누려야 할 사회적 서비스를 사회 구성원 전체가 공동의 책임의식으로 함께 풀어나가는 것이다. 이것이 유럽 등 선진 복지국가에서는 사회복지social welfare 시스템으로 구체화되었고, 최근 벨기에

나 스위스 등 일부 나라에서는 기본소득basic income 논의로 발전하고 있다
(이 책 11장 참조).

사실 곰곰이 생각해보면, 한 노동자가 일을 하고 받은 임금은 주거 문제
나 교육 문제에 가장 많이 쓰임을 알 수 있다. 대체로 한 노동자가 성실히
모은 월급으로 집 한 채를 장만하는 데는 평균 15년 정도 걸린다는 통계가
있다. 평균 15년을 알뜰살뜰 모아야 겨우 집 한 채 마련함으로써 월세나 전
세의 서러움을 넘어갈 수 있다는 것이다. 한편 자녀 양육과 교육은 어떤
가? 어떤 이는 한 아이를 낳아 키우는 데 약 1억이니 2억이 든다고 계산해
놓기도 한다. 물론 나는 그런 통계치를 믿지도 않거니와 자칫 잘못된 인생
설계를 낳게 하는 오류를 범한다고 본다. 그럼에도 불구하고 현재의 한국
사회에서 자녀 출산, 양육, 교육은 부담이 상당한 것도 사실이다. 게다가
나중에 몸이 병들거나 노후 생활을 고려할 때 사람들은 나중을 위해서라
도 노동력이 아직 생생할 때 많이 일해서 많이 벌어야 한다고 생각하기 쉽
다. 게다가 요즘은 언제 잘릴지도 모르는 불안감이나 공포에 시달리는 '고
용불안'의 시대가 아닌가? 그러니 사람들은 더욱 일에 매달리며 일을 통한
소득 증대에 매진하게 된다.

그런데 좀 다른 각도에서 보면, 주거권·교육권·건강권·복지권·행복
권은 헌법상 보장된 인간의 기본권이 아니던가? 게다가 우리가 아무리 '자
기 집'을 소유하고 있다 하더라도 죽어서 그 집을 들고 가진 못한다. 그렇
다면 군이 집 한 채 마련하기 위해 평균 15년 동안이나 현재의 욕구나 필요
를 억압해가면서 돈을 모을 이유는 없지 않을까? 다만, 월세나 전세살이의
서러움 같은 문제만 적절히 해소하고 주거권을 안정적으로 보장하면 될
것이다. 주거를 재산 증식의 관점이 아니라 인간다운 주거의 관점으로 보
기 시작하면, 군이 모든 가정이 집을 갖지 않더라도 얼마든지 인간답게 살
수 있다. 이것이 주거 공공성이다.

교육도 마찬가지다. 해마다 사교육비가 20조 원이 넘게 든다고 할 정도로, 학비 외에도 학원비나 과외비, 학습지 비용 같은 것들이 상당히 든다. 그런데 이런 고비용의 교육조차 실은 남보다 좋은 대학에 가서 남보다 더 좋은 직장을 얻고 더 많은 돈을 안정적으로 벌기 위한 목적이 아니던가? 그런데 이런 방식은 아이들의 꿈을 키우기보다 경쟁만 부추긴다. 설사 경쟁에 성공하더라도 아이들은 꿈이 뭔지도 모른다. 몸과 마음이 피폐해질 뿐이다. 아이들이 배우고 싶은 것을 온 사회가 공적으로 지원해주고, 그 아이들이 일정한 실력을 쌓고 나왔을 때 분야를 가리지 않고 비슷한 대우를 해주게 된다면 아이들이나 부모들은 아무 걱정 없이 교육 문제에 임할 수 있을 것이다. 이런 맥락에서 교육의 공공성 강화도 시급하다.

이런 식으로 한 개인의 소득 수준에 따라 주거, 교육, 의료, 노후가 달라지는 것이 아니라, 이 사회 구성원이라면 누구라도 주거, 교육, 의료, 노후 문제를 별 걱정 없이 해결할 수 있도록 공공성을 강화한다면, 노동시간 단축이 되어 설사 임금이 감소하더라도 아무 걱정을 할 필요가 없다. 수입(돈 버는 액수)이 줄더라도 지출(돈 쓸 곳)이 더 많이 줄어들면 실질 임금은 상승할 수도 있다. 요컨대 주거, 교육, 의료, 노후 등 인간다운 삶을 위한 기본 문제들을 사회 공공성 강화로 해결한다면, 우리는 생활의 화폐 의존도를 줄임으로써 노동시간 단축과 더불어 훨씬 더 여유롭고 건강한 삶을 영위할 수 있을 것이다.

제2부 노동과정과 노사관계

—

생 산 과 정과 인 간 노 동

1. 자 본 주 의 생 산 과 정 과 노 동 과 정

자본주의 생산과정은 당연히도 상품의 생산과정이다. 경쟁력 있는 상품을 만들어 팔아야 투자한 돈보다 더 많은 돈을 벌 수 있기 때문이다. 상품이란 일정한 쓸모(사용가치)를 가지면서도 가격의 형태로 돈과 교환(교환가치)이 되는 물품이나 서비스를 말한다. 노동자는 살아 있는 노동력을 상품 생산에 투입하되, 자신이 받는 임금보다 더 큰 가치를 상품 속에 불어 넣음으로써 부가가치를 창출, 순이익(이윤)을 생산함으로써 더 많은 자본을 생산한다. 이렇게 자본주의 기업이란 이러한 상품을 생산하여 판매함으로써 더 많은 이윤을 벌기 위한 경제적·사회적·정치적·문화적 조직이다.

그런데 상품의 생산과정은 한편으로 노동자가 일을 수행하는 노동과정, 그리고 다른 한편으로 경영자가 일을 총괄하는 관리과정으로 구성된다.[*]

----

[*] 노동과정 분석에 고전적인 저작으로는 마르크스(Marx, 1867) 및 브레이버만(1998), 뷰러웨이(1999) 등 참조.

관리과정과 노동과정이 잘 맞물려 돌아가야 기업이 목표로 하는 상품을 생산하여 판매할 수 있다. 노사관계에 흔히 강조되는 '파트너십partnership', 즉 동반자 관계란 바로 이를 두고 하는 말이다. 만일 노동과정은 잘 돌아가지만 관리과정이 엉망이거나, 관리과정은 원활한데 노동과정이 중단된다면, 기업이 원하는 상품의 생산은 지체되거나 중단될 것이기 때문이다.

경영자가 일을 총괄하는 관리과정을 보다 구체적으로 살피면, 주어진 생산 목표를 위해 노동을 계획하고 조직하고 지휘하며 조정하고 통제하는 과정으로 구성된다. 상급 경영자로부터 중급이나 하급 경영자로 갈수록 노동자의 노동과정과 보다 밀접한 관련을 맺게 된다.

노동자의 노동과정을 기업의 관점에서 보면, 이것은 노동력의 소비 과정이다. 즉 기업은 노동력을 구매하여 생산과정에서 잘 소비함으로써 상품을 생산한다. 노동력의 소비과정이 곧 상품의 생산과정인 셈이다.

한편 임금을 받은 노동자들은 시장에 가서 생필품을 구매하여 소비함으로써 다음 날 일하러 갈 수 있는 노동력을 재생산한다. 장기적으로는 노동자 본인 세대를 넘어 나중에 대를 이어 노동을 할 수도 있도록 젊은 시절에 아이를 낳고 기름으로써 '제2세대 노동력'을 생산하기도 한다. 이렇게 노동자들은 상품을 소비함으로써 노동력을 생산한다.

요컨대 자본주의 생산과정은 이렇게 한편에서는 상품의 생산과정, 다른 한편에서는 노동력의 생산과정이 서로 밀접하게 맞물려 돌아가는 과정이라고 할 수 있다.

그런데 이러한 상품이나 노동력의 생산과정은 다른 한편에서 상품이나 노동력의 판매과정이 원활하게 돌아갈 때 장기적으로 별문제 없이 제대로 기능할 수 있다. 그렇게 해서 결국은 자본을 더 큰 규모로 늘린다. 이것을 자본의 자기 증식이라 한다. 즉 생산과정은 상품, 노동력만이 아니라 자본의 생산과정이기도 한 것이다.

한 걸음 더 나가 생각해보면, 자본주의 생산과정은 한편에서 노동력을 고용하여 돈을 벌고자 하는 자본, 그리고 다른 한편으로는 자본에 고용되고자 하는 의지와 능력을 가진 노동력, 이 각각은 물론 이 둘 사이의 관계인 자본관계까지 생산함을 알 수 있다. 자본관계란 자본이 노동을 구매하고 고용하는 관계, 노동력을 자본의 필요에 맞게 소비하기 위해 그 의지나 능력을 증진시키는 관계, 노동이 잘 수행되도록 관리 및 통제하는 관계, 노동을 자본의 요구에 맞게 복속, 강제, 동의, 참여, 교섭, 협상, 타협, 합의하는 관계, 일정한 목표를 이루었을 때 보상하는 관계 등을 모두 포함한다. 즉 자본의 노동에 대한 교환관계는 물론 지배관계를 포함하는 것이 자본관계인 셈이다. 바로 이런 자본관계가 생산, 재생산되는 것도 바로 자본주의 생산과정을 통해 이뤄진다. 물론 이것은 단순히 개별 공장이나 회사에서만 전개되는 것은 아니고 가정, 학교, 군대, 경찰, 직장, 입법, 행정, 사법, 지역, 언론, 문화, 종교 등 전 사회적인 과정의 도움을 받는다.

2. 경쟁력과 작업조직

기업이 만든 상품은 일반적으로 경쟁력competitiveness이 있어야 시장에서 잘 팔린다. 시장에서 팔려야 투자한 돈을 회수할 뿐 아니라 그보다 많은 돈, 즉 이윤을 얻어 증식을 할 수 있기 때문이다. 그렇다면 상품의 경쟁력은 어떻게 생길까?

상품의 경쟁력을 구성하는 원천은 다양하다. 그것은 대체로 가격, 품질, 기능, 디자인, A/S, 친절도, 광고, 입소문, 접근성 등으로 요약된다. 그런데 생각해보면, 대중소비 시장을 전제로 할 때 경쟁력에 가장 큰 영향을 미치는 요인은 아무래도 가격 경쟁력이라 할 수 있을 것이다. 즉 품질이나 기능

등 다른 요인을 모두 검토한 뒤에 사람들은 대부분 '이왕이면 조금 싼 것'을 찾는다는 것이다. 물론 가격 경쟁력과 더불어 다른 요인들이 다 갖추어진 다면 금상첨화일 것이다.

그렇다면 가격 경쟁력을 높이는 방법은 무엇인가? 그것은 한마디로 생산성이다. 생산성이란 투입 대비 산출의 비율 관계로 표현된다. 투입이란 무엇인가? 그것은 인건비, 원료비, 부품비, 임대료, 기계 또는 설비비, 에너지 비용, 금융비용, 세금, 관리비 등 다양한 비용 요인이다. 그러면 산출 요인이란 무엇인가? 그것은 생산량이나 매출액으로 표현된다. 이렇게 투입과 산출을 정의한다면 생산성을 높이는 방법은 무엇인가?

그것은 크게 세 가지로 정리된다. 첫째, 동일한 투입에 더 많은 산출을 내는 것이다. 일례로 가구 산업을 들자면, 동일한 비용(70단위)을 들이더라도 하루에 10단위의 가구를 생산하다가 13단위의 가구를 생산하면 된다. 그러기 위해서는 노동시간을 연장(교대제 포함)하거나 노동강도를 높이면 된다. 아니면 작업 방식을 보다 효율적으로 바꾸거나 경쟁적 임금제도(성과급)와 새로운 기계를 도입할 수도 있다. 이런 경우 비용이 약간 증가하더라도 그보다 산출이 훨씬 크다면 결국은 동일한 투입에 증가된 산출이라는 결론과 같은 셈이다.

둘째, 동일한 산출을 내더라도 그에 소요되는 각종 비용 요인을 줄이면 된다. 위 예에서는 하루에 10단위의 가구를 생산하는 건 변함이 없지만, 인건비를 줄이기 위해 노동력 투입을 줄이려 정리해고를 하거나 비정규직을 쓸 수도 있고 임금 삭감을 할 수 있다. 나아가 원료비를 줄이기 위해 목재를 보다 싸게 구입하면 되고 공장에서 나오는 오폐수를 제대로 정화하지 않고 일부 무단 방출할 수도 있다.

셋째는 앞의 두 가지 방식을 동시에 실시하는 것이다. 즉 인건비, 원료비, 부품비, 설비비, 에너지 비용 등 각종 비용 요인은 줄이되 노동시간 연장과 노동강도 증가, 노동과정의 재편이나 신기술의 도입 등을 통해 산출요인은 높이는 것이다. 이것이 성공적으로 진행만 되면 그 기업의 생산성은 극대화할 것이고, 자연스럽게 가격 경쟁력은 증가할 것이다.

바로 여기서 인건비를 줄이기 위해 노동력의 규모나 고용 형태를 바꾸는 것, 임금 삭감이나 경쟁적 임금 제도를 도입하는 것, 아니면 산출을 늘리기 위해 교대제를 포함한 노동시간 연장이나 노동강도를 높이는 것, 작업 공정이나 작업 방식을 바꾸어보는 것, 분업 체계나 팀 작업을 조직하는 것, 관료주의 위계적 조직이나 권한 이양empowerment을 통한 자율적 조직의 시도 등, 이 모든 내용은 결국 사람과 노동의 결합 방식을 바꾸는 것으로, 이를 작업조직organization of work이라 한다. 요컨대 작업 조직의 효율화 내지 합리화는 기업의 경쟁력, 특히 가격 경쟁력을 높이는 데 결정적 요인이 되는 셈이다. 물론 이러한 작업조직의 합리화는 품질이나 서비스 등 다른 경쟁력 요인에도 밀접한 영향을 준다. 일례로 불량 비율이나 서비스 만족도를 반영하여 기본급이나 수당, 보너스 등에 차등을 두는 경우, 사람들은 경쟁적으로 품질이나 서비스 증진을 위해 노력할 것이다. 결국 사람과 노동의 결합 방식인 작업조직은 '사람을 통한 경쟁력' 증진에 핵심 고리가 됨을 알 수 있다.

3. 직 무 몰 입 과 조 직 몰 입

직무몰입job involvement이란, 로달·카이너(Lodahl and Kejner, 1965)나 카눈고(Kanungo, 1982) 등의 고전적 논의에 따르면 결국 "직무와의 심리적 일체감"으로 정의된다. 이것은 또한 "직무 관련 자아존중감 내지 자아정체성"을 의미하기도 한다. 즉 직무가 자기 삶의 핵심 관심사(내재적 동기)가 되면서 직무수행에 적극 참여, 그 성과를 통해 자존감을 확인하거나 자아실현을 느끼게 되는 노동자와 직무 사이의 일체화 상태가 곧 직무몰입이라 할 수 있다.

이러한 직무몰입이 높아질수록 노동자의 조직에 대한 헌신도나 성과는 높아질 것이다. 그렇다면 과연 어떤 요인들이 직무몰입을 높이게 될까? 학자들에 따라서 조직의 우호적인 심리 분위기를 강조하기도 하고 조직의 공정성 정도가 조직 구성원들의 직무몰입을 고양할 수 있음을 강조하기도 한다. '고용불안'의 시대로 상징되는 최근에는 고용안정성이 높게 보장될수록 구성원들은 더욱 직무몰입을 하게 됨을 알 수 있다.

이러한 직무몰입과 유사하면서도 좀 다른 개념이 조직몰입이다. 조직몰입은 개인이 조직의 목표와 가치에 대해 동일시하는 정도라고 할 수 있다. 많은 학자들은 조직몰입을 크게 세 범주로 정의한다. 즉 조직몰입은 ① 조직의 목표와 가치에 대한 강한 신뢰와 수용(규범적 몰입), ② 조직을 위해 열성을 다해 노력하려는 의지(정서적 몰입), ③ 조직구성원으로 오래 남으려는 강한 욕구(지속적 몰입) 등 세 가지 하위 요소로 구성된다는 것이 통상적 정의이다. 이러한 조직몰입은 대체로 직무몰입과 정(+)의 상관관계를 보이며, 학자들은 직무몰입을 조직몰입의 한 구성요소로 간주하기도 한다.

경영자나 관리자의 입장에서는 조직 구성원, 즉 직원이나 노동자들이 조직몰입을 많이 하고 직무몰입을 많이 할수록 더 나은 성과를 낼 수 있다고 보기에 조직몰입이나 직무몰입을 증진하려고 노력한다. 여기서 말하는 성과란 노동생산성이나 직무만족도의 증가, 직무 스트레스 저하와 같은 업무적 성과뿐만 아니라 이직 의도나 이직률 감소, 결근율 저하, 조직시민행동OCB과 같은 행동적 성과까지 포함한다. 이것은 결국 앞서 말한 자본의 이윤 증대에도 긍정적 영향을 줄 것이다. 그렇다면 기업 입장에서 노동자의 직무몰입이나 조직몰입을 증진하기 위해 어떤 요인에 주목하고 있는지 순서대로 살펴보자.

직무몰입에 영향을 주는 요인은 대체로 직무특성 요인(다양성, 자율성, 의미성, 명확성, 피드백, 안정성 등), 개인특성 요인(내재적 동기 부여, 성취 욕구, 근로 윤리 등), 조직특성 요인(상사나 회사의 지원과 신뢰, 조직 분위기, 리더십 스타일 등) 등으로 정리된다.

한편 조직몰입에 영향을 주는 요인들로는, 전술한 직무특성 요인(다양성, 자율성, 의미성, 명확성, 피드백, 안정성 등) 외에도 기업의 사회적 책임CSR 수행과 같은 윤리경영 요인, 조직 공정성(보상적·절차적·결과적 공정성) 요인, 조직 내부 정치적 행위 요인 등이 꼽힌다.

이러한 선행 연구들에 기초할 때, 기업들은 더 높은 경쟁력을 확보하고 더 많은 이윤을 획득하기 위해서라도 조직 구성원의 직무몰입이나 조직몰입을 고양시킬 필요가 있다. 그런데 직무몰입이나 조직몰입을 고양하는 요인을 살펴보면, 상당히 많은 경우 전술한 경쟁력 향상을 위한 생산성 증가 노력의 과정과 배치되기도 함을 알 수 있다. 일례로, 노동시간의 연장이나 고용 불안정성의 증대는 직무 스트레스 증가, 직무 불만족 증가 또는 직무만족 감소, 직무몰입이나 조직몰입의 저하 등을 초래할 수 있다. 이런 면에서 한 노동자가 회사에도 몰입하고 노조에도 몰입하는 이중몰입이 가능한지, 그에 영향을 주는 요인은 무엇인지에 대한 관심과 연구도 상당히 축적되었다.

4. 이 중 몰 입 : 조 직 몰 입 과 노 조 몰 입

이중몰입dual commitment이란 회사와 노조에 대한 동시적 몰입을 뜻한다. 이 개념은 대체로 노사관계 연구자들에 의해 회사몰입(조직몰입)이나 노조몰입과는 구분되는 독자적인 구성개념으로 수용되는 편이다. 지금까지 이중몰입에 영향을 주는 요인으로는 개인특성 요인, 직무특성 요인, 조직특성 요인, 특히 노사관계 분위기 등이 많이 거론되었다.

이중몰입을 달리 표현하면, 어떤 한 개인이 두 개의 이해관계 집단에 대해 동시에 동일시하는 경우를 말한다. 학자들은 이처럼 한 개인이 둘 이상의 이해관계 집단과 일체감을 느끼는, 복수적 몰입이 가능하다고 말한다 (손헌일·윤영삼, 2014). 이때 각 이해관계 집단의 목표가 상호 조화될 수 있는 한 복수적 몰입이 각 집단에 대한 몰입에 부(−)의 영향을 주지 않지만, 그 목표가 서로 갈등할 때는 개인은 어느 한 집단의 목표를 선택하거나 더욱 몰입해야 하는 갈림길에 서게 된다. 이 경우 한 개인의 이해관계 집단에 대한 다중몰입은 서로 대립적 양상을 보일 수 있는데, 회사몰입과 노조몰입이 가장 대표적인 경우라고 할 수 있다.

일반적으로 자본주의 기업에서 회사 조직은 이윤 최대화 내지 이윤 극대화를 추구하고 그를 위해 경쟁력 향상이나 생산성 향상, 시장 점유율 증대를 추구한다. 반면 노동자나 노동조합은 노동을 통해 생계 수단을 얻고 사회경제적 권익을 증진하려고 할 뿐 아니라 경영민주화나 노동의 인간화, 산업 민주주의와 사회 정의 같은 수준 높은 가치를 추구하는 경향이 있다. 이러한 두 가지 다른 경향성은 노사관계에 협력과 갈등이라는 이중적 특성을 만들어낸다.

그렇다면 과연 한 노동자가 회사 조직에도 몰입하고 노동조합에도 몰입하는 이중몰입이 가능할 것인가? 전술한 바와 같이 회사와 노조는 가치지향성이 근본적으로 다르지만 '파이의 생산'과 관련해서는 이해관계를 공유한다. 자본주의 기업에서는 노사가 합심해서 상품을 만들고 그것을 잘 팔아야 나눠먹을 파이가 생기기 때문이다. 물론 그 '파이의 분배' 과정에서는 노사 간 밀고 당기는 줄다리기가 전개된다. 그렇다고 해서 '파이의 생산'

과정이 항상 협력적인 분위기에 지배된다고는 할 수 없다. 앞서 살핀 바와 같이 파이의 생산과정이야말로 노사 간에 긴장과 적대, 갈등과 충돌이 얼마든지 일어날 소지가 많기 때문이다. 그럼에도 노사가 합심해서 파이를 만들어야 하며, 그것도 되도록 큰 파이를 만들어야 한다는 명제에는 노사가 의견의 일치를 보고 있는 것이 현실적 노사관계이다.

이런 면에서 한 노동자가 회사 및 노조에 동시 몰입을 보이는 이중몰입은 얼마든지 구성 가능한 개념이 된다. 그렇다면 과연 어떤 요인들이 이러한 이중몰입을 증가시키는가? 지금까지의 선행연구들을 검토할 때, 이중몰입에 영향을 주는 요인으로는 개인특성 요인(성별, 결혼 여부, 자녀 수, 근속연수, 연령, 직급, 쟁의 행위 참여도 등), 직무관련 변수(직무만족, 직무몰입, 직무 스트레스, 고용안정성 등), 인사조직 변수(성과급제도, 임금피크제도, 팀 작업, 노동 유연화 등), 노조 관련 변수(노조 도구성 인식, 노조에 대한 가치관, 노조 리더십, 쟁의행위 성공 경험 등), 노사관계 변수(노사관계 분위기, 노사 간 신뢰 정도, 사회적 합의 경험 등) 등을 들 수 있다. 물론 이러한 영향 요인에 대한 연구자들의 강조점은 조금씩 다를 수 있지만 종합적으로 정리하면 그렇게 요약된다.

우리가 자본주의 생산과정을 둘러싼 노사관계를 고찰하는 데 이중몰입에 주목하는 까닭은 노동자의 몰입을 둘러싸고 회사와 노조 사이에 일종의 경쟁 관계가 생길 수 있다는 점 때문이다. 동일한 조직 구성원, 즉 직원이나 노동자를 둘러싸고 회사가 더 많이 끌어당기느냐, 아니면 노조가 더 많이 끌어당기느냐에 따라 이중몰입 여부가 달라질 수도 있고, 또 동일한 이중몰입의 상황에서도 어느 쪽으로 비중이 더 크게 쏠릴지가 결정될 수 있는 것이다.

결국 회사는 회사대로, 노조는 노조대로 노동자의 몰입을 드높이기 위해 온갖 노력을 다하게 된다. 전술한바, 노조몰입이나 이중몰입의 선행변수와 결과변수에 대한 연구는 상당히 축적되어왔으나 연구자마다 결과가 다양하기에, 아직 통일적이고 포괄적인 이론 모형은 정립되지 못했다. 일례로 테트릭(Tetrick, 1995)은 노조가 조합원과 경제적 교환관계를 유지하는 경우엔 조합원들의 노조몰입을 고양하기 어렵다고 한다. 반면 코칸(Kochan, 1986) 등은 노조가 전통적인 이념 지향성을 갖기보다는 경제적 권익을 향상시키는 도구 지향성을 갖는 것이 조합원들의 노조몰입 고양에 도움이 된다고 보았다. 그 뒤 뉴턴과 쇼어(Newton and Shore, 1992)는 이 둘을 종합하듯, 노조가 이념과 도구 지향성 모두를 추구해야 장기적으로 조합원들이 노조를 적극 지지하고 헌신하게 될 것이라고 했다.

한편 노조몰입에 영향을 주는 조직 변수도 있다. 지금까지의 선행연구 중 가장 많이 등장하는 것은 직무만족과 조직몰입이다(Barling et al. 1992). 물론 그 관계의 방향성은 논자마다 다르다. 일례로 고든 등(Gordon et al., 1980)은 직무만족은 노조몰입 중 충성심 차원과 정(+)의 관계라고 했다. 반면 펄라가와 발링(Fullagar & Barling, 1989)은 직무만족이 노조몰입과 부(−)의 관계를 보인다 했고, 발링 등(Barling et al., 1990)의 경우 아무 관련이 없다고 했다. 그 뒤 아이버슨과 쿠루빌라(Iverson & Kuruvilla, 1995)는 노조몰입에 대한 다변량분석을 시도했는데, 노조 관련 두 요인은 노조몰입에 직접 영향을 주지만 직무만족은 조직몰입을 매개로 노조몰입에 간접 영향을 끼쳤다. 한편 데이비스(Davis, 2013)는 공공부문에서 노조몰입이 직무만족에 주는 영향을 검토했는데, 일반적으로는 노조몰입이 높을수록 직무만족이 낮지만 공공부문의 경우 노조몰입이 인지된 관료주의red tape를 줄이고 공공 서비스 정신을 높임으로써 직무만족을 높일 수 있음을 실증했다.

이런 면을 고려할 때, 한국 노사관계의 분석에서도 과연 어떤 변수들이 이중몰입을 강화하는지, 아니면 조직몰입보다 노조몰입을 드높이는지, 반대로 노조몰입보다 조직몰입을 드높이는지에 대해서는 더욱 많은 실증 연구들이 축적되어야 한다.

5. 노동자의 트라우마 : 쌍용자동차 사례

2009년 5월 22일부터 시작된 쌍용자동차 노동자 투쟁은 8월 6일까지 77일간 계속되었다. 그 직전의 굴뚝 농성까지 합치면 86일이나 된다. 비정규직에 대해서는 그 이전에 대량 계약 해지가 이뤄졌고, 새로운 정규직 해고 대상자는 2646명이었다. 이에 노동자들은 "해고는 살인이다. 함께 살자!"를 외치며 결사 항쟁했다. 용역 및 구사대의 폭력이 있었고 마침내 경찰 특공대에 의한 공권력의 폭력 진압이 있었다. 해고의 스트레스는 물론, 회사의 압박이나 경찰, 검찰의 압박, 두려움과 괴로움이 삶을 위협했다. 해고당한 후 사망한 쌍용차노동자·가족은 2014년 4월까지 모두 25명에 이른다. 사람들은 투쟁 직전에도 죽어갔고 투쟁을 하면서도, 또 투쟁이 끝나고서도 죽어갔다. 자본주의 노동과정에서 격리된 노동자들은 심리적으로나 육체적으로 삶의 희망을 잃었으며, 심지어 사회적으로나 정치적으로도 삶의 절망만 강요받았다.

희망버스, 촛불광장, 심리상담 등 노동자들과 연대하는 움직임이 다양하게 벌어졌다. 그 와중에 천주교정의구현사제단 신부 및 수녀들이 중심이 되어 '쌍용차 해고노동자를 위한 매일 미사'가 서울 대한문 앞에서 2013년 4월 8일부터 11월 18일까지 225일 동안 열렸다. 무려 1년 7개월이다. 이제는 해고자 문제에 대해 회사 측이 답할 차례라는 이유에서 분향소를 다시금 쌍용차 공장이 있는 평택으로 옮겼다. 이로써 쌍용차 분향소는 쌍용차범국민대책위에 의해 서울 대한문 앞에 설치된 지 1년 7개월 만에 공장으로 돌아갔다.

미사에 참가한 한 해고노동자는, "10년 넘게 부친과 함께 살면서 많이 외로웠는데 미사가 시작되면서 매일 여섯 시 반 저에게 새로운 가족이 생겼다, 앞으로도 가족들 눈에 눈물 나지 않도록 정말 열심히 싸우겠다"고 말했다. "지난 225일간 미사에 함께하면서 진정으로 사람만이 희망임을 확인했습니다. 거의 하루도 빠지지 않고 참석해준 대표 신부님을 비롯해 함께해준 분들의 희생과 헌신을 잊을 수 없을 겁니다. 반드시 공장으로 돌아가겠다는 확신과 희망을 가지고, 쌍용차 문제만이 아니라 비정규직 없는 세상을 위해 더 당차게 웃으며 투쟁하겠습니다." 김득중 쌍용차 지부장도, "매일 미사는 저희에게 든든한 희망이자 버팀목이었다"며 "반드시 공장으로 돌아가서 그 은혜에 보답하겠다"고 했다. 또, 2012년 11월에 평택공장 앞 송전탑에 올라 문제해결을 촉구하며 고공 시위를 벌였던 한상균 전 지부장도 "쌍용차 해고노동자 등 국가 폭력의 트라우마에서 벗어나지 못하는 사람들에게 '매일 미사'는 큰 힘이 됐다"며 "쌍용차 노동자들도 다른 노동자들과 함께 이야기하고 치유하면서 새로운 희망을 만들어가고 있는 중"이라고 덧붙였다.

한편 한 수녀는, "미사에 참석하며 처음 마주한 것이 쌍용차 해고 노동자들의 희망 없는 눈빛이었다"고 했다. 그는 "미사에 오면서 동료와 가족을 보내고 살아남은 자들, 죽을 만큼 고통스러운 상처를 지닌 이들과 함께 울 수 있었다"며 "시대에 광풍이 불어도 계속 함께 걸어가길 소망한다"고 말했다. 이와 더불어, 천주교정의구현사제단은 11월 18일의 마지막 미사에서 성명서를 통해 박근혜 정권이 들어선 후 불법연행 등 노동자들에 대한 탄압이 더욱 심해졌다면서 정부를 비판했다. 이들은 "오늘 끝나는 대한문 미사는 또 다른 기도의 시작"이라며 "박근혜 정권에 탄압당한 노동자뿐 아니라 진실과 공정에 헌신하는 모든 이의 연대로 다시 거듭날 것"이라 천명했다.

현재 쌍용자동차의 대주주인 인도 마힌드라그룹 아난드 회장은 2013년 11월 11일 은수미 민주당 의원 등 국회 환경노동위원회 소속 의원 3명을 만나 "쌍용차 정리해고자의 복직을 전향적으로 검토하겠다"고 밝힌 바 있어, 노동자들은 실낱같은 희망의 끈을 놓지 않고 있다.

무려 25명의 목숨을 앗아간 쌍용차 정리해고 사태는 한국 사회에 또 다른 트라우마의 과정을 보여주었다. 원래 트라우마trauma란 물리적 상처의 흔적을 뜻했지만 정신의학 분야로 널리 응용되면서 압도적인 폭력의 경험으로 인한 심대한 정신적 상처를 뜻하게 되었다(허먼, 2007 참조). 여기서 말한 압도적 폭력의 경험이란 주로 아동학대나 성폭력, 가정폭력, 대형 재난, 대형 교통사고, 전쟁, 정치 탄압, 극심한 빈곤 상황 등을 말한다.

그런데 이번 쌍용차 사태에서도 확연히 드러난 바와 같이 노동자에 대한 정리해고나 그 이후의 투쟁 과정, 공권력의 개입 등도 노동자와 그 가족들에게 심대한 정신적 상처, 즉 트라우마를 남길 수 있음을 알 수 있다.

트라우마에 시달리는 노동자들은 극도의 스트레스나 우울 증세를 보이기도 하고 잠 자다가 악몽에 시달려 놀라 벌떡 깨기도 하며 헬리콥터 소리에도 가슴이 쿵쿵 뛰는 경험을 한다. 경찰 버스만 보아도 소스라치게 놀라기도 한다. 이런 것이 트라우마 이후의 스트레스 증상PTSD: Post-Traumatic Stress Disorder이다. 심지어 25명의 사망자 중에는 이러한 극도의 스트레스에 시달리다가 삶의 희망을 잃어버리고 자살로써 절망감을 표현한 경우도 많다. 결국 '해고는 살인'임이 입증된 셈이다.

이러한 쌍용차 사태를 통해 우리는 무엇을 배울 것인가? 첫째, 앞서 강조한바, 정리해고나 반대투쟁, 공권력 투입 등 일련의 과정이 트라우마의 원인이 될 수 있다는 사실이다. 진정한 '산업평화'를 바라는 기업이나 정부는 노동자와 그 인권을 존중하는 풍토를 만들어야 한다. 말로만 할 것이 아니라 실질적인 제도나 문화를 정착시켜야 한다. 법과 제도를 잘 만들어야 하고 이를 예외 없이 지키는 것도 중요하다.

둘째, 트라우마의 치유 문제이다. 심리치료 전문가인 정혜신 박사가 주도한 '와락'과 같은 개인적·집단적 심리치료도 대단히 중요하지만, 더욱 중요한 것은 쌍용차 노동자들의 집단적 한을 풀어주기 위해 국정조사를 통해 각종 의혹을 해소한 뒤 원직 복직을 실시하는 일이다. 물론 희망버스 운동이나 촛불광장, 매일 미사와 같은 시민사회의 집합적 관심과 연대도 엄청난 위력을 발휘한다. 이런 부분들이 모두 결합되면서 노동자들의 집합적 상처는 서서히 치유될 것이다.

셋째, 트라우마의 재발 방지 문제이다. 이런 일이 반복되지 않으려면 어떻게 해야 할까? 사실 노동자들이 복직한다고 해서 그들의 노동이 결코 즐거운 것은 아니다. 게다가 상시적 구조조정이나 범지구적 경쟁 압박이라는 칼날은 항상 도사린다. 따라서 노동과정을 보다 인간적으로 만들기 위한 범사회적 노력이 필요하다. 민주노조운동은 그 과정에 단연코 주체가 되어야 하고 이런 부분을 전폭적으로 지지해야 한다. 나아가, 향후 자동차 산업의 미래까지 생각하면서 대량 해고와 같은 사태가 더는 발생하지 않도록, 그런 시기가 왔을 때 폭력적인 과정이 전개되지 않도록 사전에 토론하고 대비해야 한다.

이런 종합적 노력이 차분하게 이뤄져야만 많은 사람의 가슴에 상처를 새기는 폭력이나 트라우마, 그리고 그로 인한 사회적 죽음을 예방할 수 있다. 과연 기업과 정부는 이런 제안에 귀를 기울일 것인가? 나아가 우리 노동자들조차 이런 문제의식을 공유하고 함께 진지한 토론과 학습을 새로이 시작할 수 있을 것인가? 다소 힘들고 시간이 걸리더라도 함께 해결해야 할 과제이다.

기 술 혁 신 과   노 사 관 계

1. 노 사 관 계 와   기 술 혁 신

노사관계와 기술 사이의 연관성은 매우 깊다. 역사적으로 보면 기술의 발달로 생산력이 발전하면서 봉건주의로부터 자본주의 시스템이 출현했다는 점에서 생산력으로서의 기술이 자본주의를 촉진한 면이 있다. 달리 말하면 기술의 발전이 생산력의 발전을 낳았고 이것은 다시 새로운 생산관계인 자본주의 노사관계를 낳았다고 할 수 있다. 즉 자본주의 노사관계의 형성과 발전에는 기술의 발전이 상당한 기여를 했다고 볼 수 있다. 그렇다고 해서 기술로 상징되는 생산력이 자본주의라는 생산관계를 일방적으로만 결정한다고 볼 수는 없다. 기술이 노사관계의 출현에 상당한 규정력을 발휘하긴 했지만, 기술결정론으로 설명해서는 곤란하다는 말이다.

왜냐하면 그 역의 관계도 얼마든지 성립하기 때문이다. 실제로 초기 자본주의 시기라고 할 수 있는 영국의 매뉴팩처 단계, 즉 공장제 수공업 시기만 하더라도 장인적 숙련 기능을 가졌던 노동자들이 전통적인 노동의 자율성을 여전히 보유한 채 매뉴팩처 공장주나 관리자들의 일방적 명령을 듣지 않고 이른바 '공장 내 질서'를 문란하게 하자, 아크라이트의 방적기로 상징되는 기계들을 대대적으로 발명하고 생산과정에 도입했다(Marx, 1867: 390). 즉 노사관계상 노동자의 자율권력이 기업가의 통제권력보다 더 우위에 있던 당시, 자본가들의 골머리를 앓게 하던 '규율 결여' 문제를 해결하기 위해 자본가들이 노동자에 대한 일종의 '전쟁무기Kriegsmittel'(Marx, 1867: 459)로서 기계 시스템을 도입했던 것이다.

한국의 경우에도 1987년 7~9월 '노동자 대투쟁' 이후 특히 자동차나 조선 등 여러 대공장에서 민주노조운동이 활성화하고 현장 노동자들의 자율권력이 증대하자, 1990년대 이후 자동화·로봇화·전산화 등 첨단 기술 시스템이 체계적으로 개발·도입·실행되었다. 이런 점으로 볼 때 노사관계의 특수한 국면, 예컨대 노사 간 힘 관계에서 사용자 측이 일시적으로나마 열세에 몰렸을 때 일종의 위기 탈출을 위한 돌파구로서 기계 시스템이 대거 도입된다고 할 수 있다. 한국 기업들에서 특히 1990년대 이후 막대한 비용을 들여 신기술을 도입한 것은 물론 신경영전략, 인사조직 혁신, 리스트럭처링, 리엔지니어링, 다운사이징 등 다양한 노동의 재조직화reorganization of labor 기법이 도입된 것은 결코 우연이 아닌 셈이다.

또 이렇게 도입된 신기술 시스템은 한편으로는 기계적 노동통제 방식을 통하여 노동자에 대한 규율을 재정비하고 다른 편으로는 기계 시스템이 인간 노동의 '빈틈'을 비교적 철저히 메워나감에 따라 노동생산성을 급격히 높인다. 기계적 노동통제란 자동적으로 움직이는 기계 또는 컨베이어 라인으로 상징되는 일관조립 공정 같은 기술 시스템의 속도나 흐름에 노동자가 적응하고 순응하도록 만드는 것이다. 그렇게 되면 하위 관리자가 노동자의 작업 속도나 방식 따위를 직접 통제하기 위해 서로 얼굴을 붉히는 등 인격적 갈등을 유발할 필요가 더는 없게 된다. 최근엔 CCTV가 노동자의 작업과정이나 공장 내 행동 전반을 감시, 기록하고 있기 때문에 노동자의 자율성은 더욱 급속히 사라지고 있다.

여기서 반드시 짚고 넘어갈 문제가 하나 더 있다. 그것은 자본주의 기술 체계라는 것이 생산성이나 효율성만으로 규정되는 것이 아니라 일종의 지배력을 내재적으로 갖고 있다는 점이다. 일례로, 컨베이어 벨트나 CCTV는 노동효율성만이 아니라 자본의 노동에 대한 통제력 내지 지배력을 동시에 드러낸다. 그러함에도 러시아 혁명 후에 V. 레닌이 사회주의적 생산력 발전을 이룩한답시고 자본주의적 노동과정(테일러주의 또는 컨베이어 벨트)을 무비판적으로 도입한 것은 치명적 오류 중 하나였다. "레닌은 테일러주의에 의한 지적 활동의 박탈과 노동의 단순화에 대해 결코 비판하지 않는다. 레닌은 테일러주의를 오직 '기술적 진보'라는 측면에서만 파악한다"(이종영, 2001: 344). 히틀러만이 아니라 레닌조차 헨리 포드를 존경하게 된 배경이다. 그러나 "기술적 도구들이 상징하는 바는, 개개인이 스스로 함께 살아가는 방법, 생산하고 소비하는 방법을 결정할 권리를 자본과 국가가 유린한다는 사실"(고르, 2008: 55)을 알아야 한다.

2. 기술혁신이 노사관계에 주는 영향

앞에서 생산기술이 노동자의 자율성에 대하여 일종의 '전쟁무기'가 될 수 있음을 보았다. 노동자들이 노동과정에서 그 나름의 자율성을 견지한다는 것은, 기업가나 관리자의 입장에서 볼 때, 노동자가 설사 아주 뛰어난 노동능력을 지녔더라도 이 능력을 최대한 발휘하고자 하는 왕성한 노동의욕이 결여되어 있음을 뜻한다. 한마디로 군기가 빠진 것이다. 이것을 기업가들은 규율이 결핍되었다고 불평하기 일쑤다.

그렇다면 이제 기술혁신은 노사관계에 구체적으로 어떤 영향을 미칠까?

우리는 이 문제를 개별적 노사관계와 집단적 노사관계로 나눠 고찰할 수 있다.

우선 기술혁신이 개별적 노사관계, 즉 개별 노동자의 노동과정에 미치는 영향을 살펴보자. 앞서도 살핀바, 굳이 기업가들이 거금을 들여 기술 시스템을 도입하는 까닭은 한편으로는 노동통제의 효율을 위해서, 다른 편으로는 노동생산성을 증대하기 위해서다. 따라서 대개의 경우 기술혁신은 노동자의 군기(규율)를 재확립함으로써 노동통제를 효율화하는 효과를 지니며, 이로 인해 노동자들이 자율적으로 누리던 빈틈들이 체계적으로 제거되고 결과적으로 노동생산성이 월등히 높아진다. 게다가 기업이 값비싼 기계 시스템을 도입한 만큼 이것이 '도덕적 마모morale obsolescence'가 되기 이전에 충분히 '본전'을 뽑기 위해 기계의 가동시간을 최대한 늘리려는 경향이 생긴다. 기업이 노동자의 건강이나 삶의 질은 생각지 않은 채 주야 맞교대나 3교대제 등을 도입함으로써 기계 시스템을 거의 24시간 내내 돌리고자 하는 강박증에 빠지는 것도 결코 우연이 아닌 셈이다.

한편 노동자들은 상대적으로 낮은 기본급이라는 노동조건에다 기본 생계(식·주·의)나 자녀 양육 및 교육, 의료 등 생활 전반의 화폐 의존도가 높아지는 상황에서 연장근로(잔업)나 심야근로(밤 10시~새벽 6시 사이의 노동), 특별근로(휴일이나 공휴일 노동) 시 각기 통상임금을 50% 이상 추가로 받기 때문에 '장시간 노동'의 유혹에 넘어가기 쉽다. 더구나 최근 상황이 '언제 잘릴지 모르는' 고용불안의 시기 내지 '상시적 구조조정'의 시기임을 감안한다면, 아직 해고되지 않았을 때 최대한 일을 많이 해서 최대한 벌어야 한다는 내면적 강박에 시달리기 쉽다. 이런 식으로 생산직 또는 사무직 노동자조차 장시간 노동이나 일중독의 덫에 빠지기 쉽고 결국 근골격계 질환, 만성 피로, 과로, 산업재해, 심지어 과로사work to death로 귀결되기 쉽다.

다음으로 기술혁신은 집단적 노사관계에 어떤 영향을 미칠까? 우선 기술혁신으로 말미암아 노동효율성 내지 노동생산성이 올라가면 '잉여 인력'이 대량으로 방출된다. 기업은 이들을 배치전환이나 직무훈련을 통해 계속 고용할 수도 있지만 대체로 정리해고를 하려고 한다. 후자의 경우 집단적 노사관계는 협력적 국면으로부터 갈등적 국면으로 급변하기 쉽다.

또 기술혁신이 일어나면서 기계설비의 가동시간을 높이기 위해 주야 맞교대나 3교대제 등을 새로이 도입하는 경우, 노동자는 2교대나 3교대로 엇갈려가며 노동을 해야 한다. 이 경우 시간적 엇갈림의 문제만이 아니라 공동의 집단 경험이 약화함에 따라 노동조합이 집단행동을 조직하거나 집단적 목소리를 내는 데 불리하게 된다. 거대한 노동자의 집합체가 교대제나 심야근로 등으로 본의 아니게 '분열' 또는 '분할'되는 셈이다. 앞서도 살핀바 자본의 거대한 힘에 맞설 수 있는 노동의 무기는 단결과 연대인데, 이런 관점에서 보면 신기술이 도입됨으로써 발생하는 변화는 노동자의 단결력에 부정적인 효과를 내기 쉽다. 게다가 2교대건 3교대건 일반적인 인간의 생활리듬(낮에는 활동하고 밤에는 휴식하는 것)을 대단히 불규칙적으로 허물어뜨릴 가능성이 높기 때문에 심신이 피로해진다. 심신이 피로하고 소진 burn-out되는 느낌을 많이 갖게 될수록 사람들은 설사 조합원이라 할지라도 노조 활동에 적극적으로 참여하기 어려울 것이다. 그리하여 노동자들조차 '귀차니즘'에 빠지기 쉽다. 일종의 '매너리즘'이다. 이런 방식으로 기술혁신이 초래한 변화가 노동자들을 적극적이 아니라 소극적으로, 능동적이기보다 수동적으로 만드는 경향이 있고, 활력이나 생동감에 넘치기보다 무력감이나 무관심의 덫에 빠지기 쉽다.

물론 이러한 경향성이 있다고 해서 모든 노동자나 노동조합이 신기술의 일방적 지배나 영향을 받는다고 할 수는 없다. 동일한 신기술 도입의 상황 아래서도 노동자와 노동조합이 어떤 전략으로 대응하는가에 따라 신기술의 실제적 적용 형태나 그로 인한 변화들도 상당히 달라질 수 있기 때문이다. 예컨대 송복·이영희·이숙종(1994) 및 김환석·이영희(1994)는 동일한 기술혁신도 한국, 일본, 스웨덴 등 각 나라별 노사관계의 특수성을 반영하여 어느 정도 차별성을 드러낼 수 있음을 보였다. 그리고 이상민(2006)은 노동자 대표 조직의 활동 여하에 따라 기술혁신을 다르게 형성할 수 있음을 실증한 바 있다.

3. 기술혁신과 노사관계의 역동성 : 포드사의 컨베이어 라인과 일당 5달러제

1903년에 미국 디트로이트에 세워진 포드 자동차 회사는 여전히 수공업적 생산방식에 따르고 있었다. 이 말은, 앞서 말한 바, 아직도 장인적 숙련을 가진 노동자들이 생산과정에서 상당한 자율성을 발휘하고 있었다는 뜻이다. 헨리 포드는 바로 이 부분이 골칫거리라 보았다. 그래서 어떻게 하면 노동자들의 자율성을 적절히 통제하여 노동효율을 높여 독보적인 경쟁력을 확보할 것인가 하는 문제에 골몰하게 되었다.

그러던 중 그는 1913년 말경 시카고에 밀집된 닭이나 돼지 등 도축 공장 내지 통조림 공장을 견학하게 되었다. 놀랍게도 그는 거기서 컨베이어 벨트가 작업과 작업 사이의 빈틈을 효과적으로 제거하고 생산능률을 극대화할 수 있음을 보게 되었다. 즉, 그 통조림 공장에서는 처음에 온전한 닭이 컨베이어를 타고 들어오면 첫 공정에서 목을 치고 다음 공정에서는 배를 갈라 정리를 하며 그다음 공정에서는 닭을 여러 부분으로 잘게 나누며 최종적으로는 통조림 속에 담겨진 채 '땡그랑' 소리를 내며 상자에 담겼던 것이다. 요컨대, 작업의 세분화와 연속화를 동시에 달성한 것이 컨베이어 벨트 노동이었다. 이러한 모습(작업의 세분화와 연속화)은 찰리 채플린의 1936

년 명화 〈모던 타임스〉에서도 인상적으로 재현되었다.

바로 이러한 컨베이어 벨트 노동의 원리를 순서만 바꾸면 벨트의 마지막 단계에서 완성 자동차 한 대를 순식간에 조립할 수 있을 것이라는 게 헨리 포드의 번뜩이는 아이디어였다. 그는 쾌재를 부르며 디트로이트로 돌아갔다. 지체할 필요가 없이 바로 컨베이어 벨트를 깔기 시작했다. 그리하여 헨리 포드의 디트로이트 공장에는 1913년 말과 1914년 초에 걸쳐 컨베이어 벨트가 대거 깔렸고 그를 통해 '모델 T' 자동차를 드디어 대량으로 생산하려 했다.

사실, 분업division of labor 내지 전문화, 단순화, 표준화의 원리야 이미 1776년 A. 스미스의 『국부론』에서 핀 공장의 사례를 통해 그 장점이 널리 알려진 바 있다. 스미스가 소개한 핀 공장에서는 처음엔 1명의 노동자가 하루 종일 혼자 일해서 핀 20개를 만들었지만, 그 공장주가 핀 생산 공정을 18단계로 세분화 내지 전문화하고 대신 사람을 10명 투입했다. 그 결과 놀랍게도 하루 생산량이 무려 4만 8000개에 이르렀다. 노동자 1명당 평균 4800개를 만든 셈이니, 처음에 비해 생산성이 무려 240배나 증가한 셈이다.

이러한 분업의 효율성은 1910년 무렵의 F. W. 테일러의 『과학적 관리The Principles of Scientific Managemen』라는 책에서도 특별히 강조되었다. 테일러는 철강 공장의 선철 공정에서 일하던 엔지니어였다. 당시 작업장은 숙련 노동자들의 자율 공간이 제법 남아 있어 생산성이 별로 높지 않았다. 이에 그가 가만히 살펴보니 노동생산성이 저조한 이유는 작업자들의 게으름 피우기soldiering 그 자체가 아니라 그런 것을 보고도 제대로 관리 내지 통제하지 못하는 경영관리 측 또는 노무감독 측의 무능함 또는 주먹구구식rule-of-thumb 경영방식 탓이었다. 그래서 테일러는 노동자들의 노동과정을 자세히 관찰하고 분석하느라 시간 연구와 동작 연구를 실시했다. 그 결과 불필요한 동작이나 낭비되는 시간을 최대한 절약하게끔 '표준 과업'을 설정하고 이를 달성하면 매우 높은 성과급을 주지만 그렇지 못하면 별 다른 혜택이 없게 했다.* 이런 식으로 테일러는 '과학적 관리'라는 이름 아래, 노동자의 숙련은 탈숙련화했고 노동과정에서의 구상과 실행을 철저히 분리했다. 두 뇌를 쓰는 구상의 기능은 이제 경영진의 자리로 넘어갔고, 노동자들은 오로지 주어진 목표 달성을 위해 생산성 향상에 집중해야 했다. 이러한 과학적 관리 방식을 대개 '테일러주의Taylorism'라 한다.

그런데 헨리 포드는 테일러보다 한 걸음 더 나가게 되었다. 컨베이어 벨트 덕이었다. 이제 포드는 작업의 전문화, 단순화, 표준화, 즉 전체 노동과정을 철저히 세분화하여 노동자들에게 분업적으로 나눠 수행하게 하되, 공정과 공정 사이를 컨베이어 벨트가 자동적으로 이어나가게 함으로써 노동자들이 작업 도중에 게으름을 피우지도, 옆 동료와 이야기를 나누지도 못하게 했다. 즉, 노동자들에게 아무런 '틈'을 주지 않았던 셈이다. 당연히도 노동생산성은 급격히 치솟았다.

그런데 노동자들은 이를 어떻게 받아들였을까? 당연하게도 노동자들은 '빈틈' 없는 노동과정에서 숨이 막힘을 느꼈고, 더는 이런 노동을 지속할 수 없다고 생각하게 되었다. 왜냐하면 그 노동자들 대부분은 예전에 노동과정에서 일정한 자율성을 누렸던 수공업자, 또는 때가 되면 씨앗을 뿌리고 때가 되면 수확을 하는, 즉 자연의 리듬에 따라 일을 하던 농민 출신들이 대다수였다. 아니면 거지나 날품팔이 등도 많았다. 한마디로, 대부분은 공장 노동의 규율(규칙성, 정확성, 충성심 등)과는 전혀 거리가 먼 이들이었다. 게다가 그들은 기계적인 노동, 즉 비인간적인 노동의 고통을 잊기 위해 퇴근 뒤에 종종 술로 스트레스를 해소하고자 했다. 거꾸로 생각하면, 술이 없으면 잠을 잘 못 잘 정도로 노동의 고통이 심했던 것이다.

....
* 이를 '차별적 성과급제'라 한다.

이런 배경들로 말미암아 컨베이어 라인이 새로 도입된 포드 공장의 노동자들은 하루가 멀다 하고 현장 이탈, 즉 이직을 했다. 얼마나 많은 이들이 일을 하다가 갑자기 모든 걸 포기하고 떠나버렸던지, 포드 공장 안에는 무수한 '예비 노동력'들이 줄을 지어 대기하고 있었다. 다시 말해, 포드 경영진 입장에서는 생산과정이 중단되지 않도록 하기 위해 늘 예비 노동력을 충분히 확보하고 있어야 했다. 당시 상황을 오늘날의 경영학적 용어로 말하자면, 노동자들의 직무몰입이나 조직몰입은 극도로 낮았고, 직무 스트레스나 직무 불만족은 극도로 높았던 셈이다. 최악의 시절에는 포드 경영진이 예컨대 100명의 상시 노동자를 유지하기 위해 무려 900명의 노동자를 채용해야만 했다고 할 정도다.

게다가 바로 그런 노동자를 조직하고 대변하기 위한 노동자 운동, 특히 세계산업노동자 동맹IWW: Industrial Workers of the World이 매일 같이 포드 자동차 정문에 나타났다. 노동의 고통과 스트레스, 불만족을 느끼는 노동자들에게 단결과 연대를 통해 인간다운 삶을 개척하자고 호소하는 운동이었다. 특히, 이들은 포드 공장 노동자들이 주로 유럽에서 새로운 삶을 찾아 미국으로 이주해온 사람들이 많다는 사실, 미숙련노동자가 많다는 사실에 착안, 노동자의 연대에 국경이나 직종이 따로 없다는 점을 강조했다. 포드 경영진의 입장에서 이러한 세계 노동자 연대 운동은 지극히 성가신 것이었고 위험하기조차 했다.

바로 이러한 맥락에서 탄생한 포드 경영진의 새로운 카드가 바로 '일당 5달러제the five-dollar-day'였다. 즉, 당시 디트로이트 자동차 업계의 평균 임금이 하루에 2.43달러 정도였는데, 포드 공장에서는 그보다 두 배가 넘는 5달러를 주겠다고 제안한 것이다. 무려 120%의 임금인상이었다. 당시로서는 파격적인 조치였다. 이에 노동자들은 눈이 휘둥그레졌고 생고생을 하더라도 5달러를 받으면 괜찮지 않느냐, 참고 견디면 좋은 날이 오겠지, 라며 이탈하지 않고 충성을 해보기로 결심하기 시작했다. 날이 갈수록 이직하는 노동자들은 줄었다. 사실 몇 년이 지나자 자동차 공장이 대부분 컨베이어 벨트를 도입해버려 이제 다른 데 가봤자 노동과정의 상황은 비슷했다. 즉 예전처럼 아직도 자율성의 여지가 살아 있는 수공업적 노동과정은 급속히 사라졌고, 자동차 관련 공장은 컨베이어 벨트로 움직였다. 이런 상황에서 노동자들은 어차피 노동과정이야 동일하니 이왕이면 임금이나 좀 더 많이 주는 곳에 충성하자고 생각하게 되었다.

그런데 포드 경영진의 생각은 복합적이었다. '일당 5달러' 제도의 도입과 더불어 기업 안에 일종의 노무관리부department of sociology를 설치하고 노동자의 근태관리뿐 아니라 일상생활까지 개입하기 시작했다(Bologna, 1989). 보다 구체적으로, 노동자가 퇴근 이후에 술을 얼마나 마시는지, 담배를 얼마나 피우는지, 여자관계(또는 심지어 성관계)가 어떠한지, 그리고 IWW 등 진보적 노동운동과 관련이 있는지 등을 세밀하게 체크하고 기록해나갔다. 달리 말해, 포드사의 '일당 5달러' 제도는 단순한 임금 인상이 아니라 한편으로는 노동자들의 이직을 예방하고 다른 편으로는 노동자들의 노조몰입을 차단하고자 하는, 일종의 '이중적 노동통제' 방책이었던 셈이다.

혹자는 이렇게 말한다. 포드사의 '일당 5달러' 제도는 헨리 포드의 수준 높은 경영 마인드를 드러내는 것이라고. 즉 노동자들은 노동자로만 머무는 것이 아니라 이들이 곧 소비자이기도 하므로, 노동자들에게 임금을 많이 주면 당장은 비용 요인이 되지만 길게 보면 그들이 소비자로서 지출을 할 것이기에 회사로서는 수입 요인도 된다는 것이다.* 흥미로운 지적이

....
* 이 점은 나중에 영국의 J. M. 케인스에 의해 '유효수요론'으로 정립되었고, 프랑스의 M. 아글리에타 등 조절이론 학파에 의해 '포드주의 축적체제'로 정식화되기도 했다. 포드주의Fordism란 첫째로 컨베이어 벨트 등 일관조립 공정에 기초한 높은 생산성, 둘째로 대량생산과 대량소비의 결합에 의한 고도의 축적체제, 셋째로 단체교섭이나 경

다. 실제로 포드도 그런 생각이 있었다고 한다. 비록 다른 공장보다 두 배나 높은 임금을 주더라도 한편으론 높은 이직률을 보이는 노동자들을 회사에 충성하도록 붙들어 매는 것, 다른 한편으로는 바로 그 노동자들이 몇 달 간 잘 저축하면 집집마다 자가용 한 대씩 구매하는 소비자로 만드는 것이 바로 그의 생각이었다. 어쩌면 이는 헨리 포드의 경영자로서의 위대함이라 할 만하다. 임금을 단순히 비용 요인으로만 보는 전통적 경영논리에 비하면 상당한 '발상의 전환'이기 때문이다.

이러한 이야기는 매우 흥미로운 측면이지만, '일당 5달러' 제도의 본질을 이해하는 데는 부족한 면이 있다. 즉 그것은 노동자를 동시에 소비자로 본다는 시야의 확장에도 불구하고 '자본합리성의 내부'에 국한된 논리라는 한계가 있다. 여기서 말하는 자본합리성이란 자본의 관점에서 본 합리성인데, 그것은 결국 수익성 증대 또는 최대 이윤 추구 논리를 말한다. 그런 시각에서는 노동의 측면만 봐서는 곤란하며 소비의 측면도 고려하는 것이 정상이다. 반면, 전술한 노동자들의 노동거부 및 이탈 문제 또는 IWW와 같은 노동자의 국제 연대 운동 같은 것은 '자본합리성의 외부'를 이룬다. 달리 말해 노동거부나 노동자의 무단이탈, 나아가 국경을 초월한 노동자의 연대 운동은 직접적으로 자본합리성에 타격을 가하는 위험한 측면이 있었다. 이런 점에서, '일당 5달러' 제도는 자본합리성의 '내부' 문제에 국한된 것으로만 볼 일이 아니라 자본합리성의 외부를 '내부화'하기 위한 포드 자본의 전략으로 해석하는 것이 올바를 것이다.

영참가 등을 통한 노자 갈등의 제도적 조절 등으로 특징지어지는 자본의 특수한 축적 양식이라 할 수 있다.

4. 자 본 의 한 계 : 과 잉 투 자 와 이 윤 율 저 하 문 제

여태껏 우리는 노사관계와 기술혁신 사이의 동태적 관련성을 고찰해왔다. 그런데 기업들이 노사관계의 변동을 포함하는 기술혁신을 부단히 진행하는 것은 결국 경쟁력 향상에 도움이 된다고 보기 때문이다. 또, 경쟁력이 있어야 더 많은 이윤을 획득할 수 있기 때문이다.

이를 달리 말하면, 기업이 기술혁신을 하는 이유는 한편으로 노동통제를 위해, 또 한편으로 경쟁력 향상을 위해 하는 것이라 정리할 수 있다. 그런데 바로 이 지점에서 생각해볼 문제가 있다. 그것은 예컨대 이런 질문이다. "기술혁신이 너무나 빨라 고가의 기술을 도입했는데, 미처 본전을 뽑기도 전에 새로운 기술을 도입해야 한다면 낭패가 아닐까?" 또는 "무한경쟁이 벌어지는 상황에서 모든 기업들이 경쟁적으로 신기술을 도입한다면 과연 수익성이 보장될까?"

이 문제를 깊이 생각해보기 위해 잠시 자본주의 경쟁을 들여다보자. 자본주의 시스템의 원리는 경쟁을 통해 이윤을 추구하는 시스템이라 할 수 있다. 시장에서 경쟁을 하고 보다 경쟁력 있는 기업이 더 많은 이윤을 획득하는 것을 정당하게 보장하는 체제이다. 그런데 경쟁력을 높이기 위해 기업은 인사조직 혁신은 물론 기술혁신을 서두른다. 대체로 기술혁신은 막대한 돈이 든다. 과거의 기술혁신은 한번 일어나면 꽤 오래도록 그 효능을 발휘했지만, 최근의 기술혁신은 워낙 그 변화 속도가 빨라서 기업이 미처 비용 회수도 하기 전에 '도덕적 마모', 즉 '진부화obsolescence' 현상이 일어난다. 그러면 눈물을 머금고 또다시 더 새로운 기술을 도입해야 하므로 자금 여력이 크지 않은 기업은 부채의 부담에 시달리기 쉽다.

이러한 문제점에 대해서는 이미 K. 마르크스가 『자본』에서 과잉축적 개념과 이윤율 저하 경향이라는 개념으로 설명한 바 있다. 자본의 과잉축적이란 D. 하비 교수가 『'자본'의 한계The Limits to Capital』에서 정리하듯, "잉여가치를 생산하는 기술적 진보를 향한 자본가의 필연적인 열정이 '축적을 위한 축적'에 대한 사회적 명령과 결합됨으로써, 그 자본을 사용할 기회에 비해 더 많은 잉여 자본을 생산하게 되는 것"이다. 사실 이러한 자본의 과잉축적은 우리의 실생활에서도 쉽게 확인된다. 길거리만 나서면 보게 되는 수많은 가게와 상품은 사람들의 욕구나 필요needs를 초과하는 과잉생산을 보여준다. 또 시내 상가 지역에서 수시로 개점하고 수시로 폐점하는 상점이나 영업점, 가게 문 또는 공장 문은 열었으되 하루 종일 '파리만 날리는' 사실상의 유휴 자본 등도 마찬가지다. 그리고 '뉴스타파'가 2013년 6월에 보도한 바, 세계 도처의 조세피난처*에 최고의 부자들이 빼돌려놓은 유휴 자금들, 나아가 각 나라마다 늘어가는 대량 실업과 산업 예비군의 이상 비대화 등이 모두 자본의 과잉축적을 증명하는 현실들이라 할 수 있다.

이 모든 문제는 근본적으로, 인간적 필요의 측면과 자본의 무한 축적 측

----

* 세계적으로 유명한 조세피난처로 꼽히는 곳은, 바하마, 버뮤다, 영국령 버진아일랜드, 케이맨 제도 등 대서양, 인도양, 태평양의 작은 섬이나 모나코, 리히텐슈타인, 안도라, 바레인, 도미니카, 그레나다 등 작은 도시국가들이다. 2013년 5월부터 7월까지 '뉴스타파'가 10차례에 걸쳐 폭로한 것만 해도 한국인 약 300명이 약 1000조 원의 거액을 페이퍼컴퍼니 등을 통해 조세피난처에 숨겨놓고 있다. 《신동아》(2013.7월호)에 따르면, "한국 기업도 케이맨 제도에 경쟁적으로 법인을 설립했다. 2013년 4월 한국은행이 정성호 민주통합당 의원실에 제출한 자료에 따르면 케이맨 제도, 버뮤다, 버진아일랜드, 말레이시아 라부안 등 조세피난처 4곳에 대한 국내법인(금융 제외)의 투자 신고액이 2012년 말 현재 16억 2290만 달러(약 1조 8000억 원)에 달한다. 2011년 말 신고 잔액보다 56.8%, 금액으로는 5억 9000만 달러(약 6600억 원) 증가한 규모다"라 한다. 이러한 수치들은 2013년 말까지 대한민국 가계 부채가 총 1000조 원(《파이낸셜뉴스》, 2014.1.7), 그리고 정부 부채 및 공기업 부채 등 공공부채 총 1000조 원 등의 현실을 감안할 때(《조선일보》, 2014.2.15), 지난 50년간의 경제성장 과정의 본질적 성격을 제대로 간파하게 한다.

면 사이의 괴리로부터 발생한다. 사실, 인간적 필요의 면만 본다면 우리는 오늘날처럼 이렇게 많이 일하고 많이 생산할 필요가 없다. 더구나 이렇게 많이 소비하고 폐기할 필요도 없다. R. & E. 스키델스키의 『얼마나 있어야 충분한가How much is enough?』라는 문제의식처럼, 이미 우리는 충분히 생산하고 있다. 아니, 정확히 말하자면 이미 과잉이다. 그러나 무한한 이윤의 획득을 추구하는 자본의 입장에서는 결코 '만족'이나 '충분함'이 있을 수 없다. 그야말로 무한정 달려야 한다. 무한경쟁과 무한이윤의 원리가 결국은 역설적으로 자본의 한계를 설정한다. 그것은 자본이 경쟁력 향상을 위해 기술혁신을 추진할수록 '이윤율이 경향적으로 저하'하기 때문이다. 쉽게 말하면, 기술 투입에 들어간 비용을 뽑기도 전에 또 경쟁을 위해 고가의 신기술을 투입해야 하는 기업들은 갈수록 수익성이 떨어지게 된다는 것이다. 바로 이러한 과잉축적과 이윤율 저하 경향이야말로 자본의 관점에서는 자가당착적 상황이다. 즉, 경쟁을 통한 이윤 추구라는 경제 원리 자체가 경쟁력 향상을 위해 값비싼 기술혁신을 하도록 만들며, 바로 그로 인해 이윤율이 저하할 수밖에 없는, 그렇다고 아무런 기술 혁신도 하지 않으면 곧바로 망해버리는 딜레마 상황이 바로 자본주의 현실 경제이다.

5. 수익성 저하에 맞서는 기업과 정부의 노력

이러한 자가당착적 딜레마 상황을 타파하기 위한 기업들의 노력을 '이윤율 저하 경향'에 맞서는 '반경향'이라 할 수 있다. 이윤율 저하를 저지하고 새로운 성장 동력을 창조하기 위한 자본의 '반경향'적 노력은 기업이나 정부가 추진하는 온갖 방책으로 나타난다. 바로 이것이 흔히 우리가 말하는 경제위기로부터 탈출 노력이라는 것이다.

기업 입장에서 가장 대표적인 노력은 이른바 '구조조정'으로 나타난다. 그중에서도 가장 대표적인 것이 대규모의 정리해고로 상징되는 인력 구조조정이다. 이것은 대체로 인건비가 기업의 비용 지출 요인 중에 상당한 비중을 차지할 뿐 아니라 특히 기업에 이롭지 않은 행위를 하는 사람들을 제거할 수 있는 좋은 기회이기 때문이다. 또한 정리해고는 노동자가 '해고의 두려움'에 떨면서 더욱 오래, 더욱 고강도로 일을 하게 만드는 간접 효과까지 만들어낸다. 정리해고와 쌍벽을 이루는 것이 정규직 고용 대신 비정규 고용을 늘리는 것이다. 그렇게 되면 노동자끼리의 소리 없는 전쟁이 일어나, 정규직은 비정규직으로 전락하지 않기 위해, 비정규직은 정규직으로 올라가기 위해 '알아서 기는' 조직행동을 하게 된다.

기업이 행하는 구조조정의 다른 방식은 인사조직 혁신으로 나타난다. 가장 대표적인 예가, 임금체계를 연공급(호봉제) 위주에서 능력급(직무급) 또는 성과급(연봉제)으로 바꾸는 것이다. 임금체계 변동 외에도 생산 및 판매 조직을 팀 제로 바꾸거나 위계적 조직을 수평적 조직으로 바꿀 수 있다. 이윤 추구라는 경제적 원리 또는 노동통제라는 정치적 원리를 바꾸지 않은 위에서 더욱 효율적으로 노동을 동원하고 동기 부여할 수 있는 다양한 방책을 만들어내는 것이 곧 인사 조직 혁신으로 실현되는 것이다.

나아가 기업은 보다 전략적인 혁신을 하기도 하는데, 그것은 생산 입지를 국제적으로 이동하거나 완전히 새로운 제품을 개발하여 새 시장을 개척하는 것으로 나타날 수 있다. 또한 기업은 심지어 경쟁 기업과 전략적 제휴를 해 시너지 효과를 추구하기도 하며, 잠재력이 큰 기업을 인수하거나 합병M&A함으로써 새로운 경쟁력의 원천을 획득하려고도 한다. 물론 그 외도 다양한 구조 혁신의 방법이 있지만, 대체로 이런 것이 주축을 이룬다.

다음으로 정부 등 국가 차원에서 행하는 (자본의 이윤율 저하에 맞서는) 반경향의 노력을 살펴보자. 가장 우선적으로 국가는 국경의 문을 활짝 열고

자본의 자유로운 이동 및 이윤의 자유로운 이동을 보장한다. 이를 위해 각종 규제를 철폐하거나 완화하고 조세 징수도 기업에게 유리한 식으로 변경한다. 일례로, 2014년 4월에 발생하여 302명의 생명을 앗아간, 인천~제주행 '세월호' 참사도 선박 사용 연한을 20년에서 30년으로 늘려준 이명박 정부의 탈규제화의 결과와 관련을 지닌다. 해당 회사인 청해진해운은 일본에서 18년 사용한 중고 선박을 수입한 뒤, 정부의 탈규제화에 힘입어 10년 정도의 추가 사용을 허락받은 데다, 선박 자체를 증축 또는 개조를 하여 무리하게 더 많은 이윤을 벌고자 했던 것이다.

다음으로 국가(입법·사법·행정·외교·군대·경찰 등)는 지속적으로 언론이나 교육 분야를 통제하여 국민의식을 자본의 돈벌이 경제에 복무하도록 관리한다. 언론이나 교육에서 정치경제에 대한 비판의식이나 사회변화에 대한 열망을 키우기라도 하면 자본을 위한 신성동맹, 즉 기업과 정부의 신성한 동맹은 금세 위험에 처하기 때문이다. 이런 면에서 신문·텔레비전·잡지·서적은 물론, 심지어 온라인 매체까지도 돈벌이 패러다임을 위해 철저히 통제하고 장악하려 든다. 2012년 12월 대통령선거 국면에서의 '국정원 개입' 사건이나 군대의 '사이버사령부' 활동 등이 그 대표적인 예다.

또한 국가는 공공부문, 특히 공기업을 민영화(사유화)함으로써 공공성의 영역을 수익성의 영역으로 전환시킨다. 이윤을 추구하는 자본의 입장에서 보면 기존의 공공부문 외에도 심지어 자연환경마저 아직도 남아 있는 거대한 돈벌이 공간으로 보인다. 2013년 12월의 한국철도 민영화 반대 파업 물결은 외형상 '수서발 KTX 자회사 설립'을 둘러싼 사회적 갈등이었으나, 실상은 공공성의 영역이어야 할 철도 분야를 민간자본의 수익성 영역으로 넘기려는 시도였다. 또한 캐나다의 '오일샌드oil sand' 논란에서 나타나듯, 지금도 자연 생태계가 수려한 캐나다 중서부 앨버타 주에서 미국 텍사스 주의 멕시코 만에 있는 정유업체로 수송하기 위해 총길이 2147마일(3456km)

의 송유관을 지난 2008년부터 단계별로 건설하고 있는 현실을 볼 때(《미주 중앙일보》, 2014.4.14), 자본은 국적이나 국경을 가리지 않고 돈이 되는 곳이면 어디든지 달려가 돈벌이 행위를 추구함을 알 수 있다. 특히 그 송유관이 지나는 곳은 자연 생태계만이 아니라 수많은 북미 원주민들이 아직도 전통적인 공동체 생활방식을 유지하며 살아가는 곳이기도 한데, 돈벌이 경제가 살림살이 경제를 체계적으로 파괴하려 하기에 사회적 긴장과 갈등을 유발한다.

나아가 국가는 자본의 돈벌이 위기를 타파하고 새로운 돈벌이를 추구하도록 돕기 위해 많은 나라들과 자유무역 협정FTA이나 각종 투자협정을 맺는다. 이것은 기업에 부담을 주는 조세나 관세를 줄이거나 없애기도 하고 상품·자본·기술 등의 자유로운 이동에 걸림돌이 되던 규제나 제한을 해체한다. 흔히 국제무역에서 '관세장벽' 또는 '비관세 장벽'이란 말을 쓰는데, 각국의 산업이나 국민을 보호하기 위한 조치들이 자본의 돈벌이 관점에는 '장벽'으로 보인다는 점이 흥미로운 점이다. 이는 모두 기업 내지 자본의 시각으로 보기 때문에 나오는 현상이다. 결국 자유무역이건 투자자유화건 모두, 그리고 대부분의 국제협력관계는 기업의 이윤 증대를 돕기 위한 적극적 조치다. 예컨대 한국 정부는 2004년 한 - 칠레 자유무역협정을 시작으로 2013년까지 12개의 자유무역협정을 체결했으며, 2014년에도 호주, 캐나다, 터키와의 자유무역협정이 가서명, 타결, 발효되었다. 향후엔 환태평양경제동반자협정TPP, 즉 아시아·태평양 지역 국가들(뉴질랜드·싱가포르·칠레·브루나이, 미국, 일본 등) 간의 광역 자유무역협정FTA에도 참여할 예정이다(《한겨레21》, 2014.5.19). 흥미롭게도 2011년 3월 11일, 일본 후쿠시마에서 원전 붕괴 사고가 나던 날 이명박 대통령은 아랍에미리트 UAE에 원전 수출 계약을 하러 떠났고, 2014년 5월 19일 박근혜 대통령은 4월 16일의 세월호 참사 건에 관한 대국민 담화문 발표 직후 아랍에미리트

원전 1호기 원자로 설치에 참석차 출국했다. 대통령 대변인은 "이번 방문을 계기로 UAE와 제3국 시장에 공동 진출하는 계기를 마련하고 고부가가치 등 여타 서비스 산업 진출로 우리 경제에 기여할 것"이라 했다(연합뉴스, 2014.5.19). 그런데 UAE 원전 건설에는 두산중공업, 현대건설, 한국전력 등이 참여하고 있다. 즉, 정부가 말하는 경제 또는 국익이란 결국 기업 또는 자본의 이익을 말하는 것일 뿐이다.

이와 같이, 기업이나 정부는 각기 또는 합심하여 자본 수익성을 올리기 위해 각고의 노력을 다한다. 이는 경향적으로 저하하는 자본의 이윤율에 맞서기 위한 '반경향'의 시도다. 그러나 과연 이런 시도들이 이윤율 저하를 효과적으로 방어할 수 있는가 하는 문제는 지난 역사적 과정을 볼 때 낙관적이지 않다. 우리가 볼 때, 승승장구하는 기업은 분명히 있다. 하지만 그 숫자는 전체 자본의 규모에 견주어 지극히 작고, 게다가 이면에서는 도산하는 수많은 기업의 희생을 담보로 극소수 기업만 표면에서 화려한 모습을 드러낼 뿐이다. 학자에 따라서는 최근의 과학기술혁명 등 첨단기술이나 세계금융자본이 그 이윤율 위기를 돌파할 결정적인 힘이라 보기도 하지만, 그다지 설득력은 없다. 요컨대 전반적인 자본의 이윤율 저하를 막을 자본 내부의 역량은 없는 셈이다. 이런 면에서 경쟁과 이윤을 근본 원리로 하는 자본주의 시스템 자체를 지양할 수 있는 새로운 사회적 관계들이 창출될 수 있을 때, 비로소 사람과 사람, 사람과 자연, 사람과 기술과의 관계도 보다 건강한 모습으로 형성될 수 있을 것이라 본다.

노 동 건 강 과   산 업 재 해

1. 노 동 건 강 의   중 요 성

노동건강이란 생산과정에서 일을 하는 노동자의 정신적·육체적 건강을 말한다. 노동과정에서 일하는 노동자는 늘 건강에 위협적인 요소들에 노출되어 있다. 소음이나 먼지, 냄새, 화학물질, 환경호르몬, 열, 안전사고 등 일반적인 노동환경만이 아니라 노동시간, 노동강도, 작업자세, 작업방식 등 직접적 노동조건도 건강을 위협하기 쉽다. 예를 들어 건설산업에서는 추락사 등 건강을 해치는 위험요인이 상존하며, 철강산업에서는 용광로 관련 사망자도 종종 발생한다. 자동차 등 금속산업에서는 근골격계 질환이, 컴퓨터를 많이 다루는 정보기술 산업에서는 영상표시단말기VDT: Video Display Terminal 증후군이, 휴대폰 등 전자제품을 많이 다루는 전자산업에서는 백혈병이 상당한 비용과 갈등을 초래하는 사회적 이슈로 대두했다. 이러한 물리적 건강의 상실만이 아니라, 일중독이나 우울증, 불안감, 조급증, 강박증 등 정신적 건강의 상실도 노동건강의 큰 문제로 드러나고 있다.

노동자가 건강을 상실하는 것은 개인·조직·사회 차원에서 엄청난 손실이다. 우선 개인적으로, 모든 노동자는 행복한 삶을 위해 노동을 함에도 노동을 하다가 건강을 상실하는 것은 주객이 전도된 것이다. 사망 사고인 경우는 두말할 나위도 없지만, 부상을 당한 경우조차 노동자 개인에게는 막대한 손실을 끼칠 수 있다. 직접적으로는 경제적 활동의 연속성이 파괴되어 생활에 압박을 줄 수 있고, 간접적으로는 삶에 대한 자신감이나 자기효능감, 직무몰입, 조직몰입 등을 저하할 가능성이 높다. 또, 사고를 당한 이의 가족들도 다양한 피해를 입을 수 있다. 결국 노동건강의 상실 또는 침해는 개인의 삶이나 가정의 삶, 사회생활 전반에 해악을 끼치게 되므로, 노동건강을 수호하는 일이 대단히 중요함을 알 수 있다.

조직 차원에서도 노동건강의 상실은 다양한 영향을 미친다. 기업 조직의 경우, 노동자가 사고를 당하는 경우 병원비(요양비)나 휴업수당 등 여러 비용도 많이 발생하지만, 생산과정에 상당한 차질이 생긴다. 나아가 사고로 말미암아 다른 노동자들에게도 산업안전에 대한 불안감 또는 공포를 유발하여 직무몰입도나 조직 분위기를 떨어뜨릴 가능성이 크다.

사회 차원에서는 노동자가 건강을 더 많이 상실할수록 사회 전체의 사기 저하를 유발할 수 있다. 더욱 직접적으로는 노동자 건강 상실의 사회적 비용이 막대하여, 사회 전체의 효율성도 떨어진다. 또한, 노동건강이 보장되지 않는 사업장이 많아질수록 노동자들은 조직에 충성하려고 하지 않을 것이며, 당연하게도 직무몰입이나 조직몰입을 하기 어려울 것이다. 이것은 결국, 경제 전체의 효율성에도 부정적으로 작용할 것이다. 노동건강이 위협받는다면, 오늘날 세계화 시대에 OECD 회원국 사이의 비교나 국경을 넘은 비판 등 국제적 관점에서도 좋지 않은 결과가 초래될 것이다. 나아가 만일 노동건강을 위협하는 생산과정을 가진 한국 기업이 해외로 진출하는 경우, 그 현지에 나가서도 각종 경제적 비용을 유발할 뿐 아니라 사회정치적 비판과 갈등에 노출될 가능성이 높다.

표 7-1 • 산업재해 발생 추이

	사업장 수 (천 개)	대상 근로자 수 (천 명)	재해자수 (명)				재해율	손실액(억 원)			근로손실일 수 (천 일)
			전체	사망	부상	질병		전체	산재 보상금	간접 손실액	
1990	130	7,543	132,893	2,236	129,019	1,638	1.8	26,968	5,394	21,574	43,588
1995	186	7,894	78,034	2,662	74,252	1,120	1.0	56,679	11,336	45,343	55,332
2000	706	9,486	68,976	2,528	63,511	2,937	0.7	72,813	14,563	58,251	44,090
2005	1,130	12,070	85,411	2,493	76,518	6,400	0.8	151,289	30,258	121,031	69,188
2010	1,608	14,199	98,645	2,200	89,459	6,986	0.7	176,187	35,237	140,949	56,708
2011	1,738	14,362	93,292	2,114	84,662	6,516	0.7	181,270	36,254	145,016	54,777
2012	1,825	15,548	92,256	1,864	83,349	6,742	0.6	192,564	38,513	154,051	54,521
2013	1,977	15,449	91,824	1,929	84,197	7,627	0.6	n.a.	n.a.	n.a.	n.a.

* 적용사업장 수 = 산재보상보험법 적용 대상 사업장
* 2011년까지 사망자엔 재해 사망자엔 질병에 요양 중 사망자도 포함, 2012년 이후 질병 때문 사망자도 포함
* 간접손실액은 하인리히 방식에 의해 직접손실액의 4배로 계상(n.a. = not available)
* 재해율(%) = 재해자 수 / 근로자 수 × 100
cf. 천인율(‰) = 재해자 수 / 근로자 수 × 1,000
도수율 = 재해 건수 / 연 근로시간 수 × 1,000,000
강도율 = 총근로손실일 수 / 연 근로시간 수 × 1,000

이와 같이 노동건강을 잘 보호하고 유지하는 것은 개인적 삶의 질 고양에 도움이 될 뿐 아니라, 사회경제적 관점에서도 여러 긍정적인 효과가 있다. 요컨대 노동건강을 잘 지키기 위한 단기적 비용은 그로 말미암은 중장기적 효익을 감안할 때 사실은 별로 큰 부담이 아니라 할 수 있다. 또 역으로 노동건강을 잘 지키지 못함으로 인한 개인적·사회적 총비용은 노동건강을 잘 지키기 위해 들여야 하는 당연한 비용에 견주어 볼 때 비교가 안될 정도로 크다고 하겠다. 그러나 이런 비용의 측면보다 중요한 것은 삶의 질 측면이다. 그것은 노동건강이 노동자 삶의 질에 가장 기본적이자 가장 결정적인 차원을 이루기 때문이다.

2. 산 업 재 해 와 노 동 건 강

산업재해産業災害란 노동자가 일을 하다가 다치거나 아프거나 사망하는 사고로, 아프거나 다친 경우에는 4일 이상의 치료나 요양을 필요로 하는 경우를 말한다. 3일 이하의 치료를 요하는 경우는 산업재해라 하지 않고 공상公傷이라 한다. 산재 판정에서 중요한 것은 기간 문제 이외에 '업무 관련성'이라는 관점이다. 산재보험을 관장하는 기관이 노동부 산하의 근로복지공단인데, 설사 노동자가 근로복지공단에 산업재해 승인 신청을 하더라도 그 사고의 '업무 관련성'이 증명되지 않으면 기각되기 일쑤이기 때문이다. 또, 산재는 근로복지공단에서 관장하여 보상도 하고 후유증이 생겨도 치료가 가능하지만, 공상은 해당 사업주가 관장하여 보상하고 종결된다는 점이 다르다. 또, 공상은 산업재해 통계에서도 포함되지 않는다.

산재는 크게 사고, 질병, 사망의 경우로 나눠 볼 수 있다.

첫째, 업무상 사고의 경우는 작업시간 중 사고와 작업시간 외 사고 등으로 나뉜다. 작업시간 중 사고는 대체로, 작업 그 자체는 물론, 작업준비, 용변 등 생리적 필요행위, 작업 마무리 행위 등을 하는 도중에 발생한 사고로서 대체로 산재 인정이 쉽다.

설사 작업시간 외에 일어난 사고라 하더라도 전술한 작업 관련 내용이 확인된다면 이것 또한 업무상 재해가 된다. 그리고 차량이나 장비 등 사업주가 관리 중인 시설의 결함 또는 관리 소홀로 인해 발생한 재해도 업무상 재해가 된다. 나아가 사업주가 제공하거나 관리·통제하는 교통수단을 이용하다가 사고를 당한 경우에도 업무상 재해로 본다.

그렇다면 휴게시간 중이나 점심시간 중에 발생한 사고는 어떤가? 근로기준법에 따라 4시간에 30분 이상 휴게시간이 부여되는데, 이때 사회통념상 할 수 있다고 인정되는 행위로 인해 발생한 사고는 업무상 재해다. 그러나 학생에 대한 보호·감독 의무를 지닌 학교 교사와는 달리 직장에서 점심시간의 경우는 사업주의 보호·감독 의무가 없기 때문에 업무 관련성 인정이 어렵다. 일례로 식사 후에 족구 등 운동을 하다가 다친 경우는 산재가 되지 않는다. 하지만 점심시간이라 하더라도 관리자의 지시 아래 물품을 운반하다가 다쳤다면 산재가 된다. 이런 맥락에서 사업주 또는 관리자의 지시나 명령·통제하의 출장이나 기타 행사와 연관된 사고라면 산재 인정이 될 가능성이 높다.

둘째, 업무상 질병에 대해 살펴보자. 업무상 질병이란 업무상 사유로 인해 발생한 질병으로, 대체로 작업환경이나 작업방법상의 문제가 장기간에 걸쳐 점진적으로 누적되어 발생한다. 갑작스런 사고보다 점진적인 발병은 정확한 입증이 어려워 산재 승인과 관련한 갈등이 발생하기 쉽다. 한편 개인적 질병이 업무상 관련성으로 인해 악화함으로써 더 큰 병을 유발하거나 심지어 사망을 초래한 경우가 증명된다면 이 경우 또한 산업재해로 인정받을 수 있다.

업무상 질병의 유형은 다양하다. 그것은 업무상 부상을 당한 상태에서 그로 말미암아 발생할 수도 있고, 무겁고 힘든 작업으로 인해 근육이나 관절이 병드는 경우(근골격계 질환)도 있다. 또 고열이나 유해 광선, 방사선 등에 의한 질환, 높거나 낮은 온도로 인한 화상이나 동상, 먼지가 많은 작업 공간에서 생기는 폐결핵, 방적 등의 업무로 인한 피부염, 강한 소음으로 인한 귀 질환, 영상표시단말기VDT 등에 의한 경견완장애, 유해 화학물질 중독증 또는 백혈병 등을 들 수 있다. 그 외에도 과로 및 스트레스로 인한 만성 신부전증, 뇌혈관질환, 심장질환 등도 대표적인 업무상 질병으로 꼽는다.

최근에 컴퓨터나 휴대폰 등 각종 전자기기 사용이 증가하면서 전자산업에서 특히 문제가 되는 벤젠과 같은 유기용제를 살펴보자. 산재보상보험법 시행규칙에 따르면, 벤젠에 노출되는 업무에 종사하고 있거나 종사한 경력이 있는 근로자에게 나타난 빈혈, 백혈구 감소증, 혈소판 감소증, 범혈구 감소증, 급성 또는 만성 피부염 등은 업무상 질병으로 본다. 또 1ppm 이상의 농도에 10년 이상 노출된 근로자에게(또는 10년 미만이라도 누적 노출량이 10ppm 이상인 경우) 백혈병, 골수형성이상 증후군, 다발성 골수종, 재생불량성 빈혈이 나타나도 산재 인정이 된다. 나아가 일시적으로 다량의 벤젠증기를 흡입하여 두통, 현기증, 구역, 구토, 흉부압박감, 흥분상태, 경련, 섬망, 혼수상태, 기타 급성 중독증상이 나타나면 업무상 질병이 된다.

셋째, 업무상 사망 사고의 경우, 대체로 부상이나 질병이 악화하여 끝내 사망하는 경우, 안전사고 등으로 인해 사망하는 경우, 과로로 인해 사망하는 경우(과로사)로 나뉜다. 하루 평균 10명이 업무상 사망을 한다면 7~8명은 안전사고 등으로 인한 사망, 2~3명은 과로사로 분류된다.

과로사work to death란 용어는 원래 일본에서 사용되기 시작했으나 한국에서도 이미 보편화했다. 과로사는 의학 용어는 아니나 노동과 관련, 과로나 스트레스 등이 원인이 되어 사망에 이르는 경우를 말한다. 의학적 용어로

청장년급사증후군, 돌연사, 사인 미상, 급사, 심장마비, 심근경색, 뇌출혈, 뇌경색, 지주막하출혈 등으로 불리는 경우가 사실상 과로사라 할 수 있다.

그렇다면 과로사의 원인은 무엇인가? 그것은 직접적으로 노동과정상의 긴장과 스트레스의 증가, 성과주의 인사제도, 경쟁적인 조직분위기, 목표 달성을 위한 업무부담의 과중, 장시간 근로 등에 의한 피로누적, 갈수록 심화하는 일중독 등이 신체의 면역력 저하와 심장·간·뇌혈관 등의 질환을 초래하고 결국은 과로사를 부른다. 그런데 이런 상황이 나타나는 근본은 어디에 있을까? 그것은 결국 경쟁과 이윤을 원리로 해서 작동하는 경제 시스템, 즉 자본주의 시스템 자체라 할 수 있다. 국내나 해외의 경우를 보더라도, 상대적으로 건강한 노동조건을 가진 작업장조차 치열해진 경쟁으로 말미암아 갈수록 스트레스가 높아지는 방향으로 변해가는 것이 그 증거다. 스웨덴 볼보Volvo 공장의 인간적 작업장 혁신이나 독일 폭스바겐Volkswagen 사의 '노동의 인간화' 프로젝트도 결국은 경쟁력 관점 때문에 실패로 규정되지 않았던가(강수돌, 2002)? 결국 과로사 등 산재 사망 사태의 근본 원인은 경쟁과 이윤의 원리 위에 움직이는 자본주의 시스템이라 할 수 있다.

3. 장 시 간 노 동 과 노 동 건 강

한국의 실질 노동시간은 선진국 클럽인 OECD 비교에서만이 아니라 전 세계적으로도 최장을 자랑한다. 경제협력개발기구OECD 국가의 2012년 연간 실근로시간(임금근로자)은 평균 1709시간인 데 한국은 2092시간이었다. 연 노동시간이 1400시간 정도밖에 되지 않는 네덜란드에 비하면 무려 3개월을 더 일하는 셈이다. 이는 멕시코(2317시간)에 이어 두 번째로 긴 것으로, 우리보다 경제수준이 떨어지는 헝가리(1797), 체코(1700) 등 동구권보다 높다. 그러나 노동권 사각지대에 내몰려 있는 특수고용직 등을 포함한 전체 노동자의 연간 근로시간은 2163시간으로 이보다 더 높다. 한편, 삼성전자 다음으로 최고의 직장이라는 현대자동차 노동자의 연간 노동시간은 무려 2700시간이다. 이런 식으로 잔업, 특근, 야근이 일상화한 우리의 노동 현실을 감안한다면, 차라리 위의 공식 통계 비교치는 축소된 감마저 든다.

그렇다면 장시간 노동은 우리의 삶에 어떤 영향을 끼치는가? 우선 개인적 건강부터 보자. 가톨릭대의 장태원 교수팀은 국민건강영양조사 2007~2010년 자료를 이용해 총 8889명을 분석한 연구결과를 발표했다(《메디컬투데이》, 2014. 1. 21). 이 연구에서 남성 생산직의 경우 주당 40~48시간 일하는 집단에 비해 주당 60시간을 초과한 노동자들에게 비만이 발생할 가능성이 1.65배로 나타났다. 장시간 노동은 필연적으로 운동 부족, 불규칙한 식습관, 수면 부족 등을 야기하고, 이로 인해 비만의 위험성을 높인다. 특히 "생산직 근로자가 장시간의 육체노동을 하면, 우리 몸의 시상하부-부신피질축의 이상으로 스트레스 호르몬인 코르티솔의 혈중농도가 높아지고 그 결과 식욕이 증가하여 지방이 축적돼 비만이 되는 것으로 보인다"는 결론은 주목할 만하다. 이러한 비만은 외모의 문제로 그치는 것이 아니라 당뇨, 고혈압, 동맥경화, 심혈관질환, 관절염, 심혈관 질환 등을 유발시켜 생명에도 지장을 초래한다.

다음으로 인간관계 측면을 보자. 서울의 한 IT 업체에 근무하는 34세의 김 씨는 하루 평균 10시간 30분씩, 총 52시간 30분 간 일하기 일쑤다. 법정 근로시간 주 40시간에 연장근로 한도인 12시간도 넘겼지만 그는 "이 정도면 평범한 수준"이라 한다. 그에게는 두 살 된 자녀가 있는데, "아이가 자라는 모습은 한번 지나가면 다시 볼 수도 없는데 늘 잠든 모습만 보는 게 가장 안타깝다"며 "정해진 시간에 퇴근할 수 있다면 가족과 시간도 보내고 운동도 하고 싶다"고 말했다. 이는 비단 김 씨만의 일이 아니다. '노동귀족'으로 비난받기 일쑤인 현대자동차의 어느 노동자는 "집에 가면 애완견 취급도 못 받는다. 식구들이 나갔다 오면 애완견하고는 살갑게 인사를 나누고 끌어안기도 하지만, 내가 일을 마치고 집에 오면 뻘쭘하게 쳐다보기만 하거나 인사도 잘 하지 않는다"고 한탄하기도 했다. 사랑하는 가족과 함께 친밀한 시간을 나눌 수 없다는 것은 오늘날 노동사회의 또 다른 그늘이다.

나아가 장시간 노동과 결합된 잘못된 임금체계는 단시간 노동의 불이익과 대비되어 임금 격차를 늘리고, 사회 전체적으로는 실업 증가에도 일정한 몫을 한다. 더구나 이웃과의 좋은 관계 형성이나 노조를 비롯한 조직적 사회 활동에도 막대한 지장을 준다. 노동시간이 짧은 북유럽일수록 시민사회가 발달하고 그에 기초하여 학교, 직장, 사회가 건전하게 선순환을 그려나가는 모습이 그 반증이 될 수 있다.

이렇게 심각하다면 장시간 노동 문화를 해결할 길은 없는가? 사실 장시간 노동이 심각하다는 걸 몰라서 하는 사람은 없다. 아는 데도 잘 안 되는 이유는 무엇인가? 대부분 말한다. '생계' 때문이라고. 그러나 '생계' 때문에 하는 노동이 '생명'을 잡아먹는다면?

그래서 최우선적으로 필요한 것이 강력한 법제도적 장치다. '선진국'으로 가려면 기득권층의 저항을 무릅쓰고라도 주 40시간 노동을 넘어 주 30시간 노동으로의 방향을 잡아나가야 한다. 한편에서의 고강도 장시간 노동, 다른 편에서의 실업과 불안정 노동이라는 고용 양극화를 해소하기 위해서라도 특단의 사회적 합의가 필요하다. 특히 청년 실업을 해소하려면 노동시간 단축과 일자리 나누기가 필요하고, 그를 보완하기 위한 기본소득이나 사회적 안전망의 구축이 절실하다. 사람들의 생계를 보장하기 위해 강력한 법률제도가 필요하다.

다음으로 필요한 것은 기업 조직문화의 혁신이다. 지금은 휴가를 쓰고 싶어도 악명 높은 '눈치 법' 때문에 쓸 수 없다. 일반 노동법에 아무리 좋은 규정이 있어도 상사의 눈치나 해고의 두려움 앞에 모두 무릎을 꿇는다. 일례로, 남편도 쓸 수 있게 한 육가휴직의 경우, 2013년 전체 육아휴직자 6만 9616명 가운데 남성 비율은 3.3%, 2293명에 그쳤다(《머니투데이》, 2014.2. 8). 육아 휴직을 장려하고 모범을 보여야 할 중앙 정부 공무원 역시 남성 육아휴직자는 756명에 지나지 않았다. 한편 기업의 임금체계도 문제다. 장시간 근로로 갈수록 각종 수당과 상여금이 많아진다. 상대적으로 기본급 비중이 낮은 결과이기도 하다. 이에 미국경제학회 회원이자 하버드대 교수인 클라우디아 골딘Claudia Goldin 교수는 2014년 한 논문에서 "기업이 장시간 노동을 우대하지 않으면 임금격차는 상당히 줄어들면서 수렴한다"고 했다(Goldin, 2014). 즉, 노동시간이 늘수록 시간당 임금이 더 높아지는 임금구조 탓에 장시간 노동이 조장된다는 것이다.

그러나 최종적으로는 노동자 자신의 일중독도 문제다. "일을 할 때는 마음이 편하지만 일을 않고 가만히 놀고 있으면 불안해 견딜 수 없다"는 것이 일중독의 심각성이다. 일중독에 빠질수록 장시간 노동을 하게 되지만 또 역으로도 장시간 노동을 계속 하다 보면 일중독이 더 심각해져 나중엔 도무지 빠져나오기 힘들다. 현재의 우리 사회가 그런 모습이다. 독일 철학자 스베냐 플라스필러(2013)는 『우리의 노동은 왜 우울한가Wir Genussarbeiter: über Freiheit und Zwang in der Leistungsgesellschaft』에서 오늘날 우리는 "강박적인 향락 노동자"가 되어버렸다고 진단한다. 일 자체가 무의미한데도 성과를 올리고 인정을 받는 것, 게다가 돈까지 더 받는 것에 기쁨을 느끼는 사람들이 되어버린 것이다. 한마디로, 대부분 일중독자가 되었다. 불행히도 그 종착지는 만성 피로나 산업재해, 과로사다. 살려고 일하는데, 일하다 죽어버린다는 것은 심각한 문제다. 일중독의 현실을 솔직히 인정하고 이것을 타파하기 위한 개인적·조직적·사회적 노력이 절실하다.

이제부터라도 장시간 노동의 문제를 온 사회가 나서서 관심을 기울이고 해결책을 토론하며, 법률제도, 조직문화, 일상생활 등을 바꾸어나가야 한다. 노동자 및 시민들의 건강한 모임이나 토론, 교육과 성찰이 더욱 활발해져야 하는 까닭이기도 하다.

4 . 감 정 노 동 과 노 동 건 강

2014년 초에 한 중요한 연구가 발표되었다. 연세대 김인아 교수의, '감정노동이 건강에 미치는 영향'이다(연합뉴스, 2014.2.24). 그 근거는 2007~2009년에 실시된 국민건강영양조사에 참여한 임금 노동자 약 5700여 명의 응답 결과다. 그 핵심은 감정노동을 많이 할수록 우울증이나 자살충동에 더 많이 노출된다는 것이다. 구체적으로, 감정노동자들은 보통 노동자에 비해 우울증이 평균 3.7배, 자살충동이 평균 3.3배 높았다.

도대체 감정노동은 뭔가? 이미 약 30년 전 이 문제에 주목해 『관리된 마음The Managed Heart』이란 책까지 낸 미국 UC버클리 대학의 A. 혹스차일드(Hochschild, 1983) 교수에 따르면, 감정노동이란 직업상 본연의 감정을 숨긴 채 특유의 얼굴 표정과 몸짓을 드러내는 노동이다. 설사 고객이나 상사가 '몹쓸 짓'을 해도 참아야 한다. 상사나 고객에 대해 언제나 '을'의 입장을 견지해야 하기 때문이다. '주인과 노예'에 비유하자면, 감정노동자는 노예 신세다. 기존의 산업사회가 서비스사회로 변하면서 이런 감정노동은 더 널리 퍼진다. 예컨대 비행기 승무원, 백화점 판매원, 식당 직원, 상담사, 카지노 딜러, 화장품 영업사원, 철도 승무원, 간호사, 콜센터 직원 등은 대표적인 감정노동 수행자들이다. 심지어 교육자도 고객인 수강생에 대해 일정한 감정노동을 수행한다. 이들은 본연의 느낌이나 감정을 억누른 채 상사의 지시나 고객 요구에 부응해야 하기에 많은 스트레스를 받는다.

이 스트레스는 누적되고 일정한 한계를 넘으면 '양-질 전환 법칙'에 의해 우울증이나 암, 또는 자살까지 부른다. 일례로, 어느 마트에서 계산원으로 일하던 41세 여성이 한 손님의 거듭된 폭언에 시달리다 심한 우울증에 걸렸고, 서비스 민원 처리를 하던 46세의 한 남성은 일 처리와 관련한 소송까지 걸리자 직장 옥상에서 추락 자살했다. 다행히 산재 인정이 되어 보상도 받았다. 이런 고통은 생각보다 많다. 한명숙 의원이 2200여 명을 대상으로 한 조사에서도 30%가 고객 응대 시 성희롱이나 신체접촉을 당했으며, 무려 81.1%가 욕설 등 폭언을 들었다(《매일노동뉴스》, 2014.3.19).

그러나 보상이면 다 된 것인가? 결코 아니다. 중요한 건, 몸과 마음의 건강이며 생명 그 자체다. 어떻게 하면 우리는 즐겁게 일하고 행복하게 '살' 수 있을까?

따지고 보면 서비스 노동자만이 아니라 자본주의에 사는 모든 노동자가 감정노동을 수행한다. 본연의 느낌이나 감정을 숨긴 채 상사나 동료, 고객 등에게 '좋은' 얼굴을 하고 기업이 요구하는 생산적 노동, 즉 이윤 추구에 도움 되는 노동을 해야 하기 때문이다. 기업만이 아니라 최근의 국정원 선거 개입이나 간첩 조작 사건 따위도 일종의 감정노동 맥락에서 해석할 수 있다. '높은' 분의 맘에 들기 위해 거짓 행위를 하는 것이다.

이 모든 사태의 본질은, 서비스라는 영역 문제가 아니라 권력의 문제다. 약자가 강자의 눈치를 보며 살아야 하는 현실, 약자가 현실의 잘못된 모습을 정직하게 느끼고 말하고 바꾸기 위한 실천을 할 수 없는 현실, 그래서 살아남기 위해 강자의 논리를 내면화하여 강자가 요구하는 대로 느끼고 생각하고 행동하는 현실, 이게 핵심이다. 결국 문제의 뿌리는 자본주의 사회관계에 있고 그 근본 해결책은 민주주의다.

이제 민주주의는 단순히 선거일에 투표하는 행위로 협소하게 볼 수는 없다. 좋은 사람을 대표로 뽑는 것도 중요하지만 그건 극히 일부일 뿐이다.

참된 민주사회란 자신의 솔직한 느낌이나 감정, 입장, 철학을 거리낌 없이 말할 수 있고, 모두의 진실이 있는 그대로 받아들여지는 그런 곳이다. 한마디로 개인의 다양성과 공동체의 특이성이 모두 살아 숨 쉬는 것이 민주주의다.

이런 민주주의가 가정, 학교, 직장, 노조, 시민 단체, 공공 기관, 일반 사회 등 모든 곳에서 잘 구현되어야 한다. 그래야 비로소 사람들은 그 나름의 개성과 잠재력을 살려내는 공부를 할 수 있고, 그렇게 쌓은 실력에 걸맞은 일자리를 찾아 행복하게 일하며 살 수 있다. 아무 감정을 못 느끼는 불감증도 문제지만, 강자 앞에 살아남기 위해 가짜 감정을 표현하는 감정노동도 큰 문제다. 참된 민주주의야말로 모두가 '나'답게 살아갈 필요조건이다. 웰빙이니 힐링이니 하는 교묘한 상품으로 해결될 일이 아니란 말이다. 정작 우리에게 필요한 건 민주주의라는 '사회적 힐링'이다.

5. 전 자 산 업 백 혈 병 산 재 사 망 과 ' 또 하 나 의 약 속 '

영화 〈또 하나의 약속〉에 나오는 실제 주인공 황유미 씨는 2007년에 경기도 기흥의 삼성반도체 공장에서 일하다 2년 만에 백혈병으로 23세에 세상을 떠났다. 회사는 '개인적 질병'이라 했고 산재 신청조차 막았다. 유미 씨 아버지는 딸의 죽음이 산재임을 밝히기 위해, 그래서 또 다른 비극이 생기지 않게 하려고, 골리앗 기업을 상대로 긴 싸움에 나섰다. 그렇게 5년의 세월이 흘러 2011년 6월, 마침내 그는 딸과의 약속을 지켜냈다.

〈또 하나의 약속〉은 실화를 바탕으로 한 영화라 더욱 감동적이다. 사실 지금까지 삼성전자 등 반도체 공장에서 일하다 백혈병 등 각종 치명적인 병에 걸렸으나 버림받은 이들이 많다. 반도체 노동자의 건강과 인권 지킴

이 조직인 '반올림'에 신고된 피해자만도 약 200명이다. 그중 이미 80명 정도는 20~30대에 목숨을 잃었다. 이런 상황에서 고 황유미 씨와 고 이숙영 씨 등 5명이 소송을 제기, 2011년 6월에 2명이 산재 인정 판결을 받았다. 그리고 2013년 10월, 고 김경미 씨도 산재 인정을 받았다. 2014년 1월에도 대우조선해양의 김모 씨가 근무 기간이 10개월 정도였음에도 유해물질 노출수준이 높아 산재 인정을 받았다.

판결 결과만 놓고 보면 단순한 법리상의 문제 또는 해석상의 문제인 듯하나, 실제 현실은 이보다 훨씬 복잡하다. 여기서 몇 가지 지점을 짚어보자.

첫째, 대개 회사는 질병의 업무 연관성을 부인하는 등 산재 신청 자체를 기피한다. 영화 속에서는 회사 측 직원이 (처음엔 1000만 원부터 시작했다가 마지막엔) 무려 10억 원이나 주겠다며 절대 산재 인정 재판을 않도록 말린다. 회사 입장으로서는 '초일류기업'이라는 이미지 관리도 필요하고, '무재해' 인정 시 보험사인 근로복지공단으로부터 보험료의 일부를 되돌려 받을 수 있기에 공식적으로 산재가 없는 것이 매우 중요하다.

둘째, 영화 속 윤미 아버지가 노동부·근로복지공단에 가서 딸의 직업병을 산재로 인정받기 위해 사정을 설명하자 공무원은 대단히 불친절하게 면박을 준다. "침대에서 잤는데 허리가 아프다면 그게 침대회사 책임인가?"라고 하면서. 아마도 그 공무원은 관련 회사로부터 일정한 접대를 받을지 모른다. 나아가 보험사인 복지공단은 산재 승인이 적을수록 이득이다. 노동부나 국가 입장에서는 그렇지 않아도 산재 왕국 오명을 벗고 싶어 가급적 기업들이 산재보다 현장에서 공상 처리를 하기 바란다. 이런 여러 요소로 인해 국민을 위해 봉사할 기관이 군림하고 퉁명스럽게 군다. 해답은 민주주의다.

셋째, 영화 속 팀장인 김교익 씨도 미국서 반도체 관련 공부까지 한 뒤 발탁된 고급 엔지니어로서, 나중엔 자신도 백혈병 환자가 되었지만 초일류기업의 충성스런 직원으로서 아무 불평도 않는다. 병원에 입원한 상태에서조차 그는 "어서 일어나 회사 가서 일해야지"라 하거나 노무사와 윤미 아버지가 증인을 서달라고 부탁하자 "평생 몸을 담은 직장인데 내가 그럴 순 없죠"라 한다. 김 팀장이 회사와 자신을 동일시하는 면이다. 그의 시각에선 회사가 잘되면 자신이 잘되는 것이고, 회사에 해를 끼친다면 결국 자신에 해롭다. 그런데 과연 이런 생각이 김 팀장만의 것일까?

사실 대부분의 직원, 심지어 백혈병에 걸리기 전의 황유미나 그 아버지조차 그런 생각을 하고 있었다는 점이 사태의 또 다른 핵심이다. 그 정도로 우리는 국가와 기업을 우리 자신의 삶과 동일시한다. 건강하고 행복한 국가나 기업을 만들기 위해 우리 자신부터 노력하는 의미에서라면 그건 좋은 일이다. 그러나 "국가가 잘되어야 국민이 잘 산다"거나 "회사가 잘되어야 근로자도 잘 산다"라는 말은 현실이라기보다 이데올로기다. 예컨대 최근 국가가 하는 일들, 4대강 사업은 물론 선거 부정이나 코레일 사태, 김용판 무죄 판결 등만 보더라도 국가는 오히려 국민을 불편하게 한다. 또 쌍용차, 현대차, 한진중, 코레일 등의 경우를 보면 회사가 잘된답시고 하는 일들이 근로자를 희생시키는 것들이었다.

이런 점에서 우리는, 윤미가 처음 입사 시 아빠가 "절대 노조 같은 건 하지 말라"고 한 것과 나중에 백혈병으로 죽은 딸의 원한을 갚기 위해 동분서주할 때 회사 직원이 "절대 산재 신청을 하지 말라"라 한 것이 모두 동일한 '자본의 논리'임을 알게 된다. 사람의 논리, 생명의 논리가 아니라는 말이다. 즉 '초일류기업'이 되기 위해 자본은 노동조합, 산업재해, 진실규명을 가능한 한 부정한다.* 영화 〈또 하나의 약속〉이 현실에 대한 거울처럼 우

....
* 2014년 5월 14일에 삼성전자는 백혈병 문제가 처음 제기된 이후 7년 만에 백혈병 피해자에 대한 사과와 보상의지를 밝혔다(《레디앙》, 2014.5.14).

리에게 비춰주는 '불편한 진실'이다. 이 영화는 또한, 건강하게 사는 것이 잘 사는 것이지, 잘 산다고 해서 꼭 건강한 건 아니라는 점도 깨닫게 한다.

6. 노 동 건 강 과 노 동 자 자 살

2013년 11월 29일, 또 한 명의 노동자 김 씨가 자살했다. 한동안 정리해고 문제와 사상 최장기 고공농성으로 문제가 되었던 한진중공업 소속이었다. 2009년 4월부터 2014년 4월까지 만 5년 동안 무려 25명의 생명을 앗아간 쌍용자동차 사례에 비할 바는 아니지만, 한진중공업에서 5번째 사망자가 나온 셈이다. 그는 부인과 딸, 아들을 둔 가장으로 53세였다. 무엇이 한창 활기차게 살아야 할 그를 죽음으로 몰았는가?

김 씨는 1980년 10월에 한진중공업에 처음 입사한 뒤, 금속노조 한진중공업지회 조합원으로 활동했다. 그러다 2011년에 정리해고를 당했으며, 바로 그 해 김진숙 씨의 307일 고공농성 뒤 복직 합의가 된 이후에도 현장에 복귀하지 못한 채 휴직자 생활을 해왔다. 기다리고 기다리던 복직이 이뤄지지 않자 마침내 그는 우울증에 빠졌다. 2012년 최강서 금속노조 조직차장도, 복직 이후 회사 측의 무기한 휴업으로 생활고에 시달리던 중, 회사가 노조에 제기한 158억의 손배가압류와 노조탄압 등 엄청난 압박에 못 이겨 자살로 항거한 바 있다. 김 씨는 그때도 무척 힘들어했다고 한다. 10년 전인 2003년에도 정리해고 문제로 노사 간 극심한 갈등을 겪던 도중 김주익과 곽재규 등 노조 간부 두 명이 크레인에서 자살로 항거했는데, 그때 김 씨 역시 심적 고통이 컸다고 한다. 더 멀리 1991년엔 민주노조를 처음 일으켜 세우던 박창수 열사가 사망하는 사건도 발생한 바 있다.

특히 김 씨는 2003년 김주익 열사가 크레인 농성 이후 자살로 사망했을 당시 극심한 우울증에 시달렸다. 그러다가 2011년에 정리해고를 당한 뒤 정리해고 철회 투쟁에도 적극 참여했다. 그것은 결코 즐거운 투쟁이 아니었다. 실제로 심신이 모두 소진되는 경험이었다. 정리해고 투쟁이 끝난 뒤에도 손배가압류 등 노조탄압 국면에서 정신과 치료를 받아야 할 정도로 심신이 위축되고 정신적 공황상태가 오기도 했다. 한편, 회사는 김진숙 민주노총 지도위원의 307일 고공농성의 결과 2011년 11월에 힘겹게 맺어진 노사 합의를 성실히 이행하지도 않으면서 민주노총 소속인 금속노조 한진중 지부를 배제·탄압하고 반면 어용적인 기업노조를 내세워 이를 적극 지원했다. 이런 변화는 지난 20년간의 피눈물 나는 진보를 깡그리 후퇴시키는 움직임이었고 김 씨에겐 참을 수 없는 고통이었다. 설상가상으로 같은 부서에서 일하던 최강서 열사까지 사망하자(2012.12.22) 이에 대한 충격도 감당하기 어려웠다. 그 뒤로도 100여 명의 노동자가 2013년 내내 거의 1년간 장기휴업자 상태로 지내면서 심리적으로 견디기 어려운 불안과 공포를 경험했다. 휴업자들은 대부분 지방으로 뿔뿔이 흩어져 아르바이트로 생활을 이어나갔다. 결국 노사 간 합의 사항을 이행하지 않은 자본이 김 씨에게 참을 수 없는 배신감을 안겨다준 셈이다.

2009년부터 2014년까지 무려 25명의 생명을 앗아간 쌍용자동차의 경우 역시 한진중공업과 본질에서는 동일하다. 2646명에 대한 정리해고 계획이 발표되기도 전인 2009년 4월 초, 엄청난 '실직의 공포'로 인해 한 노동자의 부인이 유산을 했고, 거의 동시에 동일한 공포로 인해 다른 비정규 노동자가 자살하고 말았다. 25명 중 8명은 해고자 명단엔 안 들어가긴 했지만 회사 측의 압박이나 극도의 스트레스 때문에 뇌출혈이나 심근경색으로 사망했다. 나머지 17명의 노동자나 가족들은 사실상 강제된 희망퇴직 또는 무급휴직, 정리해고 뒤에 경제적·심리적 고통을 극도로 느끼던 도중 자살을 하거나 돌연사한 경우이다. 25명 중 자살자는 14명, 스트레스성 사망자는

11명이었다. 한편 14명의 자살자 중 3명은 노동자의 부인이었는데, 사측의 협박이나 남편의 실업 후 생계난 탓에 스트레스와 우울증에 시달리다가 자살해버렸다.

여기서 우리가 얻을 수 있는 교훈은 이렇게 정리된다. 첫째, 사회보장제도나 기본 소득 등 사회안전망이 빈약한 한국 사회에서 실직 또는 실직의 공포는 그 자체만으로도 노동자의 건강이나 생명을 위협함으로써 '삶의 질'을 저하시킨다. 따라서 최우선적으로 근로기준법에 따른 정리해고의 요건, 즉 긴박한 경영상의 필요, 해고 회피 노력, 공정한 기준, 성실한 협의 등 핵심 4요건을 엄격하게 지키지 않은 해고는 철저히 막아야 한다. 중장기적으로는, 사회보장 제도나 기본 소득을 확충하는 사회적 노력이 필요하다. 물론, 노동시간 단축을 통한 일자리 나누기는 경제의 선진화, 경영의 고차원화, 삶의 질 향상, 정당한 성과 배분, 실업 축소 및 사회 통합 증진 등 여러 차원에서 강력히 추진되어야 한다.

둘째, 회사의 경영난이 극심하여 기존 경영진이 책임을 질 수 없는 경우에는 차라리 인천의 키친아트나 청주의 우진교통처럼 노동자 자주관리 회사로 전환하는 것도 검토할 필요가 있다. 물론 필요 시 정부의 공적 자금을 투입해 일정 지분은 공공으로 남기고 나머지는 노동자 지분으로 하여 경영민주화를 촉진할 필요가 있다. 키친아트나 우진교통은 협동조합에 유사한 노동자 자주관리 기업의 성공사례를 보여주는바, 노동자가 주인의식과 신뢰감을 갖고 경영과 노동에 참여할 때 만족도와 효율성이 동시에 높아짐을 알 수 있다. 발상을 전환하면 상처 주는 회사가 아니라 행복 넘치는 회사를 만들 수 있다.

셋째, 노동자 스스로도 회사 또는 일자리와의 일체감을 너무 강하게 갖지 않도록 적절한 거리감을 둘 필요가 있다. 노동과 자신을 지나치게 동일시하다 보니 실직 또는 퇴직 이후엔 극심한 상실감으로 인한 고통을 참기 어려운 것이 사실이다. 앞의 여러 사례에서도 뚜렷이 나타난바, 실직 또는 퇴직 이후 심하면 삶의 의미조차 잃기 쉽다. 따라서 직장과 가정, 일과 삶 사이의 균형을 회복하는 것이 매우 중요하다. 사람들은 일하기 위해 사는 것이 아니라 살기 위해 일하는 것이기 때문이다.

경 영 참 가 와 공 동 결 정

1. 경 제 민 주 화 의 필 요 성

2012년 한국의 대선에서 '경제민주화'가 주요한 이슈로 등장하면서 경제민주주의economic democracy*에 대한 관심이 유난히 고조된 바 있다. 원래 경제민주화는 "민주주의는 공장 문 앞에서 멈춘다"는 말에서 암시되듯이, 정치적 민주화가 더는 공장 (내지 기업) 안에서는 실현이 되지 않는 현실을 개선해보고자 나온 개념이다. 게다가 1848년부터 1920년대까지 지속적으로 대두한 독일에서의 노동자평의회Betriebsräte 운동이나 1960년대 말과 1970년대 초의 구미 각국에서의 노동의 인간화Humanisierung der Arbeit 운동은 그러한 경제민주주의의 필요성을 더욱 고조시킨 바 있다.

....
* 독일에서는 경제민주주의Wirtschaftsdemokratie 개념을 논한 책은 나프탈리(Naphtali, 1928) 외에도 많지만 경영민주주의Betriebsdemokratie 개념은 사전에 정의되어 있지 않다. 이탈리아의 노사관계 이론가인 브루노 트렌틴Bruno Trentin의 저서가 독어로 번역되었는데 거기서는 노동자민주주의Arbeiterdemokratie를 논한다(Trentin, 1978 참조). 영미권에선 달(Dahl, 1985)이나 맥퍼슨(Macpherson, 1985)의 논의가 대표적이다.

그럼에도 1960년대 이후 약 50년 동안 급속한 성장을 추구해온 한국 경제는, 1987년의 헌법 119조 2항에서 "균형 성장, 적정 분배, 독점 방지, 주체 조화를 통한 경제민주화"를 규정하고 있음에도 아직도 그 실질적 구현은 요원한 상태다.

이 장에서는 경제민주화를 최초로 이론적으로 논의한 F. 나프탈리의 '경제민주화' 개념의 핵심 내용을 일별한 다음, 한국 기업의 경제민주화 사례를 살피기로 한다. 사례로는 유한킴벌리의 정리해고 없는 구조조정, 현대자동차의 주간 2교대, 우진교통의 자주관리 등 세 가지를 보고자 한다. 유한킴벌리는 1997년 말 IMF 구제금융 및 경제위기 상황 아래서도 4조 2교대를 도입하여 인력 감축 없는 혁신을 실시함으로써 경제민주화를 구체적으로 실천했다. 현대자동차의 경우 1967년부터 45년간 실시해온 야간노동을 폐지함으로써 주간 2교대 노동제를 노사가 오랜 협상 끝에 실시하기로 했다. 그리고 우진교통의 경우 사업주가 경영난에 봉착하여 버리고 떠난 회사를 노동자인 기사들이 맡아 자주관리 방식으로 경영함으로써 관련 업계에 신선한 바람을 일으키고 있다. 이런 사례들은 노조 자체를 인정하지 않거나 권위주의적 경영을 하는 대부분의 다른 기업들에 비해 대단히 선구적인 모습을 보여준다. 이런 배경으로 위 세 사례를 보다 구체적으로 고찰하고자 한다.

2. 경제 민주화 또는 경영 민주화의 개념과 논쟁

경제민주주의 개념은 원래 독일 바이마르 공화국(1919~1933) 시기이던 1928년에 F. 나프탈리(1888~1961)가 펴낸 『경제민주주의Wirtschaftsdemokratie』에서 유래한다(Naphtali, 1928). 당시 그는 전 독일노조연맹ADGB의 경제정책

연구소 소장으로, 노동자가 경제 현장의 실질적 주체가 되어 사회경제 시스템까지 아래로부터 바꾸어야 한다는 '노동자평의회운동'의 분위기 속에서 경제민주주의를 실질적으로 구현할 방법을 집중 탐구했다.

그가 『경제민주주의』에서 강조한 내용을 약술하면, 전반적 경제 과정(소유·투자·경영·분배)에 노조가 참여하고, 독과점에 대한 민주적 통제를 실시하며, 경영 사업장에 공동결정 제도를 실시하는 것이다(ADGB, 1928; Naphtali, 1928). 그리하여 자본 소유에 근거한 경제적 지배의 지양(점진적 철폐)을 목표로 하는 것이 곧 경제민주화이다. 그렇게 되면 자본주의 이해를 대변하는 기관들을 더는 이윤 추구만을 목표로 하게 두는 것이 아니라, 보다 일반적이고 보편적인 이해관계를 실현하는 기관으로 변화하도록 만들 수 있게 된다. 그렇게 되어야만 비로소 민주주의가 경제 영역, 구체적으로는 기업 영역에까지 골고루 구현될 수 있기 때문이다.

그러면 보다 구체적으로 경제민주주의는 무엇을 내포한 것일까? 이는 크게 세 차원으로 나누어 볼 수 있다(Naphtali, 1928). 첫째는 전국 차원, 둘째는 기업 차원, 셋째는 작업장 차원이다. 첫째의 전국 차원에서는 노동권 보호 및 사회보험 구축, 경제정책 결정 기구에의 평등한 참가, 노조 참여하 독점 및 카르텔의 통제, 산업 전반의 자주관리, 기업체의 공공관리, 협동조합 및 전문학교를 통한 농업의 민주적 관리, 노조 자체의 기업 설립, 소비자 조직의 촉진, 교육 독점의 타파 등을 포함한다. 둘째로 기업 차원에서는 노사 공동결정제가 핵심이고 셋째로 작업장 차원에서는 자주관리 및 일반 노동자의 발언권 확대가 핵심이다. 한편 슈나이더와 쿠다(Schneider & Kuda, 1969)는 나프탈리의 경제민주주의 개념을 경제운용, 노동관계, 교육 제도 등 세 분야에서의 "민주화를 통한 대항권력의 형성"이라고 규정한다.

한편, 제2차 세계대전이 끝나고 1949년에 서독에서 독일노총DGB이 새로 창립될 때에도 경제민주화 이슈가 다시 제기되었다. 그것은 사람들이 여전히 형식적/정치적 민주주의만으로는 민주적인 사회질서를 실현하기엔 부족하다는 인식이 강했기 때문이다. 요컨대 정치 민주화는 경제 민주화에 의해 보완되어야 한다는 것이 기본적인 문제의식이었다(DGB, 1949: 459).

그 뒤 1960년에 독일 금속노조(IG Metall)의 의장이던 오토 브레너Otto Brenner가 거시·중간·미시 차원에서 경제민주주의를 실현할 것을 제안했다. 거시 차원인 초기업 차원에서는 사회보험의 자주관리(예를 들어 Bundesagentur für Arbeit)를 대표적으로 꼽았고, 중간 차원인 기업 전반적 차원에서는 1951년 「석탄철강 공동결정법」(완전 평등 참가), 그리고 1976년 「신공동결정법」(1/2~1/3 참가)을 핵심으로 하는 공동결정 제도를 핵심으로 꼽았다. 그리고 미시 차원인 작업장 차원에서는 5인 이상 모든 사업체에 의무적으로 설치하게 되어 있는 노동자평의회Betriebsrat에 의한 공동결정 내지 공동협의를 대표적으로 꼽을 수 있다. 이 모든 논의의 공통점에는 결국 노동자나 노동자 대표 또는 노동조합이 경영이나 경제의 제반 결정 과정에 민주적으로 참여하는 것이 깃들어 있다. 독일 노사관계 전문가 빌마르와 산들러(Vilmar & Sandler, 1978)도 경제민주주의 개념을 "경제의 구조나 과정에서 독재적 결정 대신에 민주적 결정이 이뤄지는 것"을 의미한다고 규정한 바 있다.

그런데 이러한 경제민주화의 노력에 여러 가지 사회적 논란이 있을 수 있다(Demirović, 2007). 보수 진영에서는 경제민주화가 결국은 비용 요인이 되어 경쟁력을 저하시킨다는 논리나 노동자 권력이 지나치게 확장될 것이라는 두려움의 논리를 드러내기도 했다. 반면 진보진영에서는 경제민주화가 근본적인 시스템의 변화를 이룩하기보다 오히려 노동과 자본 사이의 타협점에 머물게 됨으로써 기존 체제를 수정된 형태로 온존하는 효과를 지닌다고 보기도 했다. 그러나 1967년 기민련CDU의 쿠르트 비덴코프Kurt Biedenkopf 위원회 보고서, 그리고 2005년 공동결정위원회 보고서에서는 모두, 공동결정 제도가 독일 기업의 경제성이나 수익성에 결코 해로운 결과를 초래하지 않았다는 결론이 나왔다. 달리 말해, 우리는 경제민주화를 통한 경제와 사회의 조화가 실제로도 가능하다는 점을 독일 사례를 통해서도 잘 알 수 있는 것이다.[*]

경제민주화가 최종적으로 완성되기 위해서는 사회 전체에서 전면적으로 실현되어야 함은 물론이다. 그러나 한국의 현실은 작업장 수준이나 기업 수준에서조차 경제민주화를 구현하기에 많은 난관이 존재한다. 따라서 본 연구에서는 경제민주화의 중간 차원이라고 할 수 있는 기업 단위에서의 의미 있는 변화에 주목하여 이를 중심으로 고찰하고자 한다.

3. 한 국 기 업 사 례 탐 구

① 유한킴벌리의 정리해고 없는 4조 3교대

유한킴벌리는 1970년에 제약회사인 유한양행(주)이 미국의 킴벌리클라크와 합작투자로 설립한 회사이다. 주요 사업은 위생용품 및 건강용품의 제조와 판매이다. 이 회사는 한국에서 일하기 좋은 기업 또는 존경받는 기업으로 손꼽히기도 하고 아시아에서 일하기 좋은 기업에도 선정되기도 했

----

[*] 1976년에 상시 노동자 2000명 이상의 민간기업에 적용되는 「신공동결정법」이 제정되자 기업가들은 이것이 사적소유권을 침해한다면서 헌법소원을 제기했다. 약 3년간의 논란 끝에 독일 헌법재판소는 노동자의 경영참가를 인정한 「공동결정법」이 결코 사적소유권을 침해하는 것은 아니라 하여 노동자 및 노동조합의 손을 들어주었다 (Tsiganou, 1991 참조). 한편 「공동결정법」과 독일 헌법(기본법)의 상충 논란은 이미 그 이전부터 있어왔는데 이에 대해서는 마이어와 라이히(Mayer & Reich Hrsg., 1975) 참조.

다. 이 회사가 유명한 것은 크게 세 가지다. 혁신적 근무형태 변경으로 정리해고 없이 노사 간 상생을 가능하게 했던 사례, '우리강산 푸르게 푸르게' 캠페인 등 환경 친화 경영으로 지속 가능성을 실천하는 사회책임 경영, 시차출퇴근제나 모성보호 등 가족친화 경영 등이 바로 그것이다. 물론 이러한 혁신들은 선구적인 경영진, 특히 문국현 사장에 의한 '위로부터의' 경영 민주화라는 한계를 지니기는 하지만 정리해고제, 환경 파괴, 여성 차별 등으로 얼룩진 여타 기업에 견주어 경영민주화가 상당히 진척된 사례라 판단된다.

우선, IMF 외환위기 당시 정리해고를 통한 인원감축이 없었던 기업으로 유한킴벌리는 최근13년 동안 매출액이 4배 이상, 순이익이 17배 이상 늘어났다. 아시아에서 가장 일하기 좋은 기업으로 2년간 10위 안에 들었고, 최근 4년 연속 한국에서 가장 일하기 좋은 기업으로도 선정되었다. 정리해고 없는 '노동친화 경영'의 핵심 요소는 4조 2교대 근무 체제와 평생학습 체제이다. 1998년 경제 위기 당시 수요 급감으로 6개월 이상 일부 생산라인이 중단되면서 공장 가동률은 절반 이하로 떨어졌고, 재고는 계속 누적되었다. 회사 내부에는 구조조정의 위기감이 증대했다. 잉여 인력이 40%를 상회했고 대량 감원 위험이 커졌다. 그 과정에서 노사 간 긴장 분위기가 고조되기도 했다. 바로 이때 문국현 사장이 돌파구를 열었다. "절대 정리해고란 말은 꺼내지 않겠습니다. 그 대신 4조 근무제를 통해 일자리 나누기job sharing를 추진합시다." 처음에 교대제 도입을 제안했던 노동조합 역시 4조 2교대의 내용에 대해 잔업수당이나 특근수당을 받지 못하고, 인력이 늘면 나중에 정리해고 등 구조조정이 닥칠 것 아닌가, 하는 두려움 때문에 도입을 결사반대하기도 했다. 그러나 IMF 위기를 맞으면서 회사 측과 서로 양보해서, 결국 이 제도가 정착되었다. 과연 그 결과는 예상외였다. 공장과 기계는 365일 가동되었고, 노동자들은 충분한 휴식과 교육의 기회를 누렸다. 그 결과 생산성이 증대했다. 1996년 매출액이 3323억 원이었으나 2003년엔 7036억 원으로 두 배 이상 증가했다. 4조 2교대제와 평생학습 체제를 도입한 다음 해부터는 특별성과급까지 지급될 정도였다.

원래 1992년에 대전공장에서 처음으로 3조 3교대 대신 4조 3교대(오전·오후·야간조가 각기 8시간씩 근무, 나머지는 교육: 연간 104시간 교육 이수)를 도입해 어느 정도 정착되었으나 1995년에 안양, 군포 공장으로 확대했는데 여기서는 성공적이지 못했다. 그런 상황으로 1998년에 IMF 경제위기로 상당한 어려움에 처한 상태에서 4조 2교대를 과감하게 도입한다. 이 4조 2교대는 '4일 근무(12시간씩) → 4일 휴무 → 4일 근무 → 3일 휴무 및 1일 교육' 식으로 돌아간다. 이런 시스템으로 돌아가면 교육은 1년 동안 183시간 받게 된다. 2010년 유한킴벌리의 「사회책임경영보고서」에 따르면, 유아용품의 생산성은 1998년 대비 108% 증가했다. 노동자들의 이직률은 0.1%에 그치고 있다. 요컨대 경제위기와 고용불안의 시대에 유한킴벌리는 고용안정 및 고용창출, 고생산성, 학습조직과 지식노동자 배출 등 '노동친화 경영'을 선구적으로 실천한 경영민주화, 경제민주화의 대표적 사례로 꼽힐 만하다.

또한 유한킴벌리는 장시간근로 관행의 부작용으로 꼽혀온 자기계발 시간 부족과 가정 - 직장 불균형 등의 문제를 극복하기 위해 '가족친화경영'을 체질화한 기업으로 꼽힌다. 이 같은 노력을 인정받아 이미 2008년 12월 여성가족부로부터 '가족친화우수기업인증'을 획득하기도 했다. 1990년대 초반부터 시작된 유한킴벌리의 유연근무체제는 관리·생산·영업직에 각각 기준을 다르게 적용하며 탄력성 있게 가동된다. 관리직의 경우 오전 7시부터 10시까지 출근시간을 자율선택토록 하는 '시차출퇴근제'를 실시하고, 생산직은 나흘 근무와 나흘 휴무의 '4조 2교대제'가 정착돼 있다. 영업직은 정기 출퇴근 없이 현장에서 알아서 출퇴근하게 해놓았다. 특히 시차

출퇴근제는 육아 노동을 부부가 분담할 수 있는 여지를 마련함으로써 가족친화경영 또는 가정 - 직장 균형의 실현에 좋은 사례가 된다. 이는 직원 만족도가 높을 수밖에 없는 이유이기도 하다. 이런 높은 직원 만족도는 법정 90일의 산전·후 휴가와 별도로 3개월의 산전휴직을 자율 실시하고, 육아휴직도 아기의 출생 후 6년 내 최장 1년까지 쓸 수 있게 하는 등 법을 앞서가는 실천에 힘입은 것이라 할 수 있다. 최근 유한킴벌리는 한국능률협회컨설팅이 산업계 근무자 3894명, HR 전문가 310명을 대상으로 실시한 '2012 한국에서 가장 일하기 좋은 기업' 조사에서 제조업부문 3위, 생활용품 부문 1위를 차지됐다. 이로써 유한킴벌리는 4년 연속 가장 일하기 좋은 기업에 선정되었다(≪내일신문≫, 2012.8.21).

결국 유한킴벌리는 혁신 경영을 통해 만족성·발전성·효율성·헌신성 등 여러 차원에서 모범적인 실천을 해온 기업이라 할 수 있다. 2012년 8월 17일, 문국현 전 대표는 성남시의 한 특강에서 "신자유주의로 불리던 자본주의 3.0은 사회적·환경적·경제적으로 실패했다"고 전제하고 새로운 자본주의의 환경을 만들지 못하면 다 함께 몰락한다"고 경고하면서 "중소·중견기업 중심의 산업 생태계가 있을 때 대기업의 경쟁력도 유지된다"고 강조하고 나아가 "긴 노동시간을 일자리 나누기를 통해 줄이고 근로환경을 개선해 청년이 중소·중견기업으로 돌아오도록 하고 지식 중심의 혁신적 기술에 투자해야 지속적인 성장이 가능하다"고 했다. 이와 같은 혁신적 경영 철학이 곧 경영민주화 내지 경제민주화의 좋은 밑거름이 될 수 있을 것이다.

② 현대자동차의 주간 연속 2교대

1967년에 설립된 현대자동차는 노동조합과 함께 오랜 협상을 벌인 결과, 45년 만에 야간노동(22시~06시에 행해지는 노동)을 없애기로 합의했다.[*] 현재까지 노동자들은 한 주일은 오전 8시 출근, 잔업을 포함 오후 8시경 퇴근했고, 다음 주일은 오후 9시에 출근, 밤샘 근무 후 다음날 오전 8시쯤 퇴근하는 형태였다. 그러니 주간조와 야간조를 교대하며 2주마다 심야노동, 즉 야간노동을 수행해야 했다. 이미 10년 전부터 이 야간노동을 없애고 주간 연속 2교대제로 변경하자는 논의는 있어왔다. 게다가 몇 년 전에 이를 시행하기로 사실상 합의되었던 내용이었지만 경영 측이 차일피일 미루었다. 그러다가 2012년엔 반드시 이 문제를 종결짓겠다는 노동조합 집행부의 의지가 많은 노동자의 지지를 기반으로 힘을 갖게 되었다. 그리하여 2012년 5월 이래 8월 말까지 모두 22차례에 걸친 교섭 끝에 마침내 민주적인 합의가 이뤄진 것이다.[**]

그 주요 합의 내용은 ① 주간 연속 2교대 및 월급제를 내년 3월 4일에 전 공장에서 시행한다, ② 임금 9만 8000원＋3000원 인상, ③ 성과금 500%＋950만 원 지급, ④ 노동시간 단축으로 인한 생산량 유지를 위해 시간당 생산대수UPH를 현재의 402에서 30UPH를 더 높이는 것, ⑤ 주간 연속 2교대제의 정규직, 비정규직 모두 적용 등이다. 이러한 내용에 대해 조합원 찬반 투표 결과 재적 조합원 4만 4970명 중 4만 1092명(91.4%)이 투표에 참여했고 그 과반수인 2만 1655명(52.7%)이 찬성함으로써 최종 가결되었다. 찬성

----

[*] 사실은 주간 연속 2교대제가 처음 제기된 것은 1998년이고, 2003년부터는 본격 논의가 이뤄졌다. 마침내 이를 도입하자고 노사가 합의한 것은 2005년이나, 구체적 합의 내용이 나온 것은 2008년과 2010년이다. 그것조차 지연되다가 2012년 8월에 최종 합의가 되었고 2013년 3월부터 시행했다. 원칙적인 노사 합의에도 핵심 쟁점이 된 이슈는 생산량 유지와 임금보전 문제였다.

[**] 이 합의 과정에서 2012년 7월 13일부터 8월 29일까지 17차례의 노조 주도 파업이 있었고 회사 추계에 따르면 생산 차질은 7만 9362대, 손실액은 사상 최대인 1조 6464억 원으로 나타났다.

을 하지 않은 조합원들은 노동강도 강화의 우려나 인원 확충 문제의 불확실성(경영 측은 제도 시행 뒤 검증기간을 거쳐 필요인원 문제는 사후에 협의로 풀자고 함) 등에 문제를 제기하면서 반대하기도 했다. 주된 요지는 기업 측이 생산라인을 추가 확보하고 인력도 충원해야 한다는 것이었다. 하지만 잠정 결정에 과반수가 찬성함으로써 이러한 결정은 효력을 발휘하게 되었다.

주야 맞교대를 없앰으로써 야간노동을 철폐하는 이런 합의는 단순한 근무형태 변경으로 그치는 것이 아니라 임금, 노동시간, 고용, 노동강도, 생산 목표 등 다양한 노동과정상의 문제와 연결되고, 나아가 직장 - 가정 균형 문제, 일과 삶의 균형 문제와도 직결된다. 주야맞교대만이 아니라 장시간 노동은 상대적 저임금의 시급제에 근거해 있기 때문에 이를 월급제로 전환하는 것도 상당한 의미가 있다. 실제로 33년간 계속 일한 노동자의 기본급이 200만 원을 조금 상회하는 정도에 지나지 않는다. 이러한 상대적 저임금 구조로 말미암아 노동자들은 일정한 삶의 수준을 영위하기 위해 만성적으로 잔업, 철야, 특근을 수행할 수밖에 없었다.* 따라서 이러한 합의는 노동자 삶의 질 차원에서도 대단히 중요한 의미를 지닌다. 특히, 아직도 노동조합을 '눈엣 가시'처럼 여기는 삼성 그룹에 비교할 때 민주노조와 대등한 협상을 바탕으로 전향적인 변화를 이뤄낸 현대차의 사례는 경제민주화 내지 경영민주화의 한 사례로서 언급할 만한 가치가 있다.

현대차 생산직의 연 평균 노동시간은 2011년에 2678시간이었다. 이것은 한국 연 평균 노동시간(2193시간)보다 무려 485시간이 긴 것이다. 게다가 OECD 평균 노동시간인 1749시간보다 900시간 이상을 노동에 보내는 셈이다. 놀라운 것은, 보고에 따르면 현대차에서 연간 3000시간을 넘게 일하는 노동자가 무려 5148명에 이른다는 것이다.** 최근 5년간 현대차의 순

....
* 이것은 다른 각도에서 보면 일중독의 문제도 제기한다. 이는 10장에서 다룬다.

표 8-1 • 현대자동차 생산직의 노동시간 추이 　　　　　　　　　　　　　(단위: 시간)

	2005	2006	2007	2008	2009	2010	2011
평일	2,023	1,951	2,021	2,027	1,955	2,035	2,026
휴일	494	445	507	374	285	453	652
계	2,517	2,396	2,528	2,401	2,240	2,488	2,678

자료: 《노동사회》, 2012년 9·10월호, 64쪽.

이익 19조 4588억 원이 결코 저절로 달성된 것이 아니라는 말이다.

야간노동을 없애고 주간 2교대로 바꾸기로 한 이 결정 (1조는 오전 6시 40분부터 오후 3시 20분까지 8시간 근무, 2조는 오후 3시 20분부터 다음날 오전 1시 10분까지 9시간 근무)은 상당한 상징적 의미를 지닌다.* 기아차, 한국지엠 등 다른 완성차 업체는 물론 880여 부품업체, 나아가 제조업 전반에도 일정한 영향을 미칠 것으로 예상된다. 이미 현대차 합의 일어난 8월 30일 직후인 9월 8일에 민주노총 산하 금속노조와 금속사용자단체(76개 부품협력업체의 조직, 조합원 수 2만여 명)가 중앙교섭을 통해 주간 2교대 실시를 2014년 3월까지 순차적으로 하기로 합의했다.**

특히 야간노동을 하는 노동자는 한국에서 100만 명 이상으로 추정되는데, 심야노동은 국제암연구소에 따르면 납이나 자외선과 마찬가지로 제2

....

** 주간 연속 2교대조차 정규 노동 40시간에다 연장 노동 12시간을 합친 주 52시간 근무를 일상화하는 것인데, 이것은 연간 2400시간 노동이 된다. 놀랍게도 2011년에 연 2400시간 이상 일한 사람이 전체의 82%를 차지한다는 것이다(《노동사회》, 2012년 9·10월호 참조).

* 르노삼성은 이미 2006년에 주간 연속 2교대제를 도입했다. 하지만 고용노동부 조사 결과, 물량이 많은 경우 새벽 4시까지 밤샘 근무를 하는 경우도 많았다. 쌍용차의 경우는 최근엔 생산물량이 줄어 현재는 주간 근무만 실시하고 있다. 하지만 2014년 정도가 되면 물량이 늘어 2교대제로 갈 것으로 예상되고 있다.

** 이미 세종공업, 다스 등 금속노조 산하 20여 개 자동차 부품 생산 사업장에서 주간 연속 2교대제를 실시하기로 원칙적인 합의를 했다.

급 발암물질로 분류된다. 회사의 수익을 위해 노동자의 건강이 일상적으로 위험에 처해 있었던 것이다. 당연히도 근골격계 질환, 만성피로, 수면장애 등이 늘 노동자를 따라다니고 있다. 주야 맞교대 근무는 노동자에게 피로 누적만이 아니라 고도의 스트레스를 유발했다. 이는 퇴근 후 곧잘 음주 문화나 퇴폐 문화로 이어지기도 했다. 나아가 심야노동이 격주 단위로 다가옴으로써 일상생활의 리듬도 가족과 조화롭게 형성될 수 없었다. 부인이나 자녀들과 애정 어린 소통을 할 시간도, 기력도 소진된 것이 사실이었다. '가정 - 직장 균형'이란 그들에게 한마디로 사치였다. 그러나 현대차 노조의 한 설문조사에서는 57%의 응답자가 "안정적인 월급제가 도입되면 급여가 일부 줄더라도 교대제 개편에 반대하지 않겠다"고 한 바 있다.[*]

요컨대 1987년 여름 '노동자대투쟁' 당시 현대자동차 노동자들이 "두발단속 철폐" 또는 "인간다운 삶" 그리고 "임금 등 노동조건 향상" 등을 외치며 민주노조운동을 일으킨 것이 현대차 내부에서 경제민주화의 1단계였다면, 최근의 주야 맞교대로부터 주간 2교대로의 변화는 경제민주화의 2단계라 할 수 있을 것이다. 물론 아직도 갈 길은 멀다. 하지만 노동과 기업, 국가 사이의 현실적 역학 관계를 고려할 때, 이 작은 발걸음조차 결코 과소평가할 수는 없을 것이다. 특히 심야노동을 없애고 가정 - 직장의 불균형을 조금이라도 시정하게 되면서 그간 '고용 이데올로기'에 사로잡힌 '고용게임'(김경근, 2006)[**]으로부터 한 발 탈주할 수 있는 계기가 마련되었다는

....
[*] 특히 기아차에서는 2012년 3월 26일부터 4월 6일까지 2주일 동안 주간 연속 2교대제를 시범적으로 실시했는데, 밤샘 근무, 즉 야간노동이 사라지면서 직원들의 작업능률은 물론 만족도가 크게 올랐다는 보고가 있다.
[**] 고용 게임이란 M. 뷰러웨이의 생산의 정치 및 동의의 생산에서 나오는 '게임' 개념을 확장한 것으로, '고용을 둘러싼 노사 간의 양보, 타협과 투쟁'을 의미한다. '고용 이데올로기'란 항구적 고용불안과 양보교섭이 부단히 반복되는 과정 속에서 다른 대안을 전혀 생각지 못한 채 일자리에 중독적으로 집착하게 되는 상황을 지칭한다.

점을 주목할 필요가 있을 것이다.*

③ 우진교통의 자주관리

청주 우진교통(주)은 청주 시내 및 인근 지역으로 운행하는 버스 회사이다. 그 본부 건물에는 "노동자의 희망을 실천한다"는 구호가 붙어 있다. 이회사는 2005년 1월에 자주관리 회사로 출범했다. 임금체불과 부도, 도산으로 파탄이 난 기존 회사를 조합원인 노동자들이 인수하여 재출범한 우진교통은 악성 부채(총 146억 6000만 원 중 66억 4000만 원 상환) 등 온갖 어려움을 이기고 출범 3년 만에 당당히 제 발로 서게 되었다. 처음엔 많은 사람들이 전문성도 없고 수익성을 내기도 어렵다며 고개를 흔들었다. 그러나 3주년 기념식에서 김재수 대표이사는 "노동자 자주관리 기업답게 노동의소외를 극복하고 노동기본권이 존중될 수 있도록 최선을 다했다. 지위고하를 막론하고 1인 1표제의 민주적 운영을 해왔다. 승무팀과 경영관리팀 연석회의를 통해 책임경영을 함께 일구었다. 노동자들은 자율성 속에 스스로 책임지는 노동과정을 통해 회사와 함께했다. 이것이 우진교통의 현재를 만들었다"고 말했다.

....

* 노동시간을 선구적으로 단축함으로써 '일-삶 균형'을 달성하기 위해 노력한 소기업 (직원 33명)으로 보리 출판사를 들 수 있다. 1988년부터 보리 기획실로 출발한 보리 출판사는 선구적으로 2001년부터 주 5일제(40시간제)를 실시했고, 2012년 3월부터는 주 30시간제(하루 6시간제)를 실시 중이다. 그 취지는 "6시간 노동제를 통해 삶터와 일터가 더는 나뉘지 않고, 사람마다 자기 방식으로 지역사회에 뿌리를 내리고 …… 이웃과 더불어 살면서 오래 지속 가능한 공동체를 보리에서 일하는 사람들부터 만들어가고자 합니다"라고 밝혔다. 무의미한 노동과 과시적 소비가 우리 삶을 장악하는 오늘날, 보리 가족은 보람찬 노동과 뜻깊은 여가를 통합해 삶의 질 고양과 지역 공동체에 기여하고자 한다.

이 회사는 그 이전인 2004년 7월, 상습적인 임금 체불에 맞서 노조를 중심으로 171일간 긴 파업 투쟁을 전개했다. 처음엔 한국노총 소속이었으나 무대책과 무능력에 실망한 나머지 조합원들은 88%의 찬성으로 민주노총으로 상급단체를 변경했다. 그 이후 노동자들은 청주시청 점거나 도로 점거 등을 통한 투쟁으로 기존 회사의 사업면허를 취소하게 만들었고 제3자 공모방식으로 새 사업자를 선정하되 현 노동자의 고용 및 임금을 보장하게 만들었다. 한편 기존 회사 경영진은 체불임금 대신 주식 50%를 노동조합에 이양하기로 했다. 그리하여 2005년 1월 19일, 충북 지역 최초의 노동자 자주관리 기업이 탄생했고, 당시 민주노총 충북본부 사무처장이던 김재수 씨가 대표이사를 맡아 자주경영을 이끌게 되었다.

그러나 천문학적인 빚을 계속 갚아나기기 위해 넘어야 할 산은 많았다. 3주년 기념식의 기쁨도 잠시, 2008년 5월엔 이런저런 이유로 회사 경영에 불만이던 노동자 약 50명이 집단 퇴사를 하고 체불 임금이나 퇴직금 지급을 요구하며 40여억 원을 가압류해버렸다. 그러다 보니 남은 노동자들의 임금 지급도 더 어려워져 제2의 위기를 맞게 되었다. 설상가상으로 차고지가 주택공사 주관의 택지지구에 편입됨으로써 차고지를 상실할 지경까지 이르렀다.

긴 투쟁 끝에 2009년 6월엔 청주시와 시민단체의 중재로 일정한 부담금을 내는 조건으로 차고지를 유지하기로 한다. 2012년 초엔 충북 청원군 오송 지역의 마을버스 운영까지 할 정도로 사업은 순항한다. 2012년 현재 차량 대수는 108대, 구성원은 270명, 총매출액은 약 200억에 이른다. 중요 의사결정은 모든 조합원이 참여하는 총회 및 각 대표로 구성되는 자주관리위원회에서 이뤄진다. 경영 집행기구는 3개의 경영부서와 각 위원회별로 이뤄진다. 그리고 현장시스템은 직무자치의 실현과 책임 있는 자율을 모토로 돌아간다. 당연히 노동조합과도 대등한 입장에서 논의하고 합의하는

표 8-2 • 우진교통(주) 경영지표 변화　　　　　　　　　　　　　　(단위: 100만 원)

항목	2003년	2004년	2005년	2006년	2007년	2008년	2009년	2010년	2011년	2012년	2013년
매출액	13,063	7,176	12,700	13,594	14,157	14,740	15,106	15,596	20,173	21,605	22,103
일일대당 수익금(원)	304,500		330,000	350,000	365,000	380,000	385,000	400,000	420,000	399,000	416,000
당기 순이익	- 1,514	- 1,811	34	- 1	- 166	1,680	155	16	1	2	- 246
자본금	2,900	2,900	2,900	2,900	2,900	2,900	2,900	2,900	2,900	2,900	2,900
자기자본	- 706	- 2,518	- 2,484	- 2,484	- 2,649	- 981	220	616	237	380	- 3,265

주: 2004년도는 7월 24일부터 2004년 12월 31일 파업상태.

　　2005년도는 1월 20일부터 영업개시.

　　2008년 당기순이익 증가는 구성원체불임금의출자전환에따른주식매매이익임.

　　2013년 당기순이익과 자기자본의 급격한 변화는 누적된 퇴직충담금 전액설정, 연차충당금 설정하

　　는 등 회계조정에 따른 결과임.

자료: 우진교통 경영설명회 자료.

구조를 갖고 있다.

4. 경영경제 민주화의 가능성과 한계

앞의 세 사례는 각기 경제민주화 내지 경영민주화의 특정한 발전 단계를 보여주고 있다. 동시에 각 사례는 그 나름의 진전도 있었지만 일정한 한계도 노정한다.

우선, 유한킴벌리의 경우 경영진 주도에 의한 경제민주화의 대표적 사례를 보여주는데, 1997년 이후의 'IMF 경제위기' 시기에 대부분 정리해고 위주의 구조조정을 최우선시 하던 상황에서 정리해고 대신 4조 2교대 및 평생교육체제의 도입을 통해 고용안정과 학습조직, 여가증대 등을 동시에 도모한 점은 노동자 삶의 질 향상에 크게 기여한 것으로 분석된다. 물론 이

것은 노사관계 안정 및 생산성 증대로 연결되어 기업의 수익성 증대 및 사회적 평판도 향상으로 귀결되었다.

하지만 유한킴벌리 사례조차 크게 세 가지 차원에서 문제점을 안고 있다. 첫째, 경제민주화 내지 경영민주화의 주도권이 경영 측에 존재하는 '위로부터의' 변화라는 점이다. 만일 경영진이 바뀌거나 시간이 흐르게 되면 이러한 위로부터의 변화는 얼마든지 퇴색할 수 있다. 둘째, 4조 2교대를 통한 고용안정 및 학습조직, 그리고 여가시간 등 여러 강점이 있음에도 불구하고 '심야노동'이 여전히 살아 있다는 점이다. 규칙적 또는 불규칙적으로 다가오는 심야노동이 지속될 때 노동자의 건강은 상당히 침해될 가능성이 높다. 셋째, 유한킴벌리는 유한양행과 킴벌리클라크 사이에 40년간 지속된 합작회사인데 자본력이 강한 킴벌리 측(70% 지분 소유)이 경영권을 주도하면서 이러한 혁신 경영 마인드조차 침식될 가능성이 농후하다는 점이다. 일례로 최근엔 킴벌리 측이 고액의 배당금과 로열티를 요구하고 있는데 이것은 아시아 경영의 새로운 중심축으로 중국에 투자를 더 집중하기 위한 재원의 조달 전략이라고 지적되기도 한다(《한겨레》, 2012.7.6).

다음으로 현대자동차의 경우, 노사가 회사 창립 45년 만에 심야노동을 없애고 생산직 노동자에게 월급제를 적용하기로 함으로써 (1987년의 민주노조 창립에 이어) 제2차 경제민주화를 이룩했다는 점은 높이 평가할 수 있다. 그러나 이 사례 역시 몇 가지 한계 내지 문제를 안고 있다. 첫째, 주간 2교대라고는 하지만 오전조나 오후조 모두 점심시간은 노동시간에 포함되지 않을 뿐 아니라, 오후조는 다음날 새벽 1시가 넘어서야 일이 끝난다. 출퇴근 시간이나 씻고 잠드는 시간까지 고려할 때 '가정 - 직장 균형' 내지 '가족친화적 경영'을 논하기엔 아직 이르다. 둘째, 상대적으로 강력한 노동조합의 힘이 뒷받침된 합의를 이끌어내었음에도 '물량 유지를 위한 노동강도 증대'는 자칫 '심야노동 철폐'의 성과를 상쇄해버릴 위험이 있다. 생산라인

증설과 인원 보충 문제는 여전히 갈등의 불씨로 남은 셈이다. 셋째, 두 차례에 걸쳐 대법원 판결이 난 '사내 하청의 불법성'과 '비정규직의 정규직화' 문제는 이번 합의에서도 명쾌하게 정리되지 않고 별도의 사안으로 남게 되었다. 회사 측은 비정규직 3000명만 정규직으로 채용한다는 안을 발표한 바 있지만, 2년 이상 근무한 모든 비정규직을 정규직화하는 데는 회사가 난색을 표명하고 있어 노사 간 갈등은 지속될 가능성이 크다.

끝으로, 우진교통의 경우 경제민주화 내지 경영민주화의 가장 진전된 형태를 보여준다. 노동자와 노동조합이 주축이 되어 경영과 노동의 실질적 주체로 등장함으로써 노동과 자본 간의 적대적 갈등은 거의 존재하지 않는다. 특히 구성원 간 신뢰와 협동, 우애와 배려 등 인간적 유대감에 기초한 경제적 효율성의 제고(표 8-2 참조)는, 경제·경영 민주화야말로 지속 가능한 경영을 가능케 하는 중요한 토대임을 확인시켜준다. 그럼에도 우진교통 사례조차 넘어야 할 산은 많다. 첫째, 모든 노동자가 잠재적으로 경영자 또는 주인으로 되기 위해서는 경영에 대한 전문성을 체계적으로 드높여야 한다. 둘째, 한 기업이 자주관리 조직으로 자립했다고 하더라도 경제 일반이 경쟁과 이윤을 토대로 움직이는 상황에서 과연 오랫동안 경쟁력을 유지하며 지속할 수 있을지 하는 문제가 여전히 존재한다. 셋째, 장기적으로는 '석유 정점peak oil'을 지나면서 화석 에너지 이후의 대중교통 시스템을 고민하고 준비해야 한다. '지속 가능성'이란 경제적 측면과 사회적 측면, 그리고 생태적 측면까지 종합적으로 고려될 때 비로소 완성되는 것이기 때문이다.

이상의 사례 연구를 통해 나는 다음과 같은 결론을 도출할 수 있게 된다.

첫째, 경제/경영 민주화를 구현하는 데 선진 경영진에 의한 '위로부터의' 변화는 노사 간 갈등과 같은 사회적 비용이 거의 들지 않고 이뤄질 수 있다는 장점이 있는 반면, 경영진 교체나 지배구조 변동과 같은 요인에 의해 언제든지 퇴색할 수 있는 위험도 존재함을 알 수 있다. 리커트R. Likert의 '시스템4 이론', 즉 신뢰나 동기 부여, 상호작용 등 여러 측면에서 가장 선진적이고 개방적인 리더십을 발휘하는 경영 시스템(Likert, 1979)조차 일부 선구적인 경영진에 의한 일시적인 것이라면 지속적인 경영/경제 민주화를 이루는 데 대단히 취약할 수밖에 없다는 점을 알 수 있다. 따라서 이러한 혁신 경영이 단순히 특정한 경영진이라는 인적 의존성personal dependence을 넘어 지속 가능한 조직 문화sustainable culture로 정착될 수 있도록 생산, 마케팅, 재무, 인사 등 조직 전반에 걸쳐 구조화하는 것이 바람직하다.

둘째, 현대자동차와 같이 경제·경영 민주화를 이뤄나가는 데 노사 간 갈등 비용이 지나치게 많이 드는 모델도 결코 바람직하다고 볼 수는 없다.* 결국 노동자나 노조 등 '아래로부터의' 요구와 열망, 수용과 만족이 탄탄하게 뒷받침된 상태에서 '위로부터의' 혁신적 경영 마인드가 조화롭게 결합될 때 비로소 경제·경영 민주화는 최적으로 완성될 수 있음을 알 수 있다. 이런 점에서 오하이오 주립대의 리더십 연구(Kerr et al., 1974; Northouse, 2004 참조) 또는 미시간대 리더십 연구(Daft, 1999; Northouse, 2004 참조)에서 강조된 조직의 생산적 측면과 조직의 인간적 측면의 조화란 것도 단순히 리더십 차원에서만 강조될 일이 아니라 한편에서는 경영진의 리더십, 다른 편에서는 노동자의 집단 의지가 서로 합리적으로 결합될 수 있을 때 비로소 제대로 된 조직혁신 효과를 발휘할 것이다.

셋째, 앞서 살핀 F. 나프탈리(Naphtali, 1928)가 제시한바, 경제민주주의 economic democracy의 완결을 위해서는 위와 같은 기업 차원에서의 변화만으로는 부족하다.** 가장 선진적인 사례로 제시된 우진교통 식의 자주관리

....
* 일례로, 1987년부터 2007년까지 20년간 모두 359일의 파업이 있었고 경영 측은 모두 11조 5000억 원이 넘는 손실을 입었다. 노동자나 노동조합은 그 과정에서 손해배상 가압류 및 구속, 해고 등 계량화하기 어려울 정도의 숱한 피해를 입었다.

기업조차 여전히 거시적 시스템과의 관련성 속에서 그 운명이 달라질 것이기 때문이다. 다시 말해 ① 경제의 양극화 해소나 경쟁지상주의의 완화, 경제정책 결정에의 민주적 참여 보장 등, 경제의 전반적 운용에서 민주주의를 증진하는 것, ② 본 사례 연구에서도 절실히 나타난바, 개별 기업에서의 노동관계를 민주적으로 형성하는 것, ③ 나아가 '최고의 생산력'인 사람을 키우는 교육 분야에서 교육의 민주화까지 이뤄내는 것, 바로 이러한 경제·노동·교육의 3차원이 동시에 민주화할 때 비로소 경제민주화는 완성될 것이다. 이것이 가능하려면 기존의 경제성장 패러다임에 대한 근본적인 성찰과 더불어 기존의 노동관계나 교육 제도를 발본적으로 혁신하는 사회적 노력이 꾸준히 경주되어야 할 것이다.

──────────

** 최근에는 주식회사 대신 협동조합 방식의 경제가 경제민주화의 미래지향적 모델로 거론되는 경향이 있으나 이것조차 거시 차원의 경제원리(경쟁과 이윤에서 협동과 필요의 원리로)나 교육원리(출세와 학벌이 아닌 자율과 공동체로)의 근본적 변화와 결합되어야 그 실효성을 발휘할 수 있을 것이다. 이와 관련해서는 김현대(2012), 슈바이카르트(Schweickart, 2002) 참조.

제3부 노사관계와 생활과정

—

생 활 과 정 과 **시 간 주 권**

1. 노 사 관 계 와 생 활 과 정

노사관계를 이해하는 데 대체로 노동시장과 노동과정에 관한 이슈들을 논하면 되지 무슨 생활과정까지 논하냐는 질문을 던질 수 있다. 하지만 우리의 일상생활과 노사관계는 밀접한 연관이 있고, 나아가 노사관계의 성격이나 내용이 일상의 행복을 규정하기도 한다는 점에서 상당히 중요하다. 그렇다면 노사관계와 생활과정을 공동으로 얽어매는 주제는 어떤 것들일까? 그것은 일례로, 노동시간은 여가시간과 연결되며 일중독은 직장 - 가정 균형 문제와도 연결되는 데서 확연히 드러난다. 그리고 노동시장과 교육과정이 직접적으로 연결되기도 한다. 한국에서 부모가 자녀 교육에 막대한 열정을 쏟는 것도 본인 자신이 경험하는 노동시장의 현실이 지극히 차별적이기 때문이다. 또 앞에서 살핀바, 산업재해는 삶의 질과 직접 연결되며, 생산과정의 성격과 생태 보호 차원이 직접 연결되기도 한다. 나아가 노동운동을 포함한 노사관계는 일반 시민사회 내지 시민운동과도 연관을 맺거나 서로 영향을 주고받기도 한다. 여기서는 주로 노동시간과 여가

시간 등, 시간주권의 문제를 중심으로 고찰한다,

2 . 노 동 시 간 과 여 가 시 간

대개 우리는 노동시간과 여가시간 사이의 관계를 총생활시간에서 노동
시간을 공제하면 여가시간이 나오는 것으로, 즉 일종의 '잔여' 개념으로 인
식한다. 일단 겉으로만 보면 틀린 것은 아니다. 노동시간이 길어질수록 여
가시간이 줄고, 노동시간이 줄어들수록 여가시간이 늘기 때문이다. 그러
나 역사적으로 볼 때 상황은 오히려 정 반대이거나 아니면 우리는 이 문제
를 전혀 다른 각도로 보아야 한다. 즉 삶이란 원래 존재 그 자체를 즐기는
것으로 볼 수 있고 실제로도 그렇게 흘러왔는데, 자본주의의 발달과 더불
어 그러한 여유로운 삶, 한적한 삶, 태평한 삶, 느긋한 삶, 음미하는 삶 등
의 차원이 갈수록 침식당해온 것으로 보는 것이 사태의 진실에 가깝다는
점이다. 물론 '거리'의 철학자인 디오게네스가 살았던 고대 그리스 시절에
만 해도 알렉산더 대왕이 "뭘 도와줄 게 없느냐?"고 했을 때, "제발 내가 즐
기고 있는 그 햇볕을 더는 가리지 마시오"라고 했다는 점에서도 알 수 있듯
이, 여유로운 삶은 노예제나 왕의 권력에 의해 침해받을 수도 있었다. 그러
나 전반적으로 이러한 한가함은 본격적인 자본주의가 출현할 때까지 지속
되었다고 할 수 있다. 이런 점에서 우리는 여가시간을 노동시간의 잔여시
간으로 볼 것이 아니라, 노동에 의해 갈수록 침식당하고 있는 삶의 본질적
측면이라고 보아야 한다.

노동시간은 하루 24시간 주어진 우리의 일상생활 중 최소한 1/3(8시간)
또는 많으면 1/2(12시간)까지 차지한다. 그러나 한 사람이 매일 활동하기
위해서라도 필수적으로 쉬어야 하는 시간 8시간을 제외하고 생각하면 하

루 8시간의 노동시간은 일상생활의 1/2(8/16) 또는 3/4(12/16) 정도를 차지한다고 할 수 있다. 게다가 이 비중은 순수 노동을 위해 출퇴근하는 시간, 노동을 생각하며 머리를 손질하거나 옷을 챙기는 시간 따위를 생각하면 더욱 높아진다.

게다가 오늘날 평균 수명이 80년이라 할 때, 대강 생각해서 30세부터 70세까지 노동한다면 인생의 절반을 노동으로 보낸다고 할 수 있다. 그러나 사실은 30세 이전의 학교 교육이나 기술 훈련 기간조차 노동시장에 진입하기 위한 노동력을 만들어내는 시간임을 감안할 때, 80년 인생조차 약 70년 동안 노동을 위해 준비하거나 노동시간에 직접 바치는 시간들로 채워진다. 그렇게 60대까지 노동을 하고 이른바 '편안한 노후'를 보내기 위해 은퇴를 하고 나면 사회는 노인을 '퇴물' 취급하고, 설사 노후를 즐기려고 해도 이제는 몸이 말을 듣지 않는다. 대부분의 경우 무의미한 시간을 보내거나 병원에 돈만 보태주고 떠난다. 이것이 노동 중심으로 디자인된 우리들 인생의 흐름이다.

그런데 E. P. 톰슨과 같은 학자들이 이미 역사적으로 검토한 바와 같이 (Thompson, 1967; 소로우, 1993; 노르베리 - 호지, 1996), 사람들이 시간을 사용하는 방식은 봉건주의 시절과 자본주의 시절을 비교할 때 너무나 확연히 다르다. 자본주의 이전에는 사람들이 '자연의 시간'에 따라 살았다. 그것은 농민의 삶에서 잘 드러나듯, 새벽녘에 해가 뜰 무렵부터 일을 시작하여 저녁에 해가 지면 일을 마치는 생활이었다. 비가 오면 일을 쉬고 해가 나면 일을 했다. 봄이면 씨를 뿌리고 가을이면 열매나 곡식을 거두었다. 많은 경우 첫닭 우는 소리를 듣고 일어났고, 소쩍새 우는 소리와 함께 잠이 들었다. 이런 것이 자연의 시간이다. 게다가 13~14세기의 수공업자들조차 수백 년에 걸쳐 이어진 전통에 따라 주로 낮에만 일했고, 하루에도 여러 차례에 걸쳐 식사시간이나 휴식시간을 즐겼다. 그리고 14세기 이후 18세기에 이르기까지 국가가 '느긋한' 노동자들을 엄격한 노동시간의 규율에 맞추기 위해 갖은 법률을 만들었지만 별 소용이 없었다. 마르크스의 『자본』에서도 산업혁명 직전까지 상당수 노동자들이 일주일에 4일 정도만 일터로 나가고 3일은 가족과 함께 시간을 나눴다고 지적하고 있다(Marx, 1867: 290). 또 17세기 이전의 영국 농민들은 연평균 1440~2300시간을 일했으나, 산업혁명 이후인 19세기 중반 무렵 영국이나 미국의 노동자들은 연평균 3150~3650시간을 일하게 되었다(Schor, 1992: 51). 자본주의 이전의 사람들은 한마디로 느긋한 삶을 즐겼던 것이다.

그런데 자본주의 사회는 어떤가? 그것은 한마디로, '기계의 시간'이 우리의 삶을 지배하는 시대라 할 수 있다. 마치 찰리 채플린의 〈모던 타임스〉 영화에도 나오듯, 아침 6시에 자명종이 울리면 잠자리에서 일어나 8시까지 회사로 출근한다. 12시가 되면 밥을 먹어야 하고 오후 5시나 6시가 되면 퇴근한다. 연장 근로를 하면 8시에 퇴근하기도 한다. 날이 어두워도 전기불 아래서는 얼마든지 연장 노동이나 야간 노동도 가능하다. 공장에서 돌아가는 기계는 24시간 돌아갈 수 있기 때문에 그 기계의 흐름에 맞춰 일을 하기 위해 사람들이 2교대 또는 3교대로 편성되어 기계에 봉사한다. 노동과정도 컨베이어 벨트의 흐름 또는 컴퓨터가 업무 지시를 내리는 대로 그에 맞춰 일을 해야 한다. 사람이 스스로 판단하고 옆 사람과 대화하며 협동 작업을 수행하는 경우는 이젠 노동과정의 핵심 측면이 아니며 주변적으로 밀려난다.

이상에서 살핀 바와 같이 원래 여유로워야 하는 인간의 삶이 노동에 의해 갈수록 침식을 당하고 있다고 보는 이런 시각은, 우리가 '시간주권time sovereignty' 문제를 논할 때 매우 필요한 관점이다. 즉 우리가 일을 하는 까닭도 보다 인간답게 살기 위함이며, 인간으로서 더 잘 존재하기 위함이 아니던가. 그렇다면 주어진 삶의 시간도 우리 자신이 스스로 주인이 되어 자율적으로 형성함이 마땅하다. 어릴 적에는 부모의 사랑을 듬뿍 받으며 자라야 하지만, 10대를 지나면서 우리는 내가 무엇을 얼마나 공부할지 그리고 나중에는 무슨 일을 어떤 방식으로 얼마나 오래 할지 따위에 대해 스스로 결정할 수 있어야 한다. 내 삶의 시간을 어떻게 설계하고 어떻게 사용할지를 스스로 결정할 권리, 바로 이것이 '시간주권'인 것이다. 시간주권을 누리는 사람이 진정으로 자유로운 사람이라고 할 수 있다.

이런 관점에서 보면, 노동시간의 길이나 강도, 그 방식 등에 대한 결정권이나 조절권이 없이 주어진 명령과 지시에 복종하기만 하는 삶은 결코 시간주권이 있다고 할 수 없다. 따지고 보면 오늘날 우리 자신의 모습이 이런 식으로 뒤틀리고 있는 것이 아닌가?

3. 노 동 시 장 과 자 녀 교 육

이 시간주권의 관점에서 자녀 교육을 바라보면 뭔가 한참 비뚤어졌음을 알 수 있다. 요즘 아이들은 태어나서 자라는 동안 아이답게 신나게 뛰어놀아야 함에도 '공부' 시간에 얽매여 있기 때문이다. 오죽하면 오래전에 어느 초등학생이 이틀 동안 아빠의 시간과 자기의 시간을 비교해보았는데, "이틀 동안 아빠가 일하는 시간보다 내가 공부하는 시간이 더 길다"며 도무지 이런 식으로 살지 못하겠노라며 자살을 해버리고 말았을까?

1970년대만 해도 대학 진학을 하려면 고2 겨울방학부터 1년만 열심히 공부하면 된다고 했다. 그 뒤 약 10년이 지난 뒤 사람들은 이렇게 말했다. 괜찮은 대학에 가려면 중1부터 열심히 하지 않으면 안 된다고. 그러나 요즘 사람들은 어떤가? 지금은 초등학교 시절부터, 아니 유치원 시절부터 열심히 준비하지 않으면 수도권 대학에 갈 수 없다고들 한다. 심한 경우는 뱃

속 태아 시절부터 영어 공부를 시작해야 한다며 호들갑을 떨기도 한다. 실제로 세 살 먹은 아이의 혀 아래 근육까지 잘라 아이의 영어 발음이 원어민과 비슷하게 만들려고 했던 엄마의 이야기가 뉴스에 나기도 했다.

여기서 문제는, 아이들의 꿈이 자랄 기회도 주지 않으면서 부모의 욕심을 채우기 위해 아이들이 사육된다는 점이다. 나아가, 그렇게 힘겹게 대학에 간들 대부분은 자신의 적성이나 꿈과는 거리가 멀다는 것을 발견하기 일쑤이며, 기대하던 취업조차 만만하지 않다는 점이다. 한마디로, 그 오랜 시간을 낭비하며 헛살기 쉽다는 것이다. 이러한 학교 교육 기간은 지난 50년 동안 갈수록 길어졌다. 예전에는 고등학교만 나와도 온 사회가 잘 받아주었지만, 이제는 대학은 기본이고 대학원을 나와도 받아줄까 말까 한다는 점이다. 이런 식으로 한 사람이 성장하는 과정에서 어린이는 어린이대로, 청소년은 청소년대로, 또 청년은 청년대로 그 나름의 독특한 시간을 보내며 즐겁고도 보람 있는 삶을 살아야 하는데, 오직 미래의 노동시장에 준비하기 위해 삶의 시간에 대해 주인이 아니라 노예처럼 끌려가고 있는 것이 솔직한 우리의 현실이다.

한편 부모들을 보라. 부모들은 자녀 교육비를 충당하기 위해 노동시간이 길어지거나 새로이 노동시장에 진출하기도 한다. 전통적인 가부장제 아래서 아버지가 취업을 해서 노동을 하더라도, 어머니는 하다못해 시간제 노동이라도 해서 자녀 학비를 보충하고자 한다. 요즘은 아예 부부가 처음부터 맞벌이로 살아가는 경우도 많다. 둘 다 노동시장에 나가면 자녀와 친밀한 교류를 하기 어려워진다. 아이들을 잘 보살피지 못하는 미안한 마음에 장난감이나 게임기, 스마트폰 같은 것을 사주지만, 그것은 아이의 참된 욕구를 충족하기보다 대리 충족물에 불과하다. 갈수록 갈증은 해소되지 않고 더 매력적인 것을 찾게 된다. 이것 또한 아이가 중독의 고리에 편입되는 경로이다.

부모는 부모대로 고생을 해서 자녀 교육비를 충당하기에 자녀에 대해 일정한 기대를 갖게 된다. 만약 자녀의 성적이나 진학 결과가 부모의 기대에 미치지 못한다면 자녀는 죄책감을 갖게 되고 부모는 배신감을 느끼기 쉽다. 혹시 진학 결과가 부모의 기대에 부합한다 하더라도 그것이 참된 자녀의 적성이나 소망과 다르다면 부모는 기뻐할지 몰라도 자녀는 새로운 고통 속에 살아야 한다. 자신의 길이 아님을 알면서도 부모에 효도하기 위해, 또는 생계 문제를 해결하기 위해 그냥 무턱대고 가야만 하는 데서 오는, 내적인 갈등을 겪어야 하기 때문이다.

그렇다면 왜 부모들은 자녀들에게 강요 아닌 강요를 하게 되는가? 일차적으로 그것은 자녀가 미래에 잘 살 수 있도록 준비시키기 위한 노력이라 할 수 있다. 왜냐하면 부모 자신이 먼저 살아본 사람으로서 노동시장의 현실을 누구보다 잘 느끼기 때문이다. 공부를 잘하고 일류대학을 나온 사람은 임금이나 승진 면에서, 또 사회적 시선의 측면에서 상대적으로 좋은 대우를 받는다는 현실을 부모들이 잘 아는 것이다. 거꾸로 말하면, 부모가 노동시장에서 차별 대우를 받으면서 생겼던 상처를 자녀에게 더는 대물림하고 싶지 않다는 것이 사태의 본질이다. 그런데 여기서 중요한 측면은 부모가 노동시장의 차별적 현실을 제대로 감지한 것까지는 좋지만, 그에 대한 대응 방식이 차별적이고 위계적이며 경쟁적인 현실 자체를 바꾸려고 하기보다는 가능하면 자기 또는 자기 자식이 그 질서의 가장 높은 곳으로 올라가기를 희망하는 방식으로 나타난다는 것이다. 한마디로 차별적 질서를 '내면화'하는 가운데 '강자 동일시'를 하는 것이다.

이 강자 동일시란 원래 '공격자와 동일시'라는 개념에서 차용된 것이다. 이것은 이미 1930년대에 헝가리 출신의 S. 페렌치 또는 독일의 A. 프로이트 등에 의한 아동심리 연구에서 출발한 것으로, 어린아이와 같은 약자가 어른 등 강자 앞에 (대체로 폭력적인 상황에 의해) 압도당해 꼼짝하지 못하는 상황에서 약자가 일종의 생존전략으로 '공격자와 동일시identification with the aggressor'하는 모습을 띤다고 지적한 데서 나왔다. 이것을 독일의 H. 하이데 교수가 매우 독특한 '노동사회론'을 전개하는 데 준용하여 쓰기 시작했고, 이것을 내가 '공격자'보다는 '강자' 개념이 한국 현실을 설명하는 데 더 적합하다고 생각되어 '강자 동일시'로 변용하여 쓰기 시작했다(강수돌·하이데, 2009).

요컨대, 강자와 약자 사이의 경쟁과 협력, 긴장과 갈등이 공존하는 노동시장 상황을 직접 경험한 부모들은 그 상황에서 강자의 폭력 또는 차별적 구조의 폭력을 직접 체험하면서 스스로 생존전략으로서 '강자 동일시'를 경험한 뒤, 이러한 심리를 자녀들에게도 전승한다고 할 수 있다. 그 결과 아이들은 자신의 삶에 대한 주체성을 미처 확립하기도 전에 부모나 교사, 그리고 사회가 외부로부터 주입하는 가치관을 내면화해야 하고 시간주권 개념도 모른 채 통제받고 끌려가는 생활에 익숙하도록 길들여진다. 가장 대표적인 것이 학교의 수업 시간표와 야간자율학습 또는 학원의 수업 시간표이다. 이렇게 기계적으로 짜인 시간표에 자신의 삶의 리듬을 맞춰야 하는 것이 아이들이 경험하는 비인간적이자 기계적 시간인 것이다. 그리고 이러한 삶의 패턴은 청년 또는 대학생이 되어 취업을 위한 '스펙' 쌓기 과정에서 더욱 공고화하고 마침내 어른이 되어 직장생활을 하면서 더욱 엄격한 형태로 영속화한다.

여기서 청년 또는 대학생들이 '차별적'인 현실에 저항하기보다 오히려 '차별을 정당화'하는 현실에 대해(오찬호, 2013 참조) 잠시 생각해보자. 일반적인 실업률보다 늘 두 배 이상을 기록하는 청년실업률은 오늘날 청년 또는 대학생의 힘든 현실을 객관적으로 증명한다. 대학을 졸업해도 취업이 쉽지 않다는 이야기다. 그러니 대학 입학 직후부터 각종 '스펙'을 쌓기 위한 각고의 노력이 행해진다. 사회에서는 이를 '자기계발'이라 부르며, 책이나 어학 학원, 취업 특강 등 형태로 자기계발 시장이 확산되었다. 자기계발의 공통 요소들은 대학 졸업장 외에도 외국어, 학점, 자격증, 인턴십, 봉사활동, 공모전, 체력관리, 외모 개선, 자기소개서 작성, 프리젠테이션이나 스피치 연습 등이 포함된다. 오찬호 선생이 인용한 한 대학생은 일부러 'F 학점'까지 받아가며 공식적으로 마지막 학기인 8학기를 세 번이나 반복하는 동안 47곳에 입사 원서를 냈지만 44곳에서 1차 서류심사에서조차 낙방했고, 1차 성공한 3곳에서는 면접은 했지만 아무 소식이 없었다. 졸업 후 맞이하게 될 실업의 공포가 현실을 짓누른다. 아니 지난 6년의 세월을 이미 짓눌러왔다. 이런 상황에서 청년들은 "영혼이라도 팔아서 취직하고 싶다"고 생각하기 쉽다. 그런 선배들의 모습을 본 후배들은 더욱 일찍부터 자기계발 또는 시간관리에 매달린다. 자기희생이다. 하고 싶은 공부나 놀고 싶은 욕구나 친구 관계, 심지어 연애의 갈망 등도 모두 억눌러야 하기 때문이다. 그것도 "내 자신의 만족이 아니라, 외부가 만족할 수 있도록 하는 가운데 자아가 희생되는" 방식이다. 이 자기희생의 핵심적 내용은, 자신의 시간주권을 스스로 포기하는 철저한 시간관리다. "이들에게 일일계획은 시간 단위로 이루어져야 하며, 하루 매상을 체크하는 슈퍼마켓 주인처럼 매일매일 어떤 '업적'을 완수했는지도 측정한다." 이러한 희생과 노력에 대한 보상으로서 무슨 좋은 결과라도 나오면 다행이겠으나 그것도 안되면 좌절과 절망이 따르기 쉽다. 이 순간에 자기방어 메커니즘이 작동하는데, 한편으로 그것은 "그래도 열정적으로 잘 살고 있는 거죠?"라는 식의 자기 위안이며, 다른 편으로는 자신처럼 '열정적으로' 살고 있지 못한 타자들에 대해 "어떻게 감히 부족한(게으른, 능력이 안 되는) 사람이 거저먹으려고 덤벼?"라는 식으로 공격적인 태도를 보이는 것이다. 바로 이런 논리 구조가 KTX 여승무원들의 정규직화 투쟁, 대학 시간강사 투쟁, 용산 철거민 투쟁, 쌍용자동차 정리해고 반대 투쟁, 대학교 청소노동자 투쟁 등을 바라

보는 대학생들의 시선, 즉 "우리는 차별에 찬성한다"는 시선에 그대로 투영되어 있다. 요컨대 '강자 동일시'를 하며 가파른 사다리의 계단을 기어오르고자 스스로 시간주권을 포기한 이들의 피해의식과 자기억압이 마침내타자 공격의 기초로 돌변하는 것이다. 이것은 마치 노동시장이나 사회현실에서 고통당하는 부모가 그 자녀에게 은근히 성공을 강요하지 않을 수없게 되는 내적 메커니즘과 상당히 닮아 있다. 이런 식으로 우리는 자신도모르는 사이에 자기억압과 타자 배제를 재생산해낸다.

4. 생산과정과 생태 문제 해결의 시간: '에너지 모순'의 문제

날마다 먹고사는 문제에 매달려 정신없이 살아야 하는 일반 사람들은별로 체감하지 못하지만, 조금 깊이 생각하거나 진지하게 연구하는 사람들은 지금 우리가 이미 '에너지 위기 시대'에 직면하고 있다고 말한다. 이것은 '진짜 그러하냐 아니냐'의 문제가 아니다. 왜냐하면 이미 우리는 '위기' 속에 있기 때문이다. 게다가 이것은 생산과정과 밀접한 연관성을 맺고있다. 즉 생산과정이 에너지 위기, 나아가 생태계 위기를 심화하는 경향이있다는 말이다.

물론 생계 문제가 급하고 돈이나 권력 등 다른 삶의 목표에 집착하는 사람들은 이 문제를 심각하게 느끼기 어렵다. 그러나 우리가 잘 모르는 상태를 그냥 유지하면서 그냥 자기 방식으로 계속 살거나 혹시 알았다 하더라도 (무섭거나 귀찮아서, 또는 노력해봐야 아무 소용이 없다고 생각하거나 자신에게별로 도움이 되지 않는다고 판단해서) 모르는 척 애써 외면한다고 해서 객관적으로 존재하는 현실 자체를 피해나갈 수는 없다.

'위기의 현실'은 시시각각 우리에게 여러 가지 신호를 주면서 미리 대처하라고 알려주는데도 만일 우리가 무지나 무관심, 무능과 무시로 일관한다면 결국에는 '파국'을 면치 못할 것이기 때문이다. 물론 아무리 우리가 개인적으로 또는 집단적으로 노력한다고 해도 최종적으로 파멸을 피하기 어려울 수는 있다. 그러나 설사 마지막에 파멸 내지 공멸의 순간이 온다고 해도 우리는 최선을 다해서 오늘도 '생명의 나무 한 그루를 즐겁게 심는 심정으로' 살아나가야 한다. '나부터' 변함없이 이런 마음으로 시작해서 그 재미나 의미를 공유하면서 하나둘 동참하기 시작하고 마침내 '더불어' 모두가 생명의 나무를 심기 시작하면 어느새 세상이 변할 수도 있다. 처음부터 포기하면 거의 확실히 우리를 기다리는 것은 절망이겠지만, 나 하나라도 결코 포기하지 않고 한 걸음씩 올바로 떼기 시작하면 우리에게는 가느다란 희망의 실마리가 보일지 모른다.

그렇다면 도대체 '에너지 위기 시대'가 의미하는 바는 무엇인가? 그것이 뜻하는 바를 쉽게 몇 가지 측면으로 요약하면 이렇게 된다. 첫째, 인간이 행하는 모든 생산과정에 필요한 에너지 원천 자체가 고갈된다는 것, 둘째, 인간의 생산방식, 즉 에너지 소비 방식이 지속불가능하다는 것, 셋째, 대안 에너지 생산에서도 모순이 존재할 수 있다는 것이다. 나는 이를 '에너지 모순'이라 부른다. 왜냐하면 오늘날 우리의 삶의 방식은 대체로 대량 생산, 대량 운송, 대량 소비, 대량 폐기하는 '무한 성장' 과정을 통해 물질적 풍요와 행복을 추구하는데, 바로 이 '무한 성장'의 신화가 에너지를 매개로 자가당착적인 상황에 이르렀기 때문이다. 이 문제들을 순서대로 고찰해보자.

첫째, 에너지 원천의 고갈 문제는 이미 1956년에 M. K. 허버트Hubbert가 「핵에너지와 화석 연료Nuclear Energy and the Fossil Fuels」라는 논문에서 '석유 정점peak oil' 개념을 제시하면서 처음으로 사회적 이슈가 되기 시작했다

(Hubbert, 1956). 석유 정점이란 석유 채굴량이 최고를 달리는 지점으로, 그는 대략 2000년 무렵을 '피크 오일' 시기라 했다. 그런데 그 이후가 되면 석유 생산은 급격히 줄어들고 가격은 급등하게 되어(석유 자본을 대변하는 국제에너지기구IEA의 2010년 보고서에 따르면 2006년에 피크 오일이 지났다고 한다), 현실 경제에 엄청난 악영향을 끼칠 것이란 이론이다. 그러나 1950년대만 해도 선진 각국이 제2차 세계대전 뒤로 고도의 '경제 성장'에 목을 매는 시기였기에 이 문제를 심각히 인식하는 이는 거의 드물었다.

그 뒤 비슷한 문제의식이 1972년에 나온 『성장의 한계Limits To Growth』라는 책(D. 메도즈 외 2인)에서 좀 더 체계적으로 제기되었다. 흔히 '로마클럽 보고서'라고도 불리는 이 책의 공동저자들은 당시로서는 매우 선진적인 컴퓨터 프로그램을 이용, 인구증가와 천연자원 사용이라는 변수를 감안해 12가지의 가상 시나리오를 짜보았다. 이들은 기본적으로 고갈 가능한 천연자원이나 산업 및 농업에서 방출되는 배기가스를 흡수할 수 있는 지구의 수용력과 같은 지구의 물질적 한계에 초점을 맞춰 분석했다. 그 결론은, 21세기 어느 시점에 이르면 지구촌의 물질적 성장이 종말을 맞게 된다는 것이었다.

그 직후인 1973년에 나온 E. 슈마허의 『작은 것이 아름답다Small is beautiful』도 유사한 문제의식을 설득력 있게 제시했다. 슈마허의 탁월성은, "자연은 (자기 맘대로 소비할 수 있는) 소득이 아니라 (낭비 시 생명 자체가 위협받게 되는) 자원"이라 보는 바탕 위에서, 세상의 자원을 "재생 가능한 자원과 재생 불가능 자원"으로 분류해 '자원의 유한성'을 확실히 짚어낸 데 있다. 또 1980년엔 J. 리프킨도 『엔트로피Entropy』에서 화석 에너지는 그저 땅속에서 캐내 바로 사용할 수 있지만 쓸모없는 에너지인 '엔트로피'가 증가하는 결정적 문제, 즉 다시는 사용이 불가능하다는 문제를 지적했다.

이러한 점들은, 1987년에 발표된 유엔 차원의 「브룬트란트 보고서(우리의 미래)』나 1992년 유엔의 '리우 환경회의' 등에서 본격 제시된 '지속 가능 발전' 문제가 실은 이미 오래전부터 소수의 통찰력 있는 연구자들에 의해 진지하게 논의되어왔음을 증명한다.

요컨대, 지구의 자원은 그 자체로 한계가 있다기보다 인간의 삶의 방식과의 연관성 속에서 규정될 수밖에 없는데, 지금과 같은 (무한이윤과 물질적 풍요를 추구하는) 대량 생산 및 대량 소비의 시대가 계속된다면 지구의 자원은 이제 (생각 이상으로 빨리) 고갈될 수밖에 없다고 할 수 있다.

그런데 B. 클린턴 행정부의 미국(1993~2001)에서 부통령을 지낸 A. 고어는 『위기의 지구Earth in the Balance』(1992)란 책을 썼는데, 이 책은 1989년 교통사고로 6살배기 아들이 죽을 뻔했던 경험에 기초하여 '진정 무엇이 삶에서 중요한가?'라는 화두를 공론화한 것이다. 그 뒤 그는 정치가 생활을 마감하고서도 이 화두에 천착했는데, 2006년에는 『불편한 진실An Inconvenient Truth』이라는 책과 다큐 영상까지 만들어 '지구 온난화' 문제를 온 세상에 알리기 위해 노력했고 이것으로 노벨 평화상까지 받았다. 그가 제시한 여러 그래프 중에서 가장 평범하면서도 가장 특이한 것은, 수만 년 전부터 지금까지 인류가 사용한 에너지의 총량은 아주 낮은 수준에서 별 변동 없이 수평으로 유지되어왔는데, 지난 200년 사이에 대단히 가파르게 상승하고 있음을 알리는 것이다.* 달리 말하면, 산업혁명 이후 인류가 물질 만능주의 시대에 접어들면서, 그리고 최근에 세계화, 정보화 시대가 가속화하면서 '자신이 앉아 있는 나뭇가지를 스스로 자르는' 어리석은 행위를 더욱 많이 하고 있는 셈이다.

한편 2003년에 R. 하인버그는 '석유 정점' 문제를 본격 논하는 『파티는

---

* 1860년부터 지금까지 인류가 소비한 석유는 약 2조 배럴이며, 그중 1조 배럴을 소비하는 데 130년 걸렸지만 나머지 1조 배럴을 소비하는 데는 1990년부터 약 20년밖에 걸리지 않았다(김종철, 2014).

끝났다The Party is over』를 썼고, 2007년에는 『모든 것의 정점Peak Everything』을, 2009년엔 『블랙아웃Blackout』을, 2011년엔 『제로 성장 시대가 온다The End of Growth』란 책을 썼다. 요컨대 그는, 이제 우리는 석유 정점을 넘어 모든 천연자원의 정점을 넘어 마침내 '성장의 종말' 시대로 접어들었다고 진단했다. 그러고 보니 최근 들어 유난히도 '제로 성장'이나 '마이너스 성장'을 알리는 소식이 많이 등장함을 알 수 있다. 이미 2005년엔 독일의 E. 알트파터 교수가 화석 연료에 기초한 이윤 경제인 자본주의가 종말에 이른다며 『자본주의의 종말Das Ende des Kapitalismus, wie wir ihn kennen』을 쓴 바 있다. 이 모든 점이 결국은 선각자들이 예측한 '성장의 종말'이 결코 틀리지 않았음을 증명한다.

바로 여기서 한 가지 유의할 것은, 성장의 한계나 종말이 (2008년 10월에 방영된 〈호모 오일리쿠스〉라는 KBS 3부작 다큐에서처럼 '대혼란'은 초래할지언정) 결코 그 자체로 멸망이나 파국을 뜻하는 것은 아니란 점이다. 왜냐하면 원래 자연의 질서란 일정한 성장 이후에는 성장이 멈추거나 정체하는 경향이 있기 때문이다. 사람의 키도 그렇고 나무의 성장도 그렇다. 심지어 인간이 느끼는 행복감도, 1974년에 나온 '이스털린의 역설Easterlin's paradox'처럼, 일정한 물질적 성취에 비례하다가 어느 시점이 되면 아무리 돈을 많이 벌어도 그에 비례해 행복해지는 것은 아니지 않던가?

이런 점에서 에너지 원천의 고갈 등 자연 자원의 고갈은 이제부터라도 우리가 자본주의 산업화나 도시화, 사유화 등과는 다른 방식으로 살기를 촉구하는 매우 강력하고도 절박한 신호임에 틀림없다.

둘째로, 에너지 소비의 지속불능성이란 지금과 같은 에너지 소비 방식, 즉 인류의 생산 및 생활 방식이 (에너지 자원의 고갈 문제를 넘어) 지구 온난화 및 이상 기후를 초래함으로써 마침내 인류뿐 아니라 생명 전체의 생존을 위협하는 점을 지적한다. 동시에 이는 에너지 소비의 양극화나 불평등성을 매개로 하여 에너지 자원의 통제를 둘러싼 범지구적 경쟁 내지 전쟁을 부름으로써 결국 인류의 평화를 위협하는 점도 내포한다.

지구 온난화 내지 이상 기후 문제는 최근 들어 연구자나 언론이 워낙 많이 다뤄온 주제이기에 이제 낯선 것이 아니다. 지구 온난화란 기후변화로 인해 지구 표면의 평균온도가 지속적으로 상승하는 현상이다. 물론 아직도 이러한 문제제기 자체를 부정하는 사람도 제법 있다. 하지만 갈수록 거듭되는 이상 고온 또는 이상 한파 현상, 기후변화, 남극과 북극의 빙하 소멸과 해수면 상승(큰 빙하 하나가 녹으면 해수면이 2m 상승한다고 한다), 폭우와 가뭄의 공존, 폭염과 열대야, 쓰나미와 폭풍 등을 보면 이런 문제제기가 결코 '양치기 소년' 식 거짓말이 아님을 알 수 있다.

실제로 지구의 평균 지상기온은 지난 100년간(1905~2005년) 약 0.7도 상승했다. 이것은 2007년에 나온 IPCC(기후변화 관련 정부 간 패널) 제4차 평가보고서에 근거한 것이다. 동시에 해수면은 1961년 이후 매년 1.8mm씩 상승해왔다. 북미와 남미의 동부, 북유럽, 북아시아와 중앙아시아에서는 강수량이 증가했으나 북아프리카의 사헬 지역, 지중해, 남아프리카, 남아시아 지역은 오히려 감소했다. 또 가뭄의 영향을 받은 지역이 1970년대 이후 지구 전체로 확대되었을 가능성이 높다. 이는 지역 간 차이가 커지고 있다는 증거다.

산업화나 도시화는 지구 온난화를 가속화하는 것으로 드러난다. 일례로 아시아대륙은 최근 30년 동안 1도 가까이 올라 지구에서 가장 가파르게 상승했고, 특히 일본의 몇몇 대도시에서는 평균 기온이 2~3도 상승했다. 한반도의 경우 기후변화가 세계 평균보다 높은 경향이 있고 최근엔 매 10년마다 연평균 0.23도씩 상승하는 추세다.

지구 온난화와 이상 기후 현상은 여러 가지 사회 문제도 일으킨다. 일례로 세계에서 6번째로 큰 호수였던 아프리카의 차드 호수는 겨우 40년 만에 증발하여 이 호수의 물을 사용하는 국가 사이의 분쟁 및 전쟁을 초래하기도 한다. 이런 식으로 아프리카의 도시들이 의존하는 강물이 21세기 말이 되기 전에 적게는 1/4, 많게는 1/2이 말라버려 일상적 생존을 위협할 것이란 전망도 있다. 이미 20세기에 인류는 거듭 엘니뇨현상을 경험했다. 엘니뇨현상은 미국 중부와 안데스 산지의 대규모 홍수, 호주와 아프리카의 가뭄 등이 동시에 나타나는 것으로, 지구 온난화와 이상 기후의 한 징후로 추정되고 있다.

2005년 2월에는 독일의 포츠담 연구소가 '지구 온난화 재앙 시간표'를 발표했다. 이에 따르면 2030년엔 지구 온도가 1도 올라가, 호주의 토착식물이나 열대 고원의 숲과 남아프리카 건조지대의 식물 등 특이한 생태계들이 위협받을 것이며, 개도국의 일부는 물 부족이 심해지고 식량생산이 급격히 감소, 기아의 고통이 심해질 것으로 예측되었다. 2050년대가 되면 평균 2도가 상승하는데, 그렇게 되면 열대 산호초가 하얗게 죽는 백화현상이 빈번히 발생하고 지중해 연안은 산불과 병충해로 몸살을 앓을 것이라 했다. 미국의 강은 수온 상승으로 송어와 연어가 살기 어려워지고 중국의 숲은 심하게 황폐화한다. 지구 전체적으로 기아 문제나 물 부족 문제가 더욱 심해질 것으로 예상된다. 마침내 2070년경엔 기온이 3도나 올라가 지구 전체의 생존이 거의 예외 없이 심각한 위협에 처한다는 충격적 보고다.

2006년엔 니콜라스 스턴이 「기후변화의 경제학The Economics of Climate Change」이란 보고서를 발표했는데, 그 내용도 이와 유사하다. 지구온난화는 해수면 상승, 가뭄과 홍수, 병충해 등 자연재해 증가, 식량 부족, 질병 증가, 기아 및 빈곤의 심화 등 온갖 사회적 문제를 일으킨다는 것이다.

대개 지구 온난화의 주범으로 손꼽히는 여섯 가지 온실가스로는 (자연적인 수증기 외에) 이산화탄소(화석 연료 및 산림 벌채), 메탄(폐기물, 축산), 아산

화질소(산업 공정, 비료, 소각), 수소불화탄소(에어컨 등 냉매, 스프레이), 과불화탄소(반도체 세정용), 육불화황(전기 절연용) 등인데, 1985년 세계기상기구와 유엔환경계획은 이 중 이산화탄소를 지구 온난화의 주범이라 선언했다. IPCC 보고서에 따르면 18세기 말 산업혁명 이후 화석연료의 연소와 토지 이용 변화를 포함한 인간의 활동 때문에 대기 중 온실 가스가 급증하고 있다. 특히 화석연료의 사용은 (비록 온난화 지수 자체는 낮을지라도) 이산화탄소를 엄청난 규모로 대량 생산하는데, 이것이 전체 온실가스 배출량의 57%를 차지한다. 게다가 산림 벌채나 열대우림과 같은 숲의 파괴 등은 이산화탄소 흡수처를 없애는 셈인데 이로 인해 약 20%의 이산화탄소 증가 효과가 생긴다. 결국 이산화탄소는 전체 온실가스 중 77%를 차지한다. 일례로, 발전소에서 전기를 만들거나 공장에서 물건을 생산하기 위해 사용하는 석유, 석탄 등은 모두 이산화탄소를 대량 생산한다. 마찬가지로 자동차와 비행기, 건물 냉난방에 쓰는 석유, 가스 등의 연소도 대기 중 이산화탄소 방출을 증가시킨다.

한편, 미국은 세계 전략, 특히 중동이나 아프리카, 구소련(특히 카스피해 일대), 남미 등에서 '에너지 안보 전략'을 추구하는 과정에서 슈퍼메이저 국가들(영·독·프·러)과는 치열한 경쟁을, 또 저항 세력이나 저항 국가에 대해서는 전쟁을 통해 단호하게 대처해왔다. 일례로 베네수엘라(미국 원유 수출 2위)의 우고 차베스(석유 산업의 국유화와 감산 정책으로 미국 등 자본주의 나라에 큰 피해를 안김) 제거를 위한 반혁명 쿠데타(2002년 4월) 지원이나 이라크의 사담 후세인(미국과는 라이벌인 독일 및 프랑스와 이라크 내 유전개발 협약을 맺고 결재 통화를 유로화로 정함) 제거를 위한 이라크 전쟁(2003년 3월)이 가장 대표적이다. 마이클 무어 감독의 영화 〈화씨 9·11〉에는 카스피해 송유관 계획이 나오는데, 이것은 B. 클린턴의 미국이 취했던 에너지 안보 전략의 일환이었다. 2001년 9·11 테러 공격 이후 미국은 아프간을 침략하고

(2001년 10월), 이어 (대량살상 무기와 테러를 명분으로) '악의 축'을 이야기하며 이라크 침략 전쟁(2003년 3월)을 벌였다. 미국은 '아프간의 항구적 자유'와 '테러와의 전쟁'을 명분으로 약 1조 달러를 쏟아 부으며 아프간을 침략했지만, 실은 유일 합법정부이던 탈레반을 몰아내고 친미 정부(미국 석유기업 고문이었던 하마드 카르자이가 대통령이 됨)를 세움과 동시에 카스피 해 원유를 인도양으로 수송하기 위한 송유관 공사를 감행한 것이었다. 카스피 해 인근은 세계 석유의 20%, 천연가스의 37%가 매장된 곳이다.

한편 미국은 인구가 세계에서 5%를 차지하는 반면 에너지 소비량은 25%에 이른다. 만일, 세계 모든 나라가 미국 도시 중산층 시민처럼 에너지 소비를 한다면 지구가 5개 이상 필요할 것이다. 따라서 값싸고 안정적인 에너지 공급처를 확보하는 것은 미국의 생산과 소비를 위해 매우 중요한 일이다. 게다가 1929년 이후의 대공황처럼 경제가 지극히 어려운 경우 제2차 세계대전과 같이 전쟁을 통해 맘껏 부수고 나면 전후 재건 과정에서 상당한 돈벌이를 할 수 있다. 바로 이런 점들은 미국이 중동 등 세계 각국에서 각종 전쟁이나 분쟁을 조장하는 이유를 이해하는 데 매우 중요한 실마리를 던진다.

결국, 이 모든 사례는 지금과 같은 에너지 소비 방식이 인간적 측면에서나 생태적 측면 모두에서 결코 지속 가능하지 않음을 증명한다.

셋째, 화석 에너지원의 고갈이나 사회적 악영향 문제를 해결하기 위해 등장한 대안이 원자력 발전이나 태양광과 같은 자연 에너지이다. 그런데 이것 또한 여러 가지 차원에서 문제를 노정한다.

가장 큰 문제가 원자력 발전, 즉 핵에너지 문제인데, 이것은 겉으로는 가장 안전하고 깨끗한 에너지인 것 같지만, 프랑스 출신의 P. 비릴리오가 '완벽한 죽임'이라 했듯이 실제로는 가장 위험하고 파괴적일 수 있다. 그 대표적인 사례가 1979년 미국 쓰리마일 섬 핵발전소 붕괴, 1986년 우크라이나 체르노빌 핵발전소 폭발, 2011년 일본 후쿠시마 핵발전소 붕괴 등이다. 실은 그 외에도 원자력 발전소는 수시로 작은 고장이나 사고가 나고 있으며, 특히 방사능 노출 문제는 인체나 음식 등과 관련하여 심각한 사회적 결과를 낳는다. 게다가 원자력 발전의 부산물인 플루토늄은 핵무기의 원료가 됨으로써 사실상 핵 발전은 핵무기 개발과 같은 것이라 보아야 한다. 게다가 핵폐기물 처리 문제는 인류 전체의 난제다. 한편 1945년 8월의 일본 히로시마, 나가사키 원자탄 투하 사건은 오늘날까지 인류에게 '영원한 트라우마'를 안겨주었는데, 지혜를 가졌다면 인류는 이러한 역사적 오류를 결코 반복해서는 안 된다.

안타깝게도 한국 정부는 원자력 발전에 대한 각종 경고를 무시한 채 '원자력 마피아'들과 연합하여 원자력 발전을 더욱 확장하고자 한다. 특히 최근의 밀양 송전탑 사태에서도 볼 수 있듯이 수도권이나 대도시의 소비자들을 위해 시골이나 지방 주민의 삶을 희생시키려 한다. 이처럼 원자력 발전의 근본 문제는 사회적·지역적 불평등 문제와 더불어 생태적·지구적 위험성을 드높이는 것이라 할 수 있다.

한편 원자력과는 달리 건강한 대안 에너지로 부상한 태양광 발전조차 보다 차분하게 접근해야 한다. 태양광 발전조차 대자본에 의해 수익성 논리로 접근할 가능성이 있으며, 경제성과 효율성이란 명분으로 엄청난 규모의 시설을 위해 기존의 생태계를 무자비하게 파괴하기 쉬우며, 거대 시설이 끌어들이는 태양광과 함께 발산되는 전자파도 무시할 수 없기 때문이다. 2008년 10월 현재 가동 중이거나 허가를 받은 태양광 발전소는 전국적으로 1150여 개(총 발전용량 70만 kW)에 이른다. 그런데 말이 대안 에너지이지 보다 세밀하게 고찰하면 여러 문제가 발견된다.

일례로, 2009년 1월 준공되어 현재 가동 중인 경북의 김천태양광발전소는 삼성에버랜드가 국내 최대 규모인 발전용량 1만 8400㎾급 시설을 위해 김천시 어모면 옥계리 산 104번지 일대의 58만 4550㎡(약 18만 평)을 허물고 그 위에 지어졌다. 원래 태양광 발전은 발전기의 도움 없이 태양 전지를 이용하여 태양 빛을 직접 전기 에너지로 변환시킴으로써 전기를 생산한다. 산림청에 따르면 2006년부터 2009년 5월까지 이런 식으로 태양광 발전을 위해 전용된 산림 면적이 무려 814만 9944㎡에 이른다. 이런 문제는 지역민의 저항을 부르기도 한다. 예컨대 2008년 경북 울진군 북면 부구리에서는 Y기업이 마을 뒷산에 태양광 발전소를 지으려 하자, 마을 주민이 금강송 군락지 훼손과 집중호우 시 농경지 피해 등 '환경파괴'를 이유로 반대운동을 벌이기도 했다. 반대운동에 앞장선 한 주민은 "온실가스를 줄이겠다며 이산화탄소를 흡수하는 숲을 마구 훼손하는 게 말이 되느냐?"며 반문했다. 또한, "태양광 발전소가 일자리를 줍니까. 세금이 더 나옵니까. 지역 입장에서는 산림을 훼손하는 환경파괴의 주범일 뿐입니다"는 식의 비판도 나왔다. 실제 국내 최대라는 김천의 삼성 태양광발전소조차 상근자가 세 명뿐이라 일자리 증가의 효과가 미미하다. 또 발전설비 자체는 지방세 부과 대상이 아니므로 세수 증대 효과도 없다.

이와 유사한 사례로, 바이오 오일이나 셰일 오일/가스 문제가 있다. 바이오 오일의 경우 식용 식물 또는 식용 옥수수를 대안 에너지로 이용하여 자동차 등 기계를 움직인다는 것인데, 지구의 한편에서는 기아 문제로 고통을 당하는데(아프리카에선 5초마다 아이 한 명씩 아사하기도 한다고 한다) 다른 한편에서는 바이오 오일로 물질적 풍요를 지속하려 한다는 모순을 보인다. 다음으로, 셰일shale 오일/가스는 혈암(오랜 세월 동안 진흙이 퇴적하여 굳어진 지하 2000~3000m의 암석층) 사이사이에 섞여 있는 가스와 기름이다.* 원래 너무 깊어 개발이 거의 불가능한 것이지만 '피크 오일' 시대를 맞아 1990년대 후반에 '프래킹' 공법(강한 수압과 독성화학물질로 암석층을 깨가스와 기름을 짜내는 기술)이 개발되어 상용화되었다. 하지만 이는 물, 전기, 돈이 엄청나게 들 뿐 아니라 소음, 진동, 지하수 오염, 메탄가스 대량 발생 등 지구를 더욱 심층적으로 파괴하는 일이다. 대안 에너지 개발이 사람과 자연을 파괴하는 식이라면 더는 대안이 아니다.

한편, 에너지 전환 과정에서 생기는 빈틈 문제도 심각하다. 일례로 영국의 《파이낸셜타임스FT》는 2014년 1월 7일자 보도에서, 원자력 발전소를 점진적으로 폐기하기로 한 독일에서 갈탄을 이용한 발전이 2013년에 최대치를 기록했다고 말했다. 이것은 원자력 발전소의 가동 중단분을 메우는 과정에서 기존의 화석연료를 사용함으로써 발생하는 모순을 지적한 것이다. 갈탄은 태울 때 연기가 많이 나지만 유연탄의 일종으로 탄소함유량이 낮으면서도 발열량이 크고 값이 싸 독일과 폴란드, 체코 공화국 등 거의 모든 유럽 국가들의 발전소가 많이 사용하는 에너지원이다. 독일 발전업체 협회인 '에네르기빌란츠'에 따르면, 독일의 갈탄 발전량은 2013년에 1620억킬로와트아워kwh로 1990년 1710kWh 이후 최대치였다. 결국 독일과 영국, 프랑스와 이탈리아 등 유럽 4대 경제대국은 2030년 온실가스 배출량을 1990년에 견줘 최소 40%를 줄이는 방안을 추진 중이지만 사실상 수포로 돌아갈 위험이 커졌다. 앙겔라 메르켈 독일 정부는 이산화탄소 배출을 줄이고 원자력 발전에 대한 의존도를 낮추기 위해 풍력과 태양광 등 재생에너지 비중을 높이는 정책으로 재생에너지 발전량을 1470Kwh를 기록했다. 하지만 원자력 발전소의 단계별 폐쇄로 생긴 전력 공백을 화석연료의 일종인 갈탄 발전으로 채우려 함으로써 딜레마에 빠지고 말았다. 실제로, 독일의 이산화탄소 배출량은 2011년 9억 1700만 톤에서 2012년 9억 3100만 톤으로 늘어났고 2013년엔 2000만 톤이 더 증가했을 것으로 추정된다. 이

----

* 이하 《녹색평론》, 134호(2014. 1·2월호) 참조.

러한 사례에서 보듯이 에너지 대안을 모색하는 과정에서도 여러 차원의 문제를 종합적으로 검토함으로써 오류의 가능성을 줄여야 한다. 즉, 원자력 발전의 위험성이나 태양광 발전의 대자본 의존성, 대규모화로 인한 자연 파괴성과 전자파 유발성, 대안 에너지 전환 과정에서의 자기모순성 등 문제를 지혜롭게 헤쳐 나가야 한다. 진정으로 인류 자체의 생존을 위한 시간이 그리 길게 남지 않았는지도 모른다. 더 중요한 것은 바로 지금 우리가 살고 있는 이 순간이 과연 삶의 시간이 될지, 아니면 죽임의 시간이 될지는 바로 우리 자신이 결정할 문제라는 것이다.

5. 참된 삶의 주권을 위하여

이제 우리는 노동과정과 생활과정이라는 주제의 일부로서의 노동시간과 여유시간, 그리고 그 기저에 깔린 시간주권 문제, 나아가 생산과정과 생태 (에너지) 문제의 해결을 위한 시간 등에 관한 긴 논의를 마무리해야 한다. 나는 이 모든 주제가 결국은 삶의 주권life sovereignty 문제로 귀결된다고 본다. 삶의 주권이란 내가 내 삶의 참된 주인으로 살아가는 것이다. 그렇다면 내가 내 삶의 주인으로 산다는 것은 무엇일까?

그것은 삶의 내용과 형식을 내가 중심이 되어 책임성을 갖고 만들어가는 것이다. 결국 이것은 삶의 자율성life autonomy과 통한다. 삶의 자율성은 글자 그대로, 스스로 말미암는 '내재적 동기'로부터 출발한다는 의미에서의 자유를 근간으로 하되, 그 자유에 수반되는 책임을 성실히 지는 것이다. 그런데 우리는 결코 '나 홀로' 고립된 개인은 아니다. 개인individual이라는 말이 암시하듯이 '더는 나눌 수 없는' 존재로서의 우리는 뭔가 큰 덩어리로부터 분리된 존재이다. 즉, 개인은 보다 큰 덩어리인 공동체에 그 뿌리를 두고 있다. 따라서 우리는 삶의 연대성life solidarity 속에서 존재한다. 요컨대, 우리 인간은 삶의 자율성과 동시에 삶의 연대성을 존재의 전제로 갖고 있음과 동시에 존재의 실상이 그렇게 드러난다고 할 수 있다.

이제 보다 분명해졌다. 즉, 노동시간과 여유시간, 시간주권과 삶의 주권, 생산 문제와 생태 문제 등은 모두 노동과정과 생활과정을 연결하는 영역들로서 우리 삶의 중요한 본질을 드러내고 있다. 우리는 한편으로 시간 제약을 안고 사는 존재임과 동시에 다른 한편으로 광활한 생태계의 일부로서 공간 제약을 안고 사는 존재이다. 그래서 한편에서는 삶의 자율성을 추구하면서도 다른 편에서는 삶의 연대성을 추구해야지만 비로소 보다 온전하고 건강한 삶의 관계들이 회복될 것이다. 다시 말해 노동, 시장, 상품, 자본, 기계, 권력 등에 더는 종속되지 않고 삶의 자율적인 시간과 공간을 열어나가야 하면서도, 다른 편으로는 자연 생태계나 인간 공동체와 더불어 살 수 있는 연대성을 적극 발휘해야 하는 것이다. 이것이 진정한 삶의 주권을 실현하는 길이 아닐까?

노 동 중 독 과   소 비 중 독

1 . 일 중 독 의 의 의

노동중독 또는 일중독work addiction이란, 모든 중독이 그러하듯이 의존성, 면역성, 금단증상 등의 본질적 특성을 띤다(강수돌, 2007). 즉, 사람들이 자신의 존재감·만족감·정체성을 일(직무·노동·과업·성과·업적·점수·일자리·지위·보수·명함 등)에 의존하며, 갈수록 더 높은 성취를 해야만 만족도가 올라갈 뿐 아니라 해야 할 일이 없는 경우 불안감·공허감·허전함·무력감에 시달리는 일종의 질병 또는 행위 장애다. 여기서 일은 일종의 마약 역할을 한다.

누군가 일중독에 빠지면 가정생활에 해로운 영향을 미친다. 역으로, 가정생활에 친밀한 사랑의 관계가 결여될수록 자라나는 아이들은 일중독 성향을 띠기 쉽다. 이런 점에서 보더라도 노동과정과 생활과정은 밀접한 연관을 지닌다.

마치 우리가 마약에 의존하는 까닭이 삶의 고통을 잊기 위해서듯이, 일중독 또한 삶의 고통을 잊기 위한 것이다. 물론 일 자체 또는 일의 성과 자체가 주는 희열(짜릿한 쾌감), 또 그 희열로 인해 분비되는 특정 호르몬 등이 일중독을 촉진하기도 한다. 그런데 이것 또한 삶의 고통을 회피하기 위한 것인 경우가 많다. 그렇다면 무엇이 삶의 고통일까?

삶의 고통에는 여러 결이 있겠지만 가장 근원적인 것은 아주 어린 시절에 부모나 어른들에게 '조건 없는 사랑'을 충분히 받지 못했다는 사실을 토대로 한다. 어린 영유아에게 조건 없는 사랑은 배고픔을 달래는 젖(음식)보다 훨씬 더 중요한 영양소이다. 물론 배고픔을 달래는 일도 중요하지만, 아이가 춥거나 더울 때, 똥이나 오줌을 싼 뒤 기저귀를 갈아달라고 할 때, 뭔가 불만족스러워 또는 뭔가 갈망하여 심하게 울 때, 부모나 어른들이 얼마나 아이의 요청에 잘 응하는가 하는 문제가 조건 없는 사랑의 핵심적 척도이다. 이때 아이의 요청이 잘 수용되고 자연스럽게 해결될 때 아이는 조건 없는 사랑을 받는다는 걸 느끼며, '세상에 태어나길 잘 했다', 또는 '이 세상은 살아갈 만하다'고 느낀다. 이러한 평온함 또는 내면적 안정감을 느낀 아이가 자기 사랑이 가능하다. 이렇게 스스로를 사랑할 수 있는 아이가 되어야 비로소 주변 사람에게도 친절하게 대할 수 있다. 나아가 이런 아이는 다른 외부의 평가에 자신을 굳이 맞추려 하지 않는다. 이미 충분한 사랑을 받았고 내면이 안정되어 있기 때문이다. 반면 충분한 사랑을 받지 못해 내면이 불안한 아이들은 주변의 사랑이나 인정, 칭찬이나 주목을 받기 위해 특이한 행동을 하거나 시간이 갈수록 점수나 업적 올리기에 집착한다. 특히 전술한 특이하고 이상한 행동을 하는 경우 주변의 인정은커녕 오히려 비난이나 처벌을 받기도 한다. 이 경우 더더욱 점수나 업적, 성과에 집착하여, 일중독이 쉽게 발전해 나온다.

2. 일 중 독 과 직 장 - 가 정 균 형

'직장 - 가정 균형work-family balance'이나 '직장 - 가정 갈등work-family conflict'에
는 크게 세 차원이 존재한다. 그것은 시간 차원, 정서 차원, 행동 차원이다.
시간 차원의 갈등이란 직장에서 보내는 시간이 길어질수록 가족 행사나
보살핌 노동 등 가정에 쓸 수 있는 시간이 짧아짐으로 인해 발생하는 갈등
이다. 정서 차원의 갈등이란 직장에서 짜증나는 일을 경험한 상태로 가정
에 돌아왔을 때 가족이나 가정 분위기에 해로운 영향을 끼치는 경우이다.
행동 차원의 갈등은 직장의 행동 원리가 규칙성·정확성·신속성·효율성
등이라면 가정의 행동 원리가 친밀성·느긋함·관용성·인간성 등인 데서
오는 갈등이다. 전술한 일중독 문제의 심각성에 비춰 볼 때, 일중독은 대체
로 '직장 - 가정 균형'에 해로운 영향을 끼칠 것이다.

1970년대까지만 해도 '직장 - 가정 갈등' 문제는 직장과 가정이 상호 배
타적 영역으로 인식되어왔기 때문에, 직장인 자신은 물론 경영조직이나
국가기관들도 별 관심을 보이지 않았다(Duxbury & Higgins, 2006). 여기서
말하는 상호 배타성이란 크게 두 측면인데, 하나는 공간적 의미로서 '직장
의 일은 직장에서, 가정의 일은 가정에서'라는 의식이 강했다는 말이다. 이
것은 마치 테일러주의적 또는 포드주의적 노동과정이 총체적 노동과정을
분절화하여 별개의 작업 단위로 파편화한 것처럼, 직장과 가정 사이에도
총체적 생활과정이 분절되어 별개의 공간 단위로 취급되었음을 뜻한다.
그리하여 행여 직장인이 가정 일에 신경을 곤두세우거나 또는 가정에서
직장 일을 하게 되는 경우 주변 사람들이 '이상한 눈'으로 쳐다보게 되는 것
이 보통이었다. 둘째는 일종의 사회적 분업이란 의미인데, 그것은 대개 남
성들이 '생계 부양자bread-winner'로 통용되어왔기 때문에 '남성의 일은 직장
에서, 여성의 일은 가정에서'라는 의식이 강했다는 말과 통한다. 달리 말해

'남성은 가정에 무심하고 여성은 직장에 무심한' 것이 당연시되는 그런 상황이기도 했다. 물론 이 두 측면은 지금도 여전히 존재하지만, 갈수록 변화한다. 특히 여성의 노동시장 참여 및 정보통신 기술의 발전은 이 경계선을 더욱 흐리게 만든다. 그리하여 '직장 - 가정' 관계는 이제 상호 배타적인 것이 아니라 상호 연관적, 또는 상호 침투적으로 인식된다. 이에 경영학·심리학·가정학·사회학 등 여러 분야에서 관련 연구가 활발히 전개되었다.

특히 해외에서는 1980년대부터, 늦어도 1990년대부터는 다차원의 사회경제적 상황이 급속히 변하면서 관련 연구가 급증했다(Greenhaus & Beutell, 1985; Kirchmeyer, 1992; Osterman, 1995; Carlson et al., 2000; Byron, 2005; Duxbury & Higgins, 2006; Greenhaus & Powell, 2006; Burke et al., 2011). 그중에서도 인구구성이나 사회 경제적 조건의 변화는 노동관계 및 라이프 스타일에 큰 변화를 몰고 왔다. 가장 대표적인 지표가 노동시장에 대한 여성 참여 증대다. 그 연장선에서 맞벌이 가족 또는 '워킹 맘'이 증가했으며, 이혼이나 가족 형태 다양화로 인해 한 부모 노동도 점증했다. 이런 변화와 더불어 남성이 가족 돌봄이나 가사 노동 등에 참여하는 비율도 높아졌다. 게다가 선진국으로 갈수록 널리 관찰되는 현상 중 하나가 '저출산 및 고령화 현상'이다. 한국도 예외는 아니다. 그리하여 자녀 또는 노인을 돌봐야 하는 노동 인구나 이 둘을 동시에 보살펴야 하는 노동 인구, 즉 '샌드위치 세대' 노동 인구가 급증한다. 이에 더해 노동의 유연화가 일종의 신 경영전략으로 채택되고 전반적인 신자유주의적 구조조정과 맞물리면서, 긍정적인 가능성이 일부 있음에도 실제 현실에서는 노동 생활의 불안정이나 직장 - 가정의 불균형을 부채질할 위험이 고조된다(Lewchuk et al., 2011).

이러한 현실 변화 속에서 해외에서는 물론 한국에서도 직장 - 가정 간 균형 문제에 관한 사회적 관심이 높아졌다. 그것은 한편으로 현실적 불균형의 문제가 가정이나 개인의 만족도에 부정적 영향을 미친다는 인식 때문이었고, 다른 편으로는 그러한 불균형이 경영 조직의 효율성이나 경제 전체의 생산성에도 부정적인 영향을 미친다는 인식이 고조되었기 때문이다.

특히 일중독에 빠진 사람은 시간 차원이나 정서 차원, 행위 차원에서의 '직장 - 가정 균형'에 문제를 상당히 초래할 것으로 예측된다. 전술한바, 오늘의 현실은 갈수록 격화하는 세계시장에서의 경쟁과 이에 대응하는 기업과 정부의 신자유주의적 구조조정 전략, 그리고 노동자들에 의한 세계경쟁 및 기업논리의 내면화 및 생존경쟁 따위로 말미암아 '직장 - 가정 불균형'의 현실을 직시하고 개선할 방도를 찾는 것이 중요하다. 특히 노동자를 일중독으로 몰아가는 현실이 '직장 - 가정 불균형'을 조장할 위험이 크기 때문이다.

3. 자본주의 수레의 두 바퀴 : 일중독과 소비중독

어릴 적부터 가정이나 학교에서 주위의 기대를 채우는 데 거듭 성공한 사람, 즉 사다리의 상층부를 차지한 사람들은 갈수록 더 높은 성과를 내야 만족하게 되므로 '성취자형 일중독자'가 되기 쉽다. 이들에게 일이란 일종의 흥분제 역할을 한다. 반면에 주위의 기대를 채우는 데 실패를 거듭한 사람, 즉 사다리의 중하층을 차지한 사람들은 내면적 좌절감이 깊은 나머지 오로지 일 속에 파묻혀 아무 생각 없이 지내고자 하는 '패배자형 일중독자'가 되기 쉽다. 이들에게 일이란 일종의 진정제 역할을 한다(강수돌, 2007).

그런데 일중독자들은 자신이 느끼는 내면의 스트레스(노동의 압박감이나 긴장감, 실패에 대한 두려움, 경쟁에 대한 공포 등)를 노동과정의 인간화나 민주화를 통해서 풀기보다는 더 높은 성과나 아니면 소비를 통해서 풀려는 경향이 있다. 자본주의 시스템 입장에서는 최적의 상황이다. 사람들이 죽도록 일하고 죽도록 소비하는 것이야말로 무한이윤을 생산하고 실현하는 데 최적의 토대이기 때문이다.

일찍이 T. 베블렌이 『유한계급론The Theory of the Leisure Class』에서 지적한바, 사다리 질서의 상층부로 갈수록 '과시적 소비'를 하고자 한다. 자신의 진정한 필요가 아니라 남에게 보이고 자랑하기 위한 소비를 말한다. 내면이 안정된 사람일수록 필요에 충실하지만, 그렇지 못한 경우 비교와 경쟁, 자랑이나 과시에 집착한다. 그래야 자신이 인정받고 존중받는다고 느끼기 때문이다. 그런데 이런 경향은 사다리의 상층부 일만이 아니다. 실제로는 사다리 질서의 하층부에 있는 사람조차 '과시적 소비'는 아니라 할지라도 갈수록 '중독적 소비' 성향을 보이기 때문이다. 이들은 노동자로서는 큰소리 못 치고 감독자의 지휘에 종속되지만, 소비자로서는 큰소리 칠 수 있으며 백화점이나 가게의 종업원을 지배한다는 착각을 하기 때문이다. 이런 생각의 기저에는 '인간다움'을 느끼려는 욕구가 깔려 있지만, 불행히도 자본주의 사다리 질서 속에서는 이것이 다양한 형태로 왜곡되어 나타난다.

한편 사람들이 소비중독에 빠질수록 돈이 많이 필요하게 되어, 스스로 더 많은 돈을 벌기 위해 일에 더욱 중독적으로 매달려야 한다. 이렇게 해서 자본주의 시스템 아래서는 일중독과 소비중독이 서로가 서로를 조장하며 자라난다. 그 쳇바퀴 속에 들어갈수록 사람들은 사다리 질서 자체의 변화보다는 사다리 질서 속에서의 상승을 더욱 갈구한다. 사람들이 그렇게 변해갈수록 자본주의 시스템, 즉 자본관계는 더욱 공고해진다.

여기서 잠시 줄리엣 B. 쇼어 보스턴 대학 사회학 교수의 저서에 주목해보자. 『과로하는 미국인The Overworked American』(1992), 『과소비하는 미국인The Overspent American』(1999) 등의 저서에서 쇼어는 미국 사회의 소비문화를 짚어왔고, 『Plenitude: The New Economics of True Wealth』(2010)*에서 사회생태적 대안 경제를 제시한 바 있다. 쇼어는 하버드대 경제학 교수로 재직하다 주류 경제학의 무한 성장 패러다임에 반대해 과감히 사임했다. 이어 보스턴 대학으로 자리를 옮겼고, 사회·경제·생태적으로 지속 가능한 삶을 추구하는 '뉴 아메리칸 드림 센터'의 공동 창립자이다(《한겨레21》, 847호, 2011.2.11).

쇼어 교수는 미국인들이 잘못된 가치관과 시스템으로 인해 한편에서는 과로하고 다른 편에서 과소비하며 '다람쥐 쳇바퀴 식' 인생을 살고 있다고 지적한다. 새로운 '풍요'를 위해 생태적이며 사회적인 책임의식을 회복하자고 하지만, 그렇다고 그저 '소박하게 살자'든지 '적게 소유하자'는 식의 희생적 패러다임을 주창하는 건 아니다. '충분함plenitude'의 원리를 토대로 하여 노동·소비·일상생활에 완전히 다른 원칙을 도입하는 현명한 경제제도와, 혁신과 거시경제학적 균형을 강조하면서 다양한 부의 원천을 최대한 활용하는 것이 새 '풍요'의 핵심이다. 즉, 충분함이 곧 풍요다. 또 정부나 기업 등 거대한 조직이 아닌 개인이 새로운 경제 구축에 참여하는 것이 그 원동력이다. 이 풍요엔 네 가지 원칙이 있는데, 시간의 재분배, 필요한 물건의 자체 조달, 착한 소비, 그리고 사람과 지역사회에 대한 투자다. 이것이 잘 결합되면 '적게 일하고 적게 쓰며 더 많이 만들고 더 많이 교류하는 삶', 즉 충분하고도 풍요로운 삶이 된다.

특히 미국인들은 "일은 너무 많이 하고, 허겁지겁 식사를 하며, 사회적 교류는 너무나 부족하고, 오랫동안 운전석에 앉아 막히는 도로만 바라보고 있으며, 수면도 충분히 취하지 못한 채 하루의 시간 중 대부분을 스트레스에 시달리며 보낸다". 실제로, 노동시간이 길어지니 음식은 주로 밖에서 사먹고, 집안일은 또 다른 근로자를 고용해 해결한다. 결국 더 많은 돈을 쓰지만 실제로는 삶의 기본 요건도 제대로 해결되지 않는다. 의료비·교육

----

* 이 책은 2011년에 『제3의 경제학』(구계원 옮김, 위즈덤하우스)으로 번역되었다.

비·육아비가 올라 일을 많이 해도 실질 임금은 떨어진다. 쇼어 교수는 보편적 사회보장제도와 복지정책을 잘 구축해 근로시간을 줄여도 기본 생활을 영위할 수 있게 하고, 유급근로·임금소득·시장소비 세 요소를 모두 줄여 개인의 행복뿐 아니라 생태학적 지속 가능성을 추구해야 한다고 한다.

특히 대량 소비 대신 필요한 물건을 자체 조달하는 것은 현명하고 지속 가능한 삶을 위한 든든한 기둥이다. 도시에 사는 가정에는 적용하기 힘든 얘기라고 치부할 수 있지만, 실제 여러 예를 통해 지속 가능성과 자급자족이 결합한 생산 활동이 늘고 있음이 확인된다. 도시에서 채소를 기르거나 대체에너지를 사용한 가전제품을 쓰고 스스로 천연 재료를 이용해 집 짓는 이들을 볼 수 있지 않은가. 전반적인 기술 수준이 높아졌고 이 기술을 조금씩 적용한다면 누구나 스스로 생산할 수 있다. 이는 비용 절약뿐 아니라 지식 집약적 기술 습득, 또 소규모 사업체의 탄생으로 이어진다. 쇼어 교수는 자급자족적 생산방식이야말로 근대 이전 시대와 탈근대 시대의 장점만을 취사선택한 미래형 생산방식이라고 설명한다.

게다가 '소비하지 말라'는 비현실적 주문 대신 '풍요로운 삶으로 인해 자유시간이 늘어나면 소비 욕구를 억제하기보다 적극적으로 충족시키라'고 그녀는 말한다. 소비 욕구를 적극적으로 충족시키는 방법은 양보다 질을 추구하는 '슬로 소비'다. 수선 등을 통해 수명을 늘릴 수 있는 제품, 한 가지 제품으로 여러 기능을 사용할 수 있는 제품, 효율적으로 사용할 수 있는 제품을 소비한다. 함께 쓸 수 있는 자전거나 자동차 등을 공유하는 방식 역시 소비의 한 가지 방법이다. 이것이 개인의 만족감도 높이고 지구도 살리는 보다 현명한 방법이 아닌가.

이제 보다 분명해졌다. 삶의 질 향상이나 참된 행복 증진이라는 목표와 중심을 바로 세운 채 왜 우리가 이런 식으로 노동하고 소비하며 사는지에 대해 총체적 통찰력을 획득하는 것이 참된 삶에 대단히 중요하다. 그렇지 않고 지금처럼 그저 맹목적으로 달려간다면 우리는 자칫 노동중독과 소비중독이라는 자본주의의 두 수레바퀴만 굴리다가 인생을 헛되이 마감하기 쉽다. 물론 개인적 결단만으로는 사태가 해결되지 않는다. 이런 가치관의 전환 또는 패러다임의 전환이 사회구조적·총체적으로 일어나야 한다. 그래야 개인적 변화도 더욱 쉽게 촉진될 수 있다. 이런 맥락에서 개인적 변화와 사회적 변화는 상호 상승작용을 하면서 같이 이뤄져야 바람직하다.

4. 새로운 풍요: 패러다임 변화의 전제 조건

전술했듯이 새로운 풍요는 결코 저절로 이뤄지지 않는다. 그것은 개인적·사회적 패러다임paradigm의 전환이 일어나야 가능해진다. 여기서 말하는 패러다임이란, 동시대인이 공유하는 근본적인 가치관이나 사고방식, 행동방식을 총괄적으로 일컫는다. 그렇다면 패러다임의 전환은 어떻게 일어날 수 있는가?『과학혁명의 구조The Structure of Scientific Revolutions』에서 토머스 쿤은 기존의 패러다임으로 설명되지 않거나 해결될 수 없는 문제들이 누적되어 더는 버티기 힘들 때, 또한 새로운 패러다임이 설명하거나 해결할 수 있는 이슈가 점차 증가할 때, 비로소 패러다임 변화가 급격히 일어난다고 한다.

이런 맥락에서 그렇다면 기존의 패러다임은 무엇인가? 지금까지 수백 년 동안 우리를 지배해온 패러다임은 대량생산·대량소비·대량폐기의 패러다임이요, 무한성장·무한이윤·무한경쟁의 패러다임이라 할 수 있다. 앞서 이야기한 일중독과 소비중독조차 이러한 패러다임을 지탱하는 톱니바퀴에 지나지 않는다. 그런데 현실의 우리 삶을 냉철히 들여다보면 볼수록, 우리는 이러한 패러다임이 더는 바람직한 것도 아니며 지속될 수도 없음을 알게 된다. 오히려 파괴와 절망의 시간이 더욱 빨리 다가오고 있음을 느끼는 것이 솔직한 우리의 현실이다. 이런 '불편한 진실'을 솔직히 인정하는 것이 새로운 희망의 단초이자 출발점이 아니던가.

그렇다면 과연 새로운 패러다임은 어떻게 발전되어 나올 수 있는가? 이미 토머스 쿤이 말한바, 패러다임의 전환은 어느 날 갑자기 구舊패러다임이 종결되고 다음 날부터는 신新패러다임이 발전하는 방식으로 이뤄지지 않는다. 오히려 그것은 "썩은 손톱 아래서 새 손톱이 서서히 자라나기 시작해 마침내 썩은 손톱을 자연스레 밀어냄으로써" 일어난다(김진홍, 1982). 즉, 이미 구래의 패러다임 아래서도 이미 많은 선각자들이 새로운 패러다임의 씨앗을 뿌렸으며, 현재도 뿌리고 있다. 때로는 새로운 패러다임이 나날이 번창도 하고 작은 결실을 거두어내고 있기도 하다. 가장 대표적인 예가 대안학교, 공동체 마을, 협동조합, 사회적 기업, 노동자 자주관리 기업, 유기농 생협, 착한 소비, 공정무역, 민중무역 등이다. 다만 우리가 잘 모르고 있었거나 무관심했을 뿐이다. 무지·무관심·무기력이 참된 변화를 이뤄나가는 데 대단히 큰 적인 셈이다. 냉소주의나 패배주의도 커다란 장애물이다. 발상을 전환하고 우리 자신의 힘을 재발견할 필요가 있다.

게다가 근대 자본주의 시스템에 의해 파괴되기 이전의 공동체적 삶의 관계들을 생각해보라. 바로 이것이야말로 새로운 패러다임을 열어나가게 하는 실마리가 아닌가? 스웨덴의 언어학자이던 헬레나 노르베리-호지가 인도 북부의 라다크 마을을 방문하고서는 '오래된 미래'를 발견하고서는 아예 눌러앉아 버렸다는 이야기는 이미 오래된 상식이다. 가까이는 1970년대 이전의 우리나라 농어촌 공동체도 라다크 마을 못지않은 공동체적 삶의 양식을 고이 간직해왔다. 두레와 품앗이 등 상부상조하는 삶의 관계들이 일중독과 소비중독에 찌든 현대인의 삶의 관계에 비해 훨씬 건강하고 행복했다. 이런 면에서 향후 우리가 새로운 패러다임을 열어나가려면 오래전 잃어버린 역사적·사회적 기억을 되살려내야 하고, 동시에 이미 출발하여 시행착오를 거치며 한걸음씩 나아가고 있는 대안적 패러다임에 더욱 적극적으로 참여, 지원하고 촉진해야 한다. 요컨대 개인적·조직적·사회적 변화가 서로 상승작용을 하면서 함께 변화해나가야 한다.

사 회 임 금 과 행 복 사 회

1. 사 회 임 금 의 의 의

노동자가 일을 하고 받는 임금wage은 직접 임금이다. 물론 부가급여fringe benefit라 해서 휴가비, 자녀 양육비나 장학금, 휴양시설 이용권, 건강진단 등 각종 복리혜택 같은 간접 임금도 직접적 노동 관련을 갖고 있다. 그렇지만 사회임금social wage이란 한 사회의 구성원이라면 누구나 누릴 수 있는 혜택을 비롯하여 전체 사회(그것이 중앙 정부이건 지방 정부이건 가리지 않고)로부터 받는 금전적·비금전적 급부를 말한다. 사회임금은 주로 유럽의 복지국가에서 체계적으로 발달, 실현되는 것이긴 하지만, 갈수록 대량실업 또는 불완전 고용 증가 등 '노동사회의 위기'가 도래하면서 직접적 노동을 수행하지 못하더라도 사회 구성원이라면 최소한의 기본권은 보장받아야 한다는 논의가 활성화하면서 그 사회적 중요성을 더 많이 획득하고 있다.

한 개인이나 가정이 인간다운 삶을 영위하기 위해 최소한 필요한 자원이 있다면, 자본주의 사회에서 개인이나 가계는 여태껏 그 자원을 고용된 노동을 통해 그 소득(임금)으로써 해결해왔다. 대체로 아버지가 전통적 생계부양자였으나, 오늘날은 맞벌이 부부가 대세로 수용되고 있다. 하지만 한편으로는 물가상승이, 다른 한편으로는 생활의 화폐의존도가 증가하면서 임금소득만으로 인간다운 삶을 영위하기가 갈수록 어려워진다. 그나마 일자리가 있는 경우는 좀 낫지만, 세계적으로 증가하는 실업이나 불완전 고용 아래에 있는 이들*은 삶이 처참해진다. 오늘날은 국내외 할 것 없이, 일을 해도 빈곤한 '워킹 푸어working poor' 계층이 증가하는 중이다. 바로 이런 맥락에서 고용 또는 취업, 노동과 무관하게 누구나 최소한의 소득이 보장되어야 한다는 의미에서, 사회임금social wage 또는 기본소득basic income 같은 논의들이 활성화하고 있다. 이미 서양에서는 오래 전부터 (비스마르크 통치 하 독일의 경우 이미 1880년대부터, 또 영국은 '요람에서 무덤까지'라는 개념으로 유명한 1942년의 베버리지 보고서에서) '사회안전망social safety net'으로서 사회복지 제도social welfare system가 구축되기 시작했다. 요컨대, 노동시장과 생활과정이 갈수록 연관성이 떨어지고 있다는 문제의식에 기초하여, 노동이나 취업과 무관하게 최소한의 인간적 삶을 보장하기 위해 사회임금, 사회보장, 시민급여, 기본소득 등 다양한 개념과 아이디어가 속출하게 된 것이다.

2. 물질적 부의 증대와 인간 행복

우리는 왜 모두들 열심히 일하며 살아갈까? 결국 그것은 행복하게 살고자 하는 노력이다. 그러나 열심히 일하여 많은 물질적 부를 쌓았는데도 행복하지 않다면? 1960년대 초 한국의 1인당 국민소득 80달러에서 2013년의

---

* 불안정하고 불완전한 고용 상태에 있는 이들을 precarious와 proletariat의 합성어인 '프리캐리아트precariat'라 한다. 이진경·신지영(2012) 참고.

2만 6000달러는 무려 300배가 넘지만, 늘어난 것은 행복감보다 스트레스가 아닐까?

지구촌행복지수HPI: Happy Planet Index란 개념이 있다. 이것은 영국의 신경제재단New Economics Foundation이 2006년 7월에 도입한 지수로, 사람들의 행복과 삶의 질을 지표화한 것이다. 이 행복지수에는 삶의 행복지표, 환경오염지표, 기대수명지수 등이 포함되어 있다. 지금까지 세계 각국은 물질의 부 중진이 저절로 인간 행복을 갖다 줄 것처럼 믿어온 경향이 있다. 그러나 현실이나 이론적 측면에서 그렇지 않다는 점이 여실히 드러나고 있다. 이런 면에서 참된 행복의 방향을 제시하기 위한 새로운 노력이 많이 경주되어야 한다. 영국 신경제재단의 HPI 지수 또한 이런 맥락에서 중요하다. 신경제재단은 2006년 이후 3년마다 세계 각국의 HPI를 발표하고 있다.

2006년엔 178개국 중 행복지수가 높은 국가가 바누아투·콜롬비아·코스타리카·도미니카·파나마 순으로 나타났고, 2009년에는 코스타리카가 1위로 올라섰으며 자메이카·과테말라·베트남이 상위국에 올랐고 탄자니아·보츠와나·짐바브웨 등은 하위국으로 나타났다. 2012년 조사에서는 151개국을 대상으로 했고, 코스타리카가 연속 1위, 부탄·베트남·콜롬비아·벨리즈·엘살바도르가 상위국에 들었고, 하위국에는 보츠와나·차드·카타르가 포함되었다. 흥미롭게도 HPI에서는 대체로 부자 나라들이 아니라 비교적 가난하면서도 사회적 제도나 생태적 환경이 건강한 나라들의 행복도가 높은 것으로 나타났다. 50년 전이나 지금이나 오로지 국내총생산GDP나 수출액, 외환보유액 같은 돈벌이 경제에 몰입된 대한민국의 입장에서는 바삐 달리던 경주를 좀 멈추고 무엇이 인간 삶에 가장 중요한 것인지 되짚어야 한다.

한편, 2013년엔 유엔에서 세계 행복도 조사 결과를 발표했다. 이 조사는 미국 컬럼비아 대학에 의뢰하여 실행되었는데, 그 순위를 매긴 근거는 유

표 11-1 • GDP 중 공적 사회지출의 비중 (단위: %)

	1980년	1990년	2000년	2005년	2007년	2011년
덴마크	24.8	25.1	25.7	27.2	26.0	29.9
스웨덴	27.1	30.2	28.5	29.4	27.3	27.2
프랑스	20.8	25.1	27.9	29.2	28.4	30.4
독 일	22.7	22.3	26.2	26.7	25.2	26.4
영 국	16.7	17.0	19.2	21.3	20.6	23.7
미 국	13.1	13.4	14.5	15.9	16.2	20.3
한 국	-	2.9	5.0	6.9	7.5	9.4
OECD 평균	16.0	18.1	19.3	20.5	19.3	22.1

자료: OECD 통계 자료.

엔 인권 조사 및 갤럽 여론조사라고 한다. 이 결과에서 세계 최고의 행복 국가는 덴마크, 노르웨이, 스위스, 네덜란드, 스웨덴 등으로 나타났다. 대개 우리가 아는 복지국가들의 행복도가 높다는 것을 알 수 있다. OECD가 제공하는 세계 각국의 공적 사회지출 통계치를 보면 이 문제를 설명하는 한 실마리를 찾을 수 있다.

공적 사회지출public social expenditure/spending이란 인간다운 삶을 살아가는 데 필요한 지출 부분을 국가나 공동체 등 사회 전체가 부담하는 것, 보다 구체적으로는 "정부가 연금, 수당, 보건 등의 영역에 투입하는 자원의 총량"(김윤태·서재욱, 2013: 170~171)이다. OECD 국제비교에서는 각국의 국내총생산GDP 중에서 공적 사회지출이 차지하는 비중을 보여주는데, 유엔 행복도 국제비교의 순위 결과와 대체로 일치함을 알 수 있다. 즉, 주거문제, 양육 및 교육 문제, 의료 문제, 노후 문제를 사회 공공적으로 해결하는 정도가 높을수록 그 사회구성원의 행복도는 높다.

앞의 신경제재단 행복지수와 유엔 행복지수 비교 결과를 곰곰이 들여다보면 우리는 이런 점을 확인할 수 있다. 첫째, 물질적으로 부유하지 않더라도 사람과 사람, 사람과 자연이 더불어 사는 사회라면 사람들의 행복도는 충분히 높을 수 있다는 점이다. 물질적 풍요를 위해 노동시간이 늘어나고 아이들과 함께하는 시간이 줄어들며 건강이나 공동체가 망가진다면 우리는 결코 행복하지 않음을 알 수 있다.

둘째, 물질적으로 풍요로운 나라가 될수록 개인이 벌어들이는 소득수준 그 자체보다는 인간다운 삶을 위해 필요로 되는 비용이나 지출 부분을 사회가 전체적으로 같이 해결하는 비중이 높아질수록 사람들의 행복도는 높다는 점이다. 이것은 전통적인 '파이의 크기size of pie' 문제보다 '파이의 분배share of pie'가 공정하게 또는 정의롭게 잘 이뤄져야 행복할 수 있음을 지적한다. 결국 돈이 문제가 아니라 돈을 어떻게 쓸 것인가 하는 문제가 중요한 셈이다.

셋째, 두 가지 지표가 은근히 말하고 있는 것은 '파이의 원천source of pie'이 건강해야 한다는 점이다. 노사가 제 아무리 열심히 일해서 파이를 크게 만들고 이를 나름 공정하게 분배한다고 하더라도 파이의 원천 자체가 사람이나 자연을 파괴해서 만든 것이라면 근본적으로 문제라는 것이다. 그렇게 되면 모두 배부른 돼지가 되거나 질병에 고통 받는 돼지가 되어 행복한 삶을 영위하기 쉽다. 이런 점에서 생산과정과 노동과정, 생활과정 전제가 '삶의 질'을 중심으로 재구성되어야 한다. 삶의 질 향상에 도움이 되지 않는 생산과정이나 생활과정은 과감히 척결해야 하며, 삶의 질 향상에 도움이 되는 것들은 개인적으로나 사회적으로 촉진하고 고양해야 한다.

3. 이스털린의 역설과 삶의 질

이스털린의 역설Easterlin's paradox이라는 개념이 있다. 미국의 경제사학자

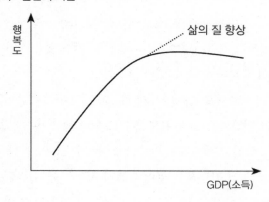

그림 11-1 • 이스털린의 역설

세로축: 행복도

가로축: GDP(소득)

삶의 질 향상

리처드 이스털린이 1974년의 한 논문(Easterlin, 1974)에서 주장한 것으로, 소득이 증가할수록 행복도가 증가하지만 일정한 수준을 지나 장기적으로 보면, 기본적인 욕구가 충족된 이후에는 행복도가 더는 증가하지 않는다는 것이다. 통속적인 말로 "돈으로는 행복을 살 수 없다"는 말과도 일맥상통한다. 경우에 따라서는 소득 수준이 증가해도 오히려 행복도가 내려갈 수도 있다. 그 당시 기준은 약 1만 5000달러 수준이었다.

그는 1946년부터 1970년까지 빈곤국과 부유한 국가, 사회주의와 자본주의 국가 등을 골고루 포함하여 수십 개 국가의 행복도를 비교 연구했는데, 소득이 어느 일정 시점을 지나면 행복도가 그와 비례하지 않는다는 현상을 발견했다. 미국 같은 경우 1950년대 말(1958년 무렵)이 가장 행복했던 시기이며 1960년 이후로는 별로 행복도가 높지 않게 나타났다. 일부 반론도 있지만, 이러한 역설은 최근에도 재확인되고 있다. 이스털린 교수도 말한바, 우리나라나 홍콩, 대만 같은 곳이 대표적이다. 한국은 지난 50년간 급성장을 통해 세계 경제규모 15위라는 성취를 이뤘지만 정작 행복 수준은 제자리걸음 또는 후퇴했다. 2013년 유엔 세계행복보고서 기준 행복 순위는 41위(총 156개국), 경제협력개발기구OECD 행복지수Better life initiative 기준에서는 27위(총 36개국)로 나타났다. 유엔 조사에 따르면 세계 제1의 경제 대국 미국의 행복 수준도 156개국 중 17위에 그친다.

사람들이 기본적 욕구인 식·주·의 등을 해결할 정도만 된다면 그 이후부터는 물질적 수준 향상보다는 '삶의 질' 향상에 신경을 쓰는 것이 행복도를 높이는 지름길임을 여기에서 알 수 있다. 이 책에서 일관되게 말하는 삶의 질quality of life이란, 전술한바 크게 네 차원을 포함한다. 건강과 여유 차원, 존중과 평등 차원, 인정스런 공동체 차원, 조화로운 생태계 차원 등이다. 많은 경우 기본 생계를 해결하는 과정에서조차 삶의 질은 파괴되기 일쑤이다. 이런 면에서 더 근본적으로 말하면 아예 가난한 시절부터 '삶의 질'을 생각하며 조금씩 천천히 나아지는 방향으로 살아가는 것이 개인적으로나 사회적으로, 나아가 지구 전체적으로 바람직하다고 할 수 있다. 왜냐하면 무한 성장을 통한 부자 되기 경쟁이 결국은 개인과 공동체, 생태계를 파괴하는 방향으로 치닫기 때문이다. 인류가 역사적으로 경험한 전쟁이나 식민지, 제국주의, 각종 오염과 자원 고갈, 오늘날의 식량위기, 에너지 위기와 핵 위험, 지구온난화 등 기후위기 같은 일도 결국 이런 맹목적 성장 과정과 무관하지 않다.

4. 경 제 발 전 과 사 회 복 지

2005년 11월 22일, 서울에서 매우 흥미로운 국제 학술회의가 열렸다. 이 회의에서 경제사의 국제적 권위자로 알려진 미국 캘리포니아 주립대의 피터 린더트Peter Lindert 교수가 "1980년대 이후 OECD 국가의 경험에서 소득재분배가 국가생산에 악영향을 미친다는 계량경제학적 증거는 전혀 없다"는 논문을 발표했다(Lindert, 2004). 여기서 '복지국가'란 GDP 대비 공적 지출(공공부조, 실업급여, 공적연금, 공공보건, 주거보조 등)이 20% 이상인 나라다. 나아가 그는 "복지국가는 보건의료가 효율적이고 아동보육이나 여성 근로 지원이 탄탄하며 소득이전의 부정적 효과를 제한하는 제도를 갖추고 있다"며 소득재분배를 잘 하는 것이 오히려 '성장촉진적'이라고 했다. 결국 린더트 교수는 계량 분석을 통해 "복지국가로 불리는 독일, 스웨덴, 노르웨이의 노동자가 사회지출이 취약한 미국이나 일본보다 일은 훨씬 적게 하는데 생산량은 비슷하다"면서 "미국 내에서도 코네티컷, 뉴저지, 캘리포니아 등 소득재분배에 관대한 주州들에서 경제성장이 저해되기보다는 오히려 촉진되고 있다"고 주장했다. 크게 보면, 이 학술회의는 한국의 우파들이 "복지국가적 지출이 경제성장을 저해한다"며 당시 노무현 정부(2003~2007)를 '좌파 정권'이라 매도하는 공격에 맞서 이론적 안티테제를 제시하려는 의도가 강했다고 본다.

그러나 불행히도 이 모든 논의는 허공에 던진 외침 같았다. 두 가지 측면에서 그렇다. 보수 우파는 이런 논의에 아예 눈길도 주지 않았다. 그리고 당시 정부는 이런 논의를 진지하게 실천적으로 반영하기보다는 실행 중인 신자유주의의 외적 포장에 활용하는 데 그쳤다. 우리가 경험하는 현실은 신자유주의 세계화와 더불어 시장 만능주의라는 망령이 세상을 압도하고 있다. 세상만 압도당하는 것이 아니라 사람의 생각과 영혼까지도 시장 만능주의에 굴복 중이다. 게다가 많은 경우 복지국가 논리조차 여전히 '성장 이데올로기'에서 자유롭지 못하다. 그런 뜻에서 정말 지금은 '위기'다.

이러한 시장 만능주의가 현실의 삶을 총체적으로 지배할수록 사회와 공동체는 지속적으로 붕괴 위협에 처한다. 동시에 역설적이게도 사회와 공동체의 붕괴로 인해 시장 만능주의 체제 자체도 위험에 처하게 된다. 오늘날 갈수록 '역사의 종말'(후쿠야마)이 아니라 '자본주의의 종말'(알트파터)이

거론되는 것도 결코 현실적 근거가 없는 것은 아니다. 심지어 MS 사의 회장으로 자본주의 시장 사회의 첨단을 걷는 빌 게이츠조차 2007년 6월 7일 하버드대 졸업식의 한 연설에서 "세계가 자본주의의 구조적 모순인 불평등 문제를 해결하지 못하면 자본주의는 위기에 처하게 되리라"는 메시지를 던질 정도였다.

이런 맥락에서 기존 시장 만능주의라는 현실에 직면하여 저항과 대안이 모색되기도 한다. '시장국가 아닌 복지국가'라는 진보적 학계 일각의 문제 설정이나 '공공성 강화' 내지 '실질적 민주주의'를 내세우는 사회운동의 새로운 모색도 바로 이런 시도의 연장에 있다. 2007년 11월 30일에 개최된 제4회 한국사회경제학계 공동학술대회의 공동 주제가 '시장국가인가 복지국가인가'로 설정된 것은 시사적이다. 이 학술대회에는 한국산업노동학회, 한국사회과학연구소, 대안연대, 복지국가소사이어티, 한국사회경제학회 등의 진보적 학자들이 적극 참여했다. 이들이 생각하는 장기적 전망의 대안 체제는 경제·노동·복지 등 세 축이 상호 연계되면서 '보완성'을 가져야 한다고 본다. 특히 제주대 이상이 교수는 참여 정부의 양극화 성장 체제가 역설적이게도 5대 민생 불안, 즉 고용 불안, 교육 불안, 주거 불안, 노후 불안, 건강 불안을 유발했다고 보았다. 강원대의 정준호, 이병천 교수는 배제된 자들에게 공평한 시민적 몫stake을 쥐어주고 공적 협력을 위한 경험과 훈련을 쌓는 질적 단절을 통과해야 한다고 강조했다. 요컨대 혁신 주도 경제와 사회경제적 시민권이 선순환하는 대안적 복지국가 건설이 필요하다는 것이다.

그러나 '시장국가냐 복지국가냐' 하는 식의 문제의식은 시장이든 복지든 '국가의 울타리'를 벗어나 상상할 수 있는 힘을 사전에 차단하는 효과를 지닌다. 왜냐하면 고려대 고세훈 교수의 『국가와 복지』에서처럼 "복지국가는 소비수단의 제공 즉 소비적 복지를 통해서 시장실패의 폐해에 대한 사후적 교정이라는 소극적 역할 외에도, 생산적 복지 즉 총수요를 고용한다든가 인적 자원의 질을 향상시킴으로써 축적을 위한 적극적인 기능을 수행"하기 때문이다. 이런 면에서 국가는 '시장의 외부자'이기도 하지만 '그 내부자'이기도 하다. 따라서 시장국가냐 복지국가냐 하는 문제의식은 시장과 국가 사이의 일차원적 줄다리기에 그칠 위험과 더불어 일관성이 결여되어 있다.

5. 참 된 복 지 와 행 복 사 회 의 모 색

스웨덴 복지국가 구상의 주요 모델이었던 '렌 - 마이드너 모델'이 정치경제적 조건 변동 및 실업 증대와 더불어 제대로 작동을 못하게 되자, G. 렌은 '자유선택사회' 구상을 1977년에 제출했다. 그는 '자유선택사회를 향해'라는 글에서 향후 선진 복지국가에서조차 노동운동 쇠퇴, 실업과 비정규 노동의 증가 등 여러 조건의 변화가 노동 유연화를 추동할 것이라 정확히 내다보았다. 즉 노동시간 단축과 더불어 평생 교육의 확대, 휴가의 장기화, 노동이동 증가, 서비스 섹터의 증가, 여성 노동시장 진출 확대, 심야 및 조조 노동의 증대 등이 바로 그것이다. 그러나 렌은 이러한 신자유주의적 경향에 보다 적극적으로 대처하여 '보편주의적' 복지제도와 연계하려는 제안을 한다. 다시 말해 이제는 사람들이 교육, 노동, 퇴직 등으로 확연히 구분되는 단계로 살아가는 것이 아니라, 자신의 내적 필요에 따라 노동시장과 교육에 진·출입하는 것을 자유로이 선택하는 사회를 만들 수 있다는 것이다. 따라서 렌은 산업사회의 변화를 기존 복지국가에 대한 위협으로만 보지 않고 '자유선택사회'를 제대로 만드는 기회로 보자고 제안한 것이다.

이 전향적 시각은 그 뒤 A. 고르의 '문화사회'론으로 이어진다. 그는 H.

아렌트의 '노동사회 위기' 테제(1958)를 이어받아 『경제적 이성 비판Critique of Economic Reason』(1989)에서 이제는 '노동사회'에 대한 집착을 버리고 '문화사회'로 이행하는 것이 사회운동의 올바른 전략이라 본다. 문화사회란 억압적 노동을 중심으로 사회 통합이 이뤄지는 사회가 아니라 창조적 활동을 중심으로 사회가 재구성되는 사회다. 이 문화사회론은 K. 마르크스가 말한 '자유의 왕국' 비전과 비견될 만하다. 즉 고르는 연간 1000시간 정도, 주당 20시간 정도로의 과감한 노동시간 단축과 더불어 다양한 창의적 활동을 통해 자유의 왕국을 실현할 수 있다고 보았다. 이 노동시간 단축을 통한 자유시간 확장은 전일제 노동 및 과잉 소비의 축소와 연결된다. '더 짧게 더 잘, 그리고 다양하게' 일하고 다르게 생산함으로써 더욱 '참되게 살 수 있다'는 것이 그의 새 철학이다. 이 정치 생태주의political ecology는 현재의 생산시스템이 생태계에 미치는 충격을 줄이려는 노력을 넘어, 그 배후의 자본주의적 축적논리의 전제에도 도전한다. 자본주의적 축적은 자본집중과 과잉소비를 필요로 하지만 많은 욕구들은 덜 격렬하게 공급되는 내구적 제품에 의해 만족될 수 있으며 소비자의 필요는 더 많은 자유시간에 의해 감소될 수 있다. 또 우리가 '다른 방식'으로 소비한다면 우리는 더 적게 소비하면서 더 나은 삶을 살고 노동할 수 있다. 따라서 생태주의적 접근은 패러다임의 전환과 관련되며 경제적 합리성과 상품교환이 적용되는 영역을 축소하고, 그것을 양화될 수 없는 사회적·문화적 목적에 종속시키고 개인의 자유로운 발전에 종속시키는 것을 목표로 한다. 경제의 생태학적 재구성은 필연적으로 반자본주의적이고 사회주의적 지향을 가진다.

또 고르는 수혜자들에게 외적 의존성과 타성화·객체화를 조장하는 사회적 보장소득 혹은 보편적 보조 등의 발상에 반대하며, 차라리 일생에 걸쳐 개인이 수행하는 노동량과 교환하여 모든 시민에게 '일생 동안 정상 임금'을 보장하는 시스템과 더불어 '경제적으로 필요한 노동의 양을 감소'시킬 것을 주창한다. 한마디로, 평생 적정 소득이 보장된 상태에서 모두가 조금씩 일을 하되 필요에 따라 노동시간을 자율 관리하는 사회를 만들자는 것이다. 노동시간 단축을 중심으로 한 이런 정치 전략은 경제가 모든 것을 지배하는 사회에서 벗어나 비경제적 활동의 우위와 활기찬 노동해방사회, 문화사회, 그리하여 행복사회를 가져올 것이며 마침내 자본주의를 넘어서는 새로운 사회의 출현을 재촉할 것이다.

노 사 관 계 와 세 계 화

1. 세 계 화 와 노 동 의 관 련 성

대체로 1980년대 이후부터 본격화한 '신자유주의 세계화'는 단순한 경제적 세계화를 넘어 정치·사회·문화 등 모든 삶의 영역에서 세계화 또는 지구화globalization를 추동한다. 여기서 과연 '세계화'란 무엇일까? 그 가장 보편적 정의는 "자본·노동·상품·서비스·기술·정보 등이 주권과 국가의 경계를 넘어 조직·교류·조정되는 현상"이다. 결국 세계화는 지구촌 인간의 삶에 전면적인 영향을 미치는 일종의 물결이다. 그렇다면 이 세계화의 물결은 과연 인간 노동과 어떤 연관성을 맺고 있을까?

이와 관련하여 크게 두 가지 입장이 있다. 하나는 세계화가 인간 노동을 '업그레이드'시킨다는 것이고, 다른 하나는 '바닥을 향한 경주race to the bottom'라는 것이다(Meisel, 2004). 물론 세계화와 인간 노동이 맺는 연관성을 파악하는 데 지나친 단순화의 위험이 있을 수 있겠지만, 우선은 이 대립되는 두 입장을 살피면서 다양한 다른 측면도 복합적으로 살피는 것이 현실 이해에 도움이 될 것이다.

① '업그레이드up-grade' 이론

이 입장은 아무래도 세계화를 통해 이득을 얻는 진영, 특히 자유 시장 원리를 옹호하는 (신)고전주의 경제학자나 자본력과 기술력이 높은 대기업, 그리고 그들과 이해관계를 같이하는 정치 집단에서 많이 제출되었다. 그리고 일부 온건 사회민주주의자나 자유주의자 가운데서도 세계화의 부정적 측면을 부정하지는 않지만 긍정적 측면을 더 많이 강조하는 학자도 있다(기든스, 2000; 공성진, 2000; 스티글리츠, 2008). 대표적으로 기든스(2000)는 "1970년대 중반 이후 남유럽, 라틴아메리카, 동유럽, 아프리카, 아시아 등 비서구 지역에서 확산된 민주화의 물결 배후에는 세계화 현상이 있다"고 본다.

이들의 시각에 따르면 세계화는 국가 간 교역의 증대를 통해 '상호 이익'이 증진되며 결과적으로 세계적 차원에서의 부도 증가하게 된다고 한다. 특히 세계 경영에 나선 대기업이나 선진 부문, 상류층이 이득을 얻게 되면 그 부가 자연스럽게 온 사회로 흘러넘쳐 중소기업이나 영세 부문, 중하층도 이득을 얻게 된다고 본다. 이른바 '트리클다운trickle-down 효과'가 나타난다는 것이다. 이 입장에 따르면 보다 구체적으로, 세계화가 진전되면 각 나라의 노동자와 소비자들은 세계 각국으로부터 수입되는 재화와 용역을 보다 값싸게, 보다 다양하게 향유할 수 있다. 동시에 각 나라가 세계적 차원에서 경제활동을 활성화하면 새로운 고용이 창출될 것이고, 소득이 증가할 것이며, 지역사회도 발전하게 될 것이다. 일례로 2006년부터 한미 FTA 협상 추진과정에서 한국 정부는 "한미자유무역협정을 체결하면 한국의 GDP가 7%나 증가할 것이고 대미 수출도 15%나 증가하여 고용창출 또한 55만 명에 이를 것"이라 전망한 바 있다. 그리고 세계화를 진전시켜 경제를 활성화하면, 가정에만 머물던 여성들이 노동시장에 진출하게 되어 사회경제적 지위 향상으로 여성 해방이 이뤄질 수 있다고 본다. 기존의 민족 국가 내지 국경을 넘어 이른바 '글로벌 스탠더드global standard'라고 하는 선진 적인 기준이 세계 각국에 적용됨으로써 정치 풍토나 경영 방식, 나아가 노 동의 질이 향상up-grade될 수도 있을 것이다. 나아가 경제적 세계화를 통해 세계 각국의 정치적·사회적·문화적 '상호 의존성'이 증가하면 공존공영 의식이 확산될 것이고, 그렇게 되면 세계 평화에도 이바지하게 될 것이다. 특히 범지구적인 이슈, 예컨대 환경 문제나 인권 문제, 빈곤 문제 등에 대 한 세계적 관심도가 증가함으로써 그 해결이 더욱 쉬워질 것이다. 그런 식 으로 범지구적 교류와 소통이 증진되면 일종의 '세계 시민사회'가 형성되 면서 지구촌 차원에서 민주주의가 더욱 발전하게 될 것이다.

② '바닥을 향한 경주race to the bottom' 이론

이 입장은 세계화 물결 자체가 불가피한 시대적 사명 또는 대세가 아니 라 특정한 정치적·사회적 세력관계의 산물이라 본다. 즉 오늘날 세계화는 제2차 세계대전 이후 구미 각국에 정착된 복지국가 자본주의가 여러 가지 모순으로 위기에 빠지자 그 돌파구로 글로벌 자본주의가 탄생하면서 만들 어진 것에 지나지 않는다. 이 입장은 케인스주의 경제학자나 비판적 사회 과학자, 사회민주주의 정치가나 이론가 등이 취하고 있다(마르틴·슈만, 1997; Mies, 1999; Tabb, 1999, 2003; 킹스노스, 2004; 윤효원, 2007; 하비, 2007).

이 시각에 따르면, 세계적 차원에서 투자·생산·교역·유통·소비 등이 증진되는 것은 맞지만 각국 사이에 상호 이익이 증진되기보다는 이미 설 정된 위계질서 또는 권력관계 안에서 움직이기 때문에 특정한 나라 또는 특정한 계층만이 이익을 보게 된다. 반면에 나머지 대다수는 희생자로전 락하기 쉽다. 예컨대 선진 강국은 자유 무역이나 투자 자유화로 이득을 보지만 중·후진국 또는 개발도상국은 자립 능력의 향상을 위해 견지하던 특정 산업에 대한 보호 장치나 수입대체 산업 육성 등을 포기해야 한다. 또 다국적기업이나 초국적기업과 같은 대자본은 이득을 보지만, 그 하청업체로 기능하는 중소·영세 기업은 희생자가 되며, 그에 소속된 노동자들 역시 기업의 운명과 궤를 같이한다. 특히 여성은 지구적 자본주의와 가부장주의라는 이중의 굴레 속에 더욱 고통 받는다(Mies, 1999; 파레냐스, 2009). 한편, 세계금융자본은 초를 다투며 시세 차익을 얻기 위해 온 세상을 '카지노 자본주의'로 만듦과 동시에 주기적으로 '외환위기'를 부른다. 한 사회경제 시스템의 선진 부문이 세계화로 이득을 얻더라도 농업이나 복지 부문 등은 아무 이득을 얻지 못하거나 오히려 찬밥 신세로 전락하기 쉽다. 또 상류층의 극소수 사람들은 갈수록 부자가 되지만, 중하층의 대다수는 갈수록 사회적 지위가 저하하고, 생계 문제에 허덕인다. 마침내 '빈곤의 세계화'가 진행된다(초스도프스키, 1998). 요컨대 극소수의 기득권층을 위해 온 사회가 희생을 하는, 다시 말해 자연과 인간 등 온 사회로부터 생명력을 체계적으로 추출, 흡수하여 극소수의 승자가 독점하는 '펌핑업pumping-up 효과'가 나타난다는 것이다(강수돌, 2013).

이 입장은 보다 구체적으로, 세계화의 진전과 더불어 각국의 노동자와 소비자들은 '20대 80 사회' 속으로 양극화하고 사회 갈등이 증가한다. 즉 20% 정도의 상류층은 고부가가치 노동과 풍요로운 소비를 즐기며 살 수 있지만, 나머지 80%의 사람들은 실업과 비정규직 사이를 왔다 갔다 하며 불안정하게 살아야 한다. 이들은 많은 경우, 일자리가 있어도 빈민으로 살 수밖에 없는 '노동 빈민working poor'으로 전락한다. 세계화 물결 속에서는 설사 경제GDP가 성장하더라도 새로운 고용 창출은 거의 없거나, 그나마 있던 일자리까지 타국으로 수출하는 이른바 '고용 없는 성장growth without employment' 시대가 온다.* 즉 일자리 증가나 일자리의 질 향상은 거짓 선전일 뿐이다. 오히려 구조조정으로 인한 정리해고, 비정규직의 확산, 과로와 산재, 일중독의 증가 등이 노동의 질 또는 노동생활의 질을 갈수록 하향평준화 down-grade한다. 심지어 어린이 노동이나 노예 노동조차 사라지기는커녕 늘 어나는 형편이다. 민초의 통제를 떠난 시장 권력 때문에 민주주의와 삶의 질이 현저히 훼손되는 셈이다(마르틴·슈만, 1997; 킹스노스, 2004; 네이더, 2006). 요컨대, 세계화는 사회경제적 삶이나 인간 노동에 대해 '바닥을 향한 경주race to the bottom'를 강요한다.

③ 또 다른 이론적 입장들

이와 같이 '세계화'를 바라보는 이론적 입장을 긍정론과 부정론의 입장에서 정리하면 현실을 깔끔하게 파악할 수 있을 듯하다. 하지만 현실은 그렇게 정확히 둘로 나뉘는 건 아니다. 실제 현실에서는 긍정론의 요소와 부정론의 요소가 뒤섞여 드러난다. 물론 나의 판단으로는 긍정적 측면보다 부정적 측면이 훨씬 강한 것이 사실이다. 그렇다 하더라도 세계화를 그렇게 단선적으로만 파악해서는 곤란할 것이다. 좀 더 다른 차원의 논의를 몇 가지 추가하면 이렇다.

. . . .

* 세계화에 대해 동일한 비판적 입장을 취하면서도 '강한 세계화 테제'가 아닌 '완화된 관점'을 제시하는 태브(Tabb, 2003)는 미국 노동조합이 "일자리를 제3세계로 수출하고 있다"거나 "제3세계의 값싼 일자리가 미국 노동자를 위협한다"는 주장에 대해 "지나친 단순화"라 비판한다. 그 근거로 "미국에 근거를 둔 다국적기업의 해외 투자와 해외 생산량의 75%는 서유럽, 캐나다와 기타 선진국에 집중되어" 있고 그것은 값싼 노동력이 아니라 "현지 시장 공략"의 일환이란 점이다. "실제로, 다국적기업들은 저임금 생산기지를 기피"하는데, 그것은 세계 인구가 대부분 "주변부화"하기 때문이다. 또한 미국에서는 국내 제조업의 총생산이 1950년대에 비해 5배로 증가했지만 노동자 수는 도리어 줄었는데, 그것은 '해외 이전'이 아니라 '대체 기술' 때문이라 강조한다.

첫째, 현실을 신자유주의적 세계화 자체에 대한 긍정론과 부정론으로만 보면 현실의 한 측면만 보기 쉽다는 입장이다(Tabb, 1997, 2003; 베이커·엡스타인·폴린, 2000)의 입론에 따르면, "세계화는 한 가지 이슈일 뿐, 진짜 문제는 자본주의 사회관계"다. 그에 따르면 '강한 세계화 테제'는 세계화로 말미암아 개별 국민국가의 각종 민주적 과정이 거의 마비되거나 주변화한다고 하는데, 그렇게 되면 사회운동이나 정치 영역이 할 일이 없어진다. 일종의 패배주의가 되어버린다. 따라서 그는 일종의 '완화된 관점'을 제시하는데, 그것은 세계화 물결 속에서도 한 국가의 정책과 정책 시행에 따라 현실의 변화는 가능하다는 것이다. 이 입장은 세계화를 보는 시선 중에서 그 핵심을 경제세력이 아니라 정치에 두게 된다. 일례로 세계화는 개방화나 탈규제화·민영화·유연화를 주축으로 전개되는데, 이 모두는 결국 사회적·정치적 과정의 결과이지 결코 경제결정론은 아니라는 것이다.

둘째, 세계화 담론 자체가 '헛소리baloney'일 뿐이라고 보는 입장이다. 페트라스·벨트마이어(2008)에 따르면 "약탈과 착취를 '상호 의존' 또는 '국적 없는 회사' 따위로 묘사하는 이상한 개념이 곧 세계화라는 말"이라 한다. 그들은 세계화 또는 신자유주의 세계화 대신에 제국주의라는 개념을 쓴다. 그래야 강대국이나 다국적기업에 의한 약탈과 착취, 종속과 억압 등의 현실이 올바로 파악될 수 있다는 것이다. 라페(2008)도 세계화 옹호론자들이 선 - 후진국 간, 기업 간, 지역 간에 형성된 '권력 불균형' 문제를 거론하지 않은 채 '상호 의존성' 증대만 강조함으로써 사태를 왜곡한다고 비판한다.

셋째, 세계화와 노동의 연관성을 다룰 경우에도 노동자, 특히 이주노동자나 여성노동자를 주로 '희생자'로만 서술하는 방식에 문제가 있다고 보는 입장이다. 이들은 분명히 세계화의 피해자이긴 하지만, 또 다른 편에서는 조직하고 투쟁하는 저항자이기도 하고 나아가 새로운 대안을 실험하는 창조자이기도 하다(박하순, 2002; 정진희, 2002; 윤효원, 2007; 강수돌, 2009). 사실 세계화는 자본과 권력의 철저한 계획에 따라 일사천리로 진행되는 기계적 과정이 아니다. 그 자체가 모순적 과정이며 빈 공간이 많다. 일례로, 네그리·하트(2001)는 세계화와 더불어 강화하는 '이동성'과 '잡종성'에 주목하여, 제국에의 대항은 한편으로 도주·탈출·유목주의로, 다른 한편으로 자유를 향한 욕망과 대중의 역능을 실천함으로써 가능하다고 본다.

이렇게 다양한 각도에서 세계화를 다층적으로 논할 수 있긴 하지만, 역시 세계화는 눈앞의 현실이기도 하다. 특히 풀뿌리 민초의 관점에서 보면 세계화는 우리가 소망한 것도 아니며 정치경제적 기득권자에게 위임한 것도 아니다. 그 실체나 과정이 어떠한 것인지 미처 파악하기도 전에 이미 우리 생활 깊숙이 다가서버린 그 어떤 것이 되고 말았다. 이제 그 현실을 보다 구체적으로 살펴보자.

2. 세계화와 인간의 삶

다국적 기업 또는 초국적 자본, 그리고 세계금융자본은 세계화 물결의 주축이라 할 수 있는데, 이들은 크게 네 가지 깃발, 즉 개방화·탈규제·민영화·유연화를 내세우며 온 세상을 하나의 공장, 하나의 시장, 하나의 이윤 공간으로 재편하려 한다. 그 과정에서 인간 노동에 막대한 영향을 미치고 있는데, 그 실제 현실을 몇 가지 중요한 지점을 중심으로 정리해보자.

④ 자본이동 및 노동이민의 증가

무한한 이윤을 추구하는 자본은 국경과 지역을 넘어 돈벌이 행진에 나선다. 그런데 흥미로운 점은, 다국적 또는 초국적 자본은 보다 저렴한 노동력을 찾아 임금 사다리의 높은 곳에서 낮은 곳으로 이동하는 경향이 있는 반면 노동자들은 보다 나은 노동 조건을 찾아 임금 사다리의 낮은 곳에서 높은 곳으로 이동하는 경향이 있다는 점이다. 고국을 떠날 형편이 안 되거나 노동 능력이 뛰어난 사람들은 본국에 남아 국내의 영세 부분에 취업하거나 일부는 국내로 들어온 다국적 기업에 취업한다. 떠나는 자본의 입장에서 보면, 세계 경영을 위한 자본과 기술 등 자원이 충분한 기업은 본국을 떠나 범지구적으로 활동 영역을 넓혀나가는 반면 영세 자본은 불가피하게 국내에 남아 영세 노동력을 활용하거나 제3세계에서 온 이주노동자를 활용한다. 자본은 아래로, 노동은 위쪽으로, 방향은 서로 거꾸로 흐르지만, 자본과 노동은 각기 그 흐름 안에서조차 일종의 위계 서열을 이루며 편성된다. 보다 흥미로운 점은, 자본은 비교적 자유롭게 하향 이동을 하지만 노동의 상향 이동은 국경선마다 엄격한 통제를 받는다는 점이다. 이렇게 자본과 노동은 그 출발점이나 이동 과정에서 현저한 힘(권력)의 차이, 즉 불평등을 보인다. 그 결과 세계 200대 대기업의 수익은 1983년부터 1999년까지 약 360% 이상 증가했는데, 일자리의 수는 겨우 14% 늘었을 뿐이다(바이스·베르너, 2008). 또 다(초)국적 기업의 매출액은 국민국가의 경제규모와 비교해서도 월등한 편인데, 2001년도 100대 경제권력 리스트 중 54개가 기업이고 46개가 국가였다. 그리고 월마트의 매출액은 스웨덴의 국내총생산보다 크며, 엑슨 모빌은 오스트리아보다, 포드 자동차는 덴마크보다 크다. 한편 포춘 선정 100대 기업 중 미국 기업은 61%, 유럽은 33%, 일본은 2% 정도로 불균등하다(페트라스·벨트마이어, 2008).

바로 이 불평등한 조건 속에서 지구 전체적으로 '국제 이민'이 일반 인구의 증가만큼 늘고 있다. 실제로 2010년 현재 65억 명 중 약 3.1% 즉, 2억 1천 400만 명 정도가 국제 이주민이며, 그중 49%가 여성이다(고기복, 2010; IOM, 2010). 2000년에 1억 5000만 명(총인구의 2.9%)이었던 점을 감안하면

2010년까지 약 6000만 명 이상, 즉 해마다 평균 600만 명 이상씩 증가한 셈이다. 그리하여 오늘날 세계 인구의 33명 중 1명이 국제 이주민이다. 그중 국제 이주 노동자는 세계 노동력의 약 3% 정도를 차지한다. 전체 인구 중 국제 이민 비중과 거의 비슷한 수준이다. 국제 노동이민 중 교수, 엔지니어, 의사, 원어민 강사, 예술인 등 극소수의 전문직은 비교적 자유로운 이동이 보장되지만, 비전문직의 일반 노동자들에겐 이동의 자유가 매우 제한적이다. 또, 비교적 선진국 출신의 이주민들은 환영받지만, 후진국 출신의 이주민들은 인종주의racism 등 제도적·심리적 차별에 노출되기 쉽다.

그러나 이주 노동은 국제적으로만 일어나는 건 아니다. 세계화와 더불어 국내 이주 노동도 급속도록 증가한다. 국제이주기구IOM의 추계에 따르면 국내 이주 노동자의 수가 가장 많은 나라는 중국과 인도이다. 일례로 로이(2004)는 인도의 나르마다 강 개발 프로젝트에는 세계의 다국적기업이 대거 참여하여 무려 3200개의 댐을 건설하면서 자연 생태계는 물론 토착민의 삶을 황폐화하는 과정을 자세히 기술하고 있다. '나르마다 유엔개발계획'이라 부르는 이 대규모 토목사업 과정에서 무려 2500만 명의 토착민이 삶의 터전을 잃고 이주민이 되었다. 또 개혁개방, 즉 세계화 이후 연평균 9.7%의 고속 성장을 해온 중국에서는 전 세계로부터 공장이 들어서면서 농촌에서 도시의 공장으로 이주한 '농민공'이 무려 2억 3000만 명이나 된다(《국민일보》, 2010.6.24; 《조선일보》, 2010.3.10). 이들은 지역에 따라 최저임금 700~1000위안(약 11만~17만 원) 정도를 받았는데 2009년 초 세계 금융위기 여파로 2500만 명 정도가 실직을 당해 큰 사회문제가 되기도 했다.

⑤ 노동시장 유연화와 비정규직

미국 기업들은 1991년 이후 물가상승률을 고려해도 이윤이 50%나 늘었으나 직원을 해고하고 대신 새로 뽑기를 반복한다. 새로운 일자리의 대부분은 그전보다 임금도 적고 불안정한 것인데, 해고 뒤 새 일자리를 얻은 사람의 평균 수입은 14% 줄었다(Tabb, 1997). 1993년에 미국 노동자 중 최저생계비에 미치지 못하는 저임금을 받은 경우는 27%였고, 고용주가 보조하는 의료보험 혜택을 누리는 노동자는 전체 노동자의 1/3 정도뿐이다. 정규직 노동자조차 20% 정도는 퇴직금도 없고 의료보험에도 가입되어 있지 않다. 자녀가 있는 가정에 돌아가는 복지혜택은 1970년 3인 가족 최저생계비의 71% 수준이었는데, 1992년엔 40%로 떨어졌고 갈수록 더 줄어든다. 시간당 실질임금도 1968년보다 1994년이 더 낮았다.

세계화의 또 다른 특징은 적자 기업은 물론 흑자 기업조차 '상시적 구조조정' 압박에 시달린다는 점이다. 그 와중에 어느 날 갑자기 정리해고를 당하는 노동자는 극도의 분노로 파멸적인 행위를 하기도 한다. 일례로, 2009년 1월 말 미국 LA의 한 실직 노동자는 다섯 명의 자녀와 아내를 총으로 쏜 뒤 자살하고 말았다. 방송국으로 보낸 팩스 유서에는 '아내와 자신이 병원에서 일했는데 지금 막 해고가 되어 마지막 탈출구로 함께 죽음을 선택했다'고 씌어 있었다.

한편 채용과 해고hire and fire를 쉽게 행하는 영미 식의 '수량적 유연성'과는 달리, 네덜란드나 노르웨이 등 유럽에서는 '유연안정성flexicurity'을 중시한다. 이는 유연성과 안정성의 합성어로, 예컨대 시간제 노동자part-timer의 경우 짧은 노동시간만큼 보수도 줄어들지만 정규직 노동자가 받는 사회보장 혜택을 모두 받는 것이다. 그리고 극소수 고숙련 전문직의 경우 '프리랜서' 또는 '자기고용'의 형태로 유연하게 노동을 조절할 수 있는 반면, 대다수 저숙련 비전문직의 경우 '프리캐리아트precarious proletariat', 즉 불안정 노동자가 되어 유연하게 해고당할 준비를 해야 한다.

세계적 차원에서 노동시장의 유연화를 가장 상징적으로 보여주는 것은 아무래도 '맥도날드 노동'일 것이다(김홍주, 2004; 강수돌, 2009). 맥도날드에서는 젊은 남녀 아르바이트생들이 시간제 노동, 즉 비정규직으로 일을 한다. 그 수준은 최저임금 정도이다. 고용 보장이나 노동 복지 같은 것은 생각하기 어렵다. 단결권·단체교섭권·단체행동권과 같은 노동3권은 꿈도 못 꾼다. 이것을 '노동의 맥도날드화'라 부를 수 있다. 이런 식으로 세계화와 더불어 대부분의 비전문적 인간 노동력은 마치 '일회용 컵'처럼 쉽게 구하고 쉽게 버리는 대상으로 변한다.

⑥ 노동 빈민 및 노예 노동

세계화와 더불어 다(초)국적 기업들은 한편으로는 저임금 노동력을 찾아, 다른 편으로는 넓은 시장을 찾아 범지구적인 생산 네트워크를 구축한다. 일례로, 세계적 브랜드를 자랑하는 미국 나이키 사는 겨우 5달러의 노동비용을 들여 신발 한 켤레를 생산해서 중·선진국 시장에서 100~180달러에 판매하는데, 그것을 생산하는 인도네시아 노동자들은 하루 종일 노동해서 고작 2달러를 받는다(바이스·베르너, 2008). 스웨덴의 유명 가구회사 이케아는 노동 비용을 절감하기 위해 하청업체에서 아동 노동을 사용하는 것을 묵인했다가 공개 사과를 해야 했다. 이탈리아 패션 회사 베네통도 터키에서 12세 아동을 고용하여 의류제품을 생산하다가 1998년에 발각되어 거센 비판을 받았다. ILO에 따르면 개발도상국에서만 5~14세 어린이 약 2억 5000만 명이 학교도 가지 못한 채 강제로 노동에 투입되고 있다.

세계화의 물결 속에 전 세계적으로 여성 노동자의 수는 지난 20년간 거의 두 배로 늘었는데, 이것은 여성의 지위 향상이라기보다는 노동 빈곤층의 확대라는 측면이 강하다. 제3세계 가난한 나라의 경우 세계화로 말미암아 농촌이나 공동체의 해체로 생계가 더 막막해진 여성들이 저임 노동시장으로 몰려드는 것이다. 일례로, 인도네시아의 경우 여성 노동자는 1980년 1700만 정도에서 1997년 3300만 정도로 늘었고, 필리핀의 경우 1980년 670만에서 1999년 1900만으로 늘었으며, 아일랜드에서는 1980년 35만 명에서 1999년 65만 정도로 늘었다. 같은 기간, 한국에서는 522만에서 830만으로 늘어 전체 노동인구의 41% 정도가 되었다. 라틴 아메리카나 아시아의 자유무역지대나 수출촉진지대는 저임금·장시간·무권리 노동으로 악명이 높은데, 대개 그 노동력의 2/3 이상이 여성들로 채워진다(정진희, 2002). 영국이나 프랑스 등 선진국에서는 여성 노동자는 전체 노동인구 중 절반에 가까운 45~50%를 차지한다.

놀라운 사실은 21세기인 현재에도 지구상에 약 2700만에서 4000만 명의 인간 노예가 실재한다는 점이다(베일스, 2003). 예컨대 코코아 원료의 산지인 서아프리카의 상아 해안에서는 공장 소유주가 대부분 노예를 부려 일을 시키고 있다. 또 남미나 동남아, 아프리카 등 제3세계 빈국에서는 천연자원이 풍부한데도 다(초)국적 기업과 국가 엘리트들의 이권 사업에 이용만 당하고 매일 10만 명이 굶어 죽는다(바이스·베르너, 2008). 일례로 아프리카 콩고 금광이나 콜탄* 광석 채굴 사업에는 독일의 바이엘이나 한국의 삼성 같은 세계적 독점 자본이 투자도 하고 필요 시 반란군 지원까지 하면서 수천 명의 저임금 노동자를 고용하여 유혈적으로 일을 시키고 있다.

⑦ 노동의 질 저하 및 일중독 확산

신자유주의 세계화는 다른 말로 범지구적 차원에서의 노동자 간 경쟁의

....
* 콜탄은 원래 탄탈이라는 금속과 콜롬보를 합쳐 부르는 콩고(주산지) 말이다. 탄탈은 매우 단단하고 밀도가 높아 열이나 녹, 산에도 강한 금속이다. 이동전화, 컴퓨터, 전자 콘덴서 등에 부품으로 쓰인다(바이스·베르너, 2008: 83).

전면화를 뜻한다고 볼 수 있다. 예전에는 한편에서는 국가가 각종 노동정책 및 복지정책으로, 다른 편에서는 기업이 각종 경영전략과 의사결정으로, 시장의 무자비한 힘이 직접 노동자에게 가해지는 것을 어느 정도는 막아온 셈이라 할 수 있다. 그러나 신자유주의 세계화 시대는 국가의 보호 방벽이나 기업의 보호 방벽을 완전히 허물어뜨리고 노동자가 직접 시장 경쟁과 대면하도록 만들고 있다. "시장의 힘은 저임금의 감옥 사방에 철문을 걸어 잠근다"는 말은 상징적이다(데이비스, 2008: 219). 그 결과 노동자들은 세계 시장의 자유경쟁 논리 앞에 완전 노출됨으로써 세계화라는 거센 폭풍우 앞에 놓인 종이배 같은 신세가 되고 말았다. 노동의 질 또는 노동생활의 질이 저하되고 일중독이 확산되는 것은 결코 우연이 아닌 것이다.

그 결과 개인 노동자는 물론 노동조합조차 경쟁력 향상과 생존경쟁을 위해 완전 몰입을 하게 되는데, 그 과정에서 기존의 단체협약이나 노동의 인간화, 산업 민주주의 등의 구호는 '남의 일'처럼 되고 말았다. 한국·미국·일본·독일 등 나라를 가리지 않고 각국에서 노동자의 1/3 내지 1/2 정도는 일중독에 빠질 정도로 자신의 삶과 일 사이의 균형을 잃어가고 있는 것이다(강수돌, 2007). 심지어 노조 대의원은 노동자의 노동권 보호나 노동자 민주주의에 대한 관심보다는 더 많은 잔업 물량을 확보하는 데 혈안이 되어 있을 정도다(강수돌·하이데, 2009). 도요타 자동차의 경우 2010년 초에 전 세계적으로 약 1000만 대 가까운 리콜 사태로 위기에 몰리기도 했는데, 그 배경에는 세계 시장에서의 1위 자리를 차지하기 위한 급속성장 정책, 상명하달 식 기업문화, 비정규직 노동자의 과다 사용 등 지나친 노동비용 절감, 이른바 '마른 수건 쥐어짜기' 식의 살인적 노동강도, 독립적 노동조합 활동의 억압 등이 숨어 있었다(윤진호, 2010). 실제로 도요타 자동차의 진보적 노조 활동가는 2006년 당시 와타나베 가쓰아키 사장에게 진정서 같은 메모를 보냈는데, 그 속에는 회사의 지나친 인력감축과 비정규직의 확산으로 숙련 인력이 부족하고 장시간 노동과 비용절감이 지나쳐 제품 품질에 심각한 문제가 생기고 있다고 했다. 경영진은 그런 문제제기를 철저히 무시했고 그 결과 사상 초유의 세계적 리콜 사태를 맞았던 것이다.

한편 월트 디즈니를 위한 캐릭터인 미키 마우스, 도널드 덕, 밤비, 신데렐라 등 상품을 생산하는 중국 내 12개 공장에서는 16세 미만의 여성 노동자들에게 매일 18시간, 주당 7일, 즉 휴일도 없이 일을 시키고 무려 24명이 기숙사의 한 방에서 자도록 하며 월급으로 겨우 38~63유로(약 5만~8만 원)를 지불하는 것을* 몇 달이나 지속하다가 NGO에 의해 폭로되기도 했다 (바이스·베르너, 2008: 256). 더 놀라운 것은 이러한 사각지대가 미국 안에서도 존재한다는 점이다. 캘리포니아에 있는 디즈니 사의 한 하청회사는 2001년 말, 약 800명의 여성 노동자들에게 법정 최저임금 시간당 6.25달러와는 비교도 안 되는 시간당 1.35달러를 주고 헤어 액세서리와 마술 지팡이를 생산하는 노동을 시키다 고발당했다(바이스·베르너, 2008: 258).

3. 잘못된 세계화에 대한 인간적 저항들: 저항의 세계화

1970년대 중반 이후 해마다 1월 말에서 2월 초가 되면 세계적으로 저명한 약 1000여 명의 자본가, 정치인, 정부 관계자 들이 스위스 휴양지 다보스에서 '세계경제포럼world economic forum'을 개최해왔다. 이에 대항에 신자유주의 세계화 반대운동을 해오던 진영도 2001년부터 동일한 기간에 '세계

....
* 반면 디즈니의 회장이자 최고경영자인 마이클 아이스너는 1달에 무려 625만 유로를 받는다(바이스·베르너, 2008: 256). 일반 노동자에 비해 약 10만 배의 월 소득을 얻는 셈이다.

사회포럼world social forum'을 열고 있다. 세계경제포럼이 주로 신자유주의 세계화를 어떻게 하면 효과적으로 추진할 것인가를 논의하는 자리라면, 세계사회포럼은 '다른 세계는 가능하다'는 모토 아래 신자유주의 세계화가 초래하고 있는 각종 문제점을 비판하고 새로운 세계를 어떻게 만들어갈 것인가를 토론하는 자리다.

신자유주의 세계화에 대한 저항은 세계 각국에서 다양한 형태로 전개되어왔다. 세계화가 그 주도 세력들의 선전처럼 사회경제적 발전과 향상up-grade을 낳기보다는 경향적으로 '바닥을 향한 경주race to the bottom'를 촉진하는 것인 한 이러한 저항은 그치지 않을 전망이다. 오히려 자본의 세계화와 더불어 '저항의 세계화'도 진전된다고 볼 수 있다. 지금까지 진행된 다양한 저항운동을 형태 별로 정리해보자.

첫째, 신자유주의 세계화 추진 기구 및 기제에 대한 반대 운동이다. 국제통화기금IMF, 세계은행World Bank, 세계무역기구WTO는 대표적인 신자유주의 세계화 추진 기구이고 세계 각국 정부, 그중에서도 미국을 비롯한 선진제국도 신자유주의 주요 추진기구 및 기제다. 1999년 11월 미국 시애틀에서의 WTO 뉴라운드 출범을 계기로 한 WTO 반대 운동, 2000년 4월 미국 워싱턴과 9월 체코 프라하에서의 국제통화기금IMF/세계은행 반대 운동, 주요 8개 국가G8 회의, 유럽연합 정상회담, 아시아유럽정상회의ASEM 등을 겨냥하여 최근 몇 년 전부터 활성화되고 있는 시위 등이 세계화추진 기구 반대운동에 해당한다(박하순, 2002; 강수돌, 2009). 이런 국제기구에 대한 반대는 아예 철폐투쟁의 요구로 이어지기도 한다. 예컨대 대나허(2003), 벨로(2004)는 "IMF와 세계은행을 없애자"고 주장한다. 그래야 천문학적 부채 덩어리를 없애고 빈곤을 타파하여 세계의 민중이 인간답게 살 수 있다는 것이다. 이들은 그 대안으로 공정거래 운동, 토빈세, 사회책임투자, 통화공동체, 생산적 대안공동체 등을 제시한다.

둘째, 각종 투자협정 및 자유무역협정 반대운동이 있다. 신자유주의 세계화는 각종 투자협정 및 자유무역협정을 통해서 확산되고 있는데, 이 협정들은 금융투기까지 포함하는 모든 투자의 완전한 자유화와 자본소유권의 철저한 보장을 특징으로 한다. 따라서 경제협력개발기구OECD 안에서의 다자간투자협정MAI, 양자 간 투자협정 및 자유무역협정, 북미자유무역협정NAFTA 및 전미자유무역 협정FTAA, IMF 구조조정 협약 등이 신자유주의 세계화 반대운동의 대상이 되었고, 대표적으로는 1998년 유럽에서의 MAI 반대운동, 2001년 캐나다 퀘벡에서의 FTAA 반대운동이 있었다(박하순, 2002). 한국에서도 노무현 참여정부 시절인 2006~2007년에 한미 FTA 반대운동이 거세게 일었다. 한편 노동 진영은 초국적 기업이 강요하는 '바닥을 향한 경주'를 저지하기 위해 ILO의 8개 기본 협약(1998)이나 OECD의 가이드라인(2000)을 통해 간접 개입하기도 하고, 아니면 국제산별노조와 다국적기업 사이에 국제산별협약을 맺기도 한다(윤효원, 2007).

셋째, 독자적인 대안적 세계화를 위한 회의체 운동이 있다. 예컨대 2001년부터 브라질의 포르투 알레그레에서 해마다 열리는 '세계사회포럼'이 대표적이다. 그리고 유엔 산하 기구의 각종 회의가 열릴 때마다 신자유주의 세계화 반대운동세력의 회의도 어김없이 이어지기도 한다. 이는 신자유주의 세계화 반대운동 세력 안에 신자유주의 세계화 추동 세력에 대항하여 유엔 산하 기구를 적극 활용하자는 흐름이 있기 때문이다(박하순, 2002).

넷째, 각국 노동조합 사이에 국제연대를 이루거나 특정한 쟁점에 대해 세계적인 연대 행동을 노조 차원에서 조직하는 일이다(윤효원, 2007). 일례로 2007년에 영국·미국·독일의 노조가 다국적 기업에 체계적으로 저항하기 위해 '글로벌 노조'를 만들었다. 영국의 민간부문 최대노조인 아미쿠스가 독일 최대 산별노조인 금속노조IG Metall, 미국 철강노조USW, 미국 정비사노조IAM와 다국적기업의 인력 착취를 막기 위한 국제연대 협정을 체결한 것이다. 영국·독일·미국에 흩어져 있는 이들 4개 노조가 통합할 경우, 아미쿠스 110만 명, IG메탈 240만 명, USW 120만 명, IAM 73만 명 등 노조원 550만 명의 대형 노조가 탄생하게 된다. 또 다른 예로, 1988년 프랑스의 유가공 기업인 다농Danone과 국제식품노련IUF이 처음 체결한 국제산별협약이 있다. 그 뒤 2006년 9월까지 국제산별협약은 약 40여 건으로 늘었다. 그중엔 국제금속노련IMF과 남아프리카 광산회사인 앵글로골드 사이에 맺어진 협약도 있다.

다섯째, 신자유주의 세계화를 위한 구조조정이나 기업과 국가의 정책에 대해 자발적이고도 직접적인 저항을 하는 운동이다. 이는 주류 언론, 특히 서구 언론으로부터는 거의 주목을 받지 못하는 운동이다. 그러나 남아프리카공화국 패트릭 본드에 의하면 이는 신자유주의 세계화 반대 운동 중 가장 중요한 것이다. 예를 들어 한국·태국·볼리비아 등 (반)주변부에서 벌어지고 있는 '아래로부터의' 직접 행동은 가장 생동성이 강한데도 미국의 시애틀이나 체코의 프라하 등처럼 주목을 받지도 못하고 신자유주의 세계화 반대 운동의 범주로 분류되지도 않는다(박하순, 2002). 또 1994년 NAFTA 출범을 계기로 유실될 위기에 처한 생존권으로서 토지에 대한 권리를 주장하며 봉기한 멕시코의 사파티스타 농민군은 현재와 같은 신자유주의 세계화 반대운동에 기폭제 역할을 했다. 1996년엔 미국 커스톰트림 회사의 여성 노동자들은 열악한 상황에서도 강고한 의지로 경영진과 어용 노조에 맞서 투쟁, 승리했다(정진희, 2002). 1997년 신자유주의적 노동법 개악에 반대하여 총파업을 벌인 한국의 민주노총도 이 저항운동에 커다란 자양분을 제공했다. 또 1998년엔 인도네시아 여성 노동자들이 IMF 지원을 받은 독재자 수하르토를 타도하기도 했다. 2000년 이후의 아르헨티나 실업자운동 또한 매우 시사적이다. 그리고 미국의 환경운동 조직인 '어스퍼스트earth first' 활동가들과 퍼시픽 럼버·백삼 주식회사의 노동자들은 서로

연대하여 삼나무 숲의 파괴를 저지하고 노동자 해고까지 막아내기도 했다
(브레처 외, 2003).

4 . 또 다 른 세 계 는 가 능 하 다

이상에서 살핀 것처럼, 1980년대 이후 지구촌은 신자유주의 세계화 속
에서 여러 측면의 변화를 겪고 있다. 이 장에서는 특히 세계화가 인간 노동
과 맺는 연관성에 주목하여 그 이론적 입장들과 실제적 현실을 다각도로
살펴보았다. 그 결과 우리는 다음과 같은 결론을 얻게 된다.

첫째, 세계화로 인해 인간 노동은 일부 극소수 집단을 제외하고는 대체
로 '바닥을 향한 경주'로 내몰리는 경향이 있다. 그것은 전통적인 공동체의
해체 외에도 국가의 보호 방벽이나 기업의 보호 방벽이 사라지는 상황과
연관이 있다.

둘째, 세계화 과정에서 '업그레이드'되는 일부 집단은 사실상 나머지 대
다수의 중산층 및 하류층의 희생이라는 바탕 위에서 다양한 혜택을 누리
게 된다. 즉 세계적 차원에서 국가 단위든 기업 단위든 또는 개인 단위든
소수의 승자는 다수의 희생을 대가로 엄청난 기득권을 누린다.

셋째, 인간다운 세계 또는 대안 세계를 형성하려면 '아래로부터의' 세계
화가 필요하다. 이것은 편협한 민족주의나 국가주의의 울타리도 극복하면
서 동시에 현재처럼 불평등한 양극화를 부르는 위로부터의 세계화도 지양
하는 것이다. 그러기 위해서는 국민 국가가 잃어가고 있는 민주주의를 보
다 근본적으로 회복(예, 생태적 자율공동체)하는 한편, 다(초)국적 기업이나
세계금융자본의 무한 권력을 제어해야 한다. 나아가 극소수의 기득권 세
력을 위한 IMF, 세계은행, WTO, FTA 등도 근원적으로 바꾸어야 한다.

넷째, 생명·평화·공존·공생을 위한 '아래로부터의 세계화'를 현실적으로 추동하려면, 우선 노동자 개인은 '피해의식'을 넘어 자신의 노동과 생활 속에서 우러나는 솔직한 느낌들(예, "더는 이대로 살 순 없다")에 귀를 기울여야 한다. 나아가 이를 옆의 동료들과 나누며 공감대를 넓히면서 다양한 형태의 '저항과 대안'에 적극 참여해야 한다(구춘권, 2000; 대나허·벨로 외, 2000; 지글러, 2007). 다음으로 노동조합이나 시민사회 단체들은 직접적인 사회경제적 이득을 넘어 보다 넓은 사회구조적 향상up-grade(예, 사다리 질서가 아닌 원탁형 구조, 강수돌, 2009: 100~107)이 이뤄지도록 적극 소통하고 연대할 필요가 있을 것이다.

다섯째, 여기서 우리는 연대solidarity의 새로운 개념에 주목할 필요가 있다(Heide, 2013). 그것은 과거의 수공업적 장인 노동자들끼리의 배타적 단결에 근거한 일종의 독점적 기득권monopoly을 추구하는 것도 아니요, 그렇다고 오늘날 대부분 노동조합의 경우처럼 자본가나 권력자를 닮아가려는 방향에서 사회경제적 이해관계interest를 추구하는 것도 아닌, 인간의 본원적 삶의 필요나 욕구needs에 기초하여야 한다는 것이다. 이렇게 되면 막연한 '국익'이나 회사 발전과 같은 추상적인 요구가 아니라 삶의 구체적 요구들, 예컨대 아이를 어떻게 기르며 노동과 소비는 어떤 식으로 하면서 살아가야 하는지 등의 문제에 기초하여 가장 바람직한 방향을 찾고 이를 관철시키기 위해서라도 동료나 친구, 이웃과 시민들과의 소통과 연대를 제대로 형성할 수 있게 될 것이다.

일의 의미와 삶의 질

　왜 사람들은 일하는가? '먹고살기 위해서'다. 그렇다면 먹고산다는 건 무엇인가? 그것은 식, 의, 주 등 기본 생계를 해결하며 목숨을 잇는 것만 뜻하진 않을 것이다. 물론 생계는 중요하다. 그러나 우리는 그를 넘어 뭔가 고차원적인 것도 이루려 한다. 그게 무엇일까?

　우선 우리는, 일을 하는 가운데 일정한 사회적 관계를 맺고 그 속에서 그 나름의 기쁨과 보람을 찾고자 한다. 일례로, 2014년 통계청의 '5월 경제활동인구조사' 결과를 보면, 15세 이상 인구 가운데 '가사'와 '육아'를 이유로 경제활동을 하지 않는 인구는 708만 2000명으로 2013년 5월보다 2.6%(19만 1000명) 줄었다. 즉, 최근엔 전업주부가 줄어들고 새로이 취업 시장에 진입하는 인구가 늘어나고 있다. 이렇게 많은 주부들이 굳이 집에 머무르지 않고 취업 전선에 나서는 것은 경제 상황 악화로 추가적 돈벌이를 해야 하는 측면도 크지만, 그와 더불어 사회경제 활동에 참여하고 싶은 욕구도 있기 때문이다. 일을 매개로 다양한 사람들과 교류하고 일정한 조직생활 또는 사회생활을 하는 것은 개인의 고립성이나 외로움을 넘어 '사회적 인간'으로 서기 위한 중요 과정이다.

다음으로, 일 또는 일자리가 자아 정체성 형성에 매우 중요하다는 점이다. 사실 노동사회란 일종의 '명함사회' 아니던가? 명함사회란 명함을 통해 자신의 정체성이나 사회적 지위를 표현하는 사회이며, 명함이 상대방과 일정한 사회적 관계를 맺는 데 윤활유 역할을 한다. 명함 속에는 자신의 소속이나 지위가 명시적으로 드러나기 때문에 결국 명함은 자신이 어떤 조직에서 무슨 일을 하며 어떤 지위를 누리는지 등, 즉 자아 정체성을 표현하는 매개체가 된다. 물론 한국과 서양의 차이는 있다. 즉 미국인의 명함엔 자신이 무엇을 하고 있으며 어떤 일을 할 수 있는지를 보여주는 반면, 한국인의 명함은 자신이 어느 조직에 속해 있으며 얼마나 높은 사람인가가 명시된다.

그런데 앞서 말한 관계 형성의 측면과 자아 정체성 측면은 상호 연관되어 있다. 우리는 일을 매개로 자아 정체성과 관계 형성을 동시에 한다. 사실 자신의 정체성을 어떻게 형성하는가에 따라 상대방과의 관계 형성 방식도 달라진다. 어떤 사람들과 관계를 맺는가 하는 점은 역으로 자아 정체성을 형성 내지 증진하는 데 상당한 영향을 주기도 한다. 그래서 '유유상종'이라는 말도 생겨났고, '직업은 못 속인다'는 말도 생겨난 것이 아닐까?

한편, 오늘날 사람들은 갈수록 일의 의미를 상실하거나 부정적인 태도를 갖는다. 역사적으로 보면 농민들이나 수공업 장인들은 자신의 일이 자기 가족은 물론 이웃 모두의 '인간적 필요'를 위해 대단히 유용하며 가치 있는 것임을 잘 알고 있었다. 그러나 산업혁명과 기계제 대공업의 등장, 산업화 과정, 경쟁 격화, 거대화, 관료화 등은 갈수록 인간 노동을 무의미한 톱니바퀴 역할 정도로 격하시켰다. 자동화, 로봇화, 컴퓨터화, 네트워크화 과정은 사람들이 어떤 맥락에서 무슨 의미로 이 일을 하는지 파악하지도 전에 오로지 효율과 수익만을 위해 기능하도록 요구한다. 이제 사람들은 돈을 많이 벌고 높은 성과는 낼지 모르나, 과연 이 일이 자신의 인생이나 전체 사회에 무슨 의미를 띠는지 물어볼 여유조차 잃었다. 가장 서글픈 예가 대학이다. 대부분의 대학이 진리나 정의를 내세우지만 이것은 '브랜드' 역할만 할 뿐, 교수의 교육과정이나 직원의 행정과정은 수익성이나 효율성에 경도되어 있다.

그러나 이럴수록 일의 의미에 대한 질문은 더 중요해진다. 왜냐하면 우리는 돈벌이 일을 통해, 아니면 그 일을 위한 준비 과정에서, 자신이나 타인, 나아가 세계 전체를 억압하거나 파괴하는 데 일조하기 때문이다. 생각해보라. 농민들은 돈벌이 노동을 하는 과정에서 농약, 제초제, 화학비료를 무비판적으로 사용한다. 농약에 중독되고 땅을 황폐화하며, 소비자의 건강을 망친다. 암 발병의 위험도 높아진다. 학생들은 돈벌이 취업을 위해 많은 돈과 시간, 열정을 투입하면서도 정작 중요한 '일의 의미'나 '삶의 질'에 대한 질문은 않는다. 자동차 또는 휴대폰 공장 노동자들은 시간당 임금은 많이 받을지언정 노동과정에서 피로도가 높아지고 과로사의 위험이나 백혈병의 위험에 노출된다. 소비자들은 속도나 소통의 편리함에 중독되어가고 석유나 전기 사용은 급증하며, 지구 자원은 급속히 고갈된다. 온실가스인 이산화탄소는 증가하고 전자파의 폐해도 커진다. 돈이나 편리함을 얻는 대가로 우리는 '왜' 이런 식의 노동을 계속해야 하며 '왜' 이렇게 살아야 하는지 묻지도 못하는, '생각 없음'의 덫에 갇혀버린다.

실제로, '취업 준비'와 '스펙 쌓기'로 힘겨운 대학 시절을 보낸 대졸자 4명 중 1명이 취업 후 1년 이내에 회사를 그만둔다고 한다. '한국경영자총협회'가 2014년 6월 말에 발표한 2014년 신입사원 채용실태 조사(전국 405개 기업 대상)에 따르면, 대졸 신입사원이 1년 내에 퇴사하는 비율이 무려 25.2%로 나타났다. 중소기업의 경우는 더 심해 31.6%로 나타났다. 퇴사를 선택한 이유는, 조직 및 직무 적응 실패(47.6%), 급여나 복리후생 불만(24.2%), 근무지역과 환경에 대한 불만(17.3%), 공무원 및 공기업 취업준비(4.5%) 순으로 나타났다. 아마도 조직 및 직무 적응 실패 속에는 '자신의 꿈과 조직의 현실 사이의 괴리감'이 크게 작용하지 않았을까 싶다. 즉 젊은이들이 자신만의 멋진 인생을 설계하고 싶은 마음은 굴뚝같은데, 기업 조직의 현실은 전혀 그를 뒷받침해주지 못한다는 판단이 작용했을 것이다.

역으로, 조직 및 직무 적응에 성공한 이들은, 좋게 보면 일과 자신의 꿈이 일치하여 만족한 이들일 것이고, 나쁘게 보면 아주 일찍부터 일의 의미나 가치에 대한 질문을 포기해버린 이들이라 할 수 있다. 그러나 이들은 '일중독'에 빠지지 않는 한, 40대 무렵이 되면 '회의'를 느끼거나 '우울'에 빠지기 쉽다. 일이나 인간관계, 인생의 의미 등과 관련하여, 진정한 행복을 느끼기 어렵기 때문이다. 그래서 우울, 불안, 두려움, 중독 등 마음의 병이 생긴다. 예컨대, 한국의 18세 이상 성인 6명 중 1명이 평생 한 번 이상 마음의 병을 경험한다는 보고가 있으며, 세계보건기구WHO는 2030년경엔 우울증이 OECD 국가의 질병 부담 1위 질환이 될 것이라 전망한다. 우울증은 개인에게 심적 고통뿐만 아니라 가정과 인간관계, 일에도 많은 영향을 끼치고, 심한 경우에는 자살로 연결되기도 한다.

결국, 우리는 일을 통해 인간다운 삶이 가능할 정도의 대우를 받아야 하고, 또 이를 넘어 인간적 관계 형성이나 건전한 자아 정체성의 형성, 의미 있는 일을 통한 자아실현과 삶의 보람 등 다차원의 목표를 이뤄야 한다. 하지만 사회경제적 현실은 경쟁력과 효율성 담론이 지배하고 상부의 명령을 효과적으로 달성하는 방법에만 온통 골몰한다. '노동해방'을 외치는 노동운동조차 자본과 권력이 만들어놓은 분할의 경계선 안에서 사고하는 편협성이 강하고 그마나 노조 조직률도 10%가 안 된다. 어릴 적부터 아이들이 자신의 흥미나 관심사를 반영하여 공부하고 그에 걸맞은 일을 선택할 수 있도록 해야 하며, 또 사회는 아이들이 어떤 공부를 하고 어떤 일을 하더라도 자부심이나 자존감에 손상을 주지 않을 정도의 평등한 대우를 해줄 수

있어야 한다. 가정, 학교, 직장, 노조, 정치, 사회가 모두 변해야 하는 까닭
이다. 이런 '일'을 하는 사람이 많아져야 온 사회에 활기와 희망이 생기고
'삶의 질'이 고양된다.

강수돌. 1995. 「독일 자동차산업에서의 생산합리화와 노사관계」,《경제와사회》, 25, 257~286쪽.

_____. 1999. 「정보화와 노사관계의 상관성」.《산업노동연구》, 5(1), 119~148쪽.

_____. 2002. 『경영과 노동』, 개정판. 서울: 한울.

_____. 2007. 『일중독 벗어나기』, 메이데이.

_____. 2009. 『살림의 경제학』, 인물과사상사.

_____. 2013. 『한국경제의 배신』(서울: 굿모닝미디어, 2013).

강수돌·하이데, H. 2009. 『자본을 넘어, 노동을 넘어』, 이후.

고기복. 2010, "대한민국, 세계의 요구에 귀 기울여야."《오마이뉴스》, 2010.7.14.

고세훈. 2003. 『국가와 복지』. 아연출판부.

고르, 앙드레. 2008. 『에콜로지카』, 임희근·정혜용 옮김. 서울: 생각의나무.

공성진. 2000. 「지구화를 따라서, 지구화를 넘어서」. 드러커, P. 외. 2000. 『다시 그리는 세계 지도: 우리가 알아야 할 세계화의 쟁점』. 해냄.

공지영. 2012. 『의자놀이』. 서울: 휴머니스트.

구춘권. 2000. 『지구화, 현실인가 또 하나의 신화인가』. 책세상.

권순원·윤기설. 2012. 「교대제 개편과 노동시간 단축의 효과에 대한 연구」.《산업관계연구》, 22(4).

기든스, A. 2000. 『질주하는 세계』. 박찬욱 옮김. 생각의 나무.

김경근. 2006. 「구조조정 이후 현대자동차 작업장체제의 변화에 대한 고찰: 고용게 임을 중심으로」. 서울대 대학원 사회학과 석사논문.

김기승·김명환. 2013. 「노동조합은 정규직과 비정규직 간의 임금격차를 줄이는 가」. 《산업관계연구》, 23(1).

김윤태·서재욱, 『빈곤』(파주: 한울, 2013),

김인춘 외. 2005. 『세계화와 노동개혁』. 백산서당.

김정우. 2013. 「정규직근로자와 기간제근로자의 노동조합 임금격차 분해」. 《응용 경제》, Vol.15, No.3.

김종철. 2014. 「지속가능성의 위기와 민주주의」. 《녹색평론》, 134호(2014년 1·2 월).

김진홍. 1982. 『새벽을 깨우리로다』. 서울: 홍성사.

김현대. 2012. 「대안적 삶, 세계 협동조합」, 《녹색평론》, 126호(2012년 9·10월), 7-20.

김환석·이영희. 1994. 「기술혁신과 노사관계」. 《산업관계연구》, 4(1).

김홍주. 2004. 「맥도날드의 세계-신화와 현실」, 《녹색평론》, 2004년 11·12월호.

네그리, A.·M.하트. 2001. 『제국』. 윤수종 옮김. 이학사.

네이더, R. 2006. 「한미 FTA와 기업식민주의」. 《녹색평론》, 2006년 11·12월호.

노르베리-호지, 헬레나, 1999. 『오래된 미래』. 박미경 옮김. 녹색평론사.

대나허, K. 2003. 『IMF와 세계은행을 없애야 할 10가지 이유』. 박수철 옮김. 모색.

대나허, K.·W.벨로 외. 2000. 『50년이면 충분하다』. 최봉실 옮김. 아침이슬.

데이비스, M. 2008. 『제국에 반대하고 야만인을 예찬하다』. 유나영 옮김. 이후.

드러커, P. 2000. 「지구 경제와 국민 국가」. 드러커, P. 외. 『다시 그리는 세계 지 도: 우리가 알아야 할 세계화의 쟁점』. 해냄.

라페, F. M. 2008. 『살아있는 민주주의』. 우석영 옮김. 이후.

로이, A. 2004. 『9월이여, 오라』. 박혜영 옮김. 녹색평론사.

리프킨, J. 1998. 『엔트로피』. 최현 옮김. 범우사.

마르틴, H. P.·H.슈만. 1997. 『세계화의 덫: 민주주의와 삶의 질에 대한 공격』. 강 수돌 옮김. 영림카디널.

맥널리,D. 2011. 『글로벌 슬럼프』, 강수돌·김낙중 옮김. 서울: 그린비.

메도즈, 도넬라H.·데니스 L. 메도즈·요르겐 랜더스. 2012. 『성장의 한계』. 김병

순 옮김. 갈라파고스.

바이스, H.·K.베르너. 2008.『나쁜 기업』. 손주희 옮김. 프로메테우스.

박준식. 2001.『세계화와 노동체제』. 한울.

박태주. 2011.「장시간 노동이 일과 삶의 갈등에 미치는 효과: 현대자동차 노동자
　　들의 생활실태조사를 중심으로」,《산업노동연구》, 17(2), 277~308쪽

＿＿＿. 2014.『현대자동차에는 한국 노사관계가 있다』. 서울: 매일노동뉴스.

박하순. 2002.「신자유주의 세계화 반대 운동의 현황과 쟁점」.《대자보》, 2002.2.20.

베블런, T. 2012.『유한계급론』. 김성균 옮김. 우물이있는집.

베이커, D.·G.엡스타인·R.폴린. 2000.「강요된 신화: 세계화와 진보 경제 정책」.
　　새물결.

베일스, K. 2003.『일회용 사람들』. 편동원 옮김. 이소.

벨로, W. 2004.『탈세계화』. 김공회 옮김. 잉걸.

뷰러웨이, M. 1999.『생산의 정치』. 서울: 박종철출판사.

브레이버만, H. 1998.『노동과 독점자본: 20세기에서의 노동의 후퇴』. 까치.

브레처, J. 외. 2003.『아래로부터 세계화』. 이덕렬 옮김. 따님.

사회진보연대. 2011.《사회화와 노동》, 제521호. 2011.6.3.

소로우, 헨리 데이빗. 1993.『월든』. 강승영 옮김. 이레.

손헌일·윤영삼. 2014.「이중몰입의 영향에 대한 권위주의 성격과 '그들과 우리'태
　　도의 조절효과」.《인적자원관리연구》, 21(1), 117~136쪽.

송복·이영희·이숙종. 1994.「기술혁신과 노사관계에 대한 국제비교연구: 한국,
　　일본, 스웨덴의 자동차산업 사례를 중심으로」.《연세사회학》, 14권.

슈마허, E. 2002.『작은 것이 아름답다』. 이상호 옮김. 문예출판사.

스키델스키, 로버트·스키델스키, 에드워드. 2013.『얼마나 있어야 충분한가』. 부
　　키.

스티글리츠, J. 2008.『인간의 얼굴을 한 세계화』. 홍민경 옮김. 21세기북스.

알트파터, E. 2007.『자본주의의 종말』. 염정용 옮김. 동녘.

어수봉·이태헌. 1991.「노동조합의 임금평등 효과」.《한국노동연구》, 제3집. 한
　　국노동연구원.

오찬호. 2013.『우리는 차별에 찬성합니다』. 서울: 개마고원.

윤진호. 2010. "도요타 사태의 교훈."《한겨레》, 2010.3.19.

윤효원. 2007. "세계화와 노동운동."《월간 말》, 2007.3.12.

이상민. 2006. 「노동자대표조직이 기술혁신에 미치는 영향」.《인사·조직연구》, 14(3)

이정우·남상섭. 1994. 「한국의 노동조합이 임금분배에 미치는 영향」,《경제학연구》, 제41집.

이종영. 2001. 『지배와 그 양식들』. 서울: 새물결.

이진경·신지영. 2012. 『만국의 프레카리아트여, 공모하라!』. 서울: 그린비.

일루즈, 에바. 2010. 『감정 자본주의』. 김정아 옮김. 돌베개.

정진희. 2002. "세계화와 여성 노동자."《다함께》, 2002.3.1.

조우현·유경준. 1997. 「노동조합 가입성향의 결정요인과 노조의 상대적 임금효과」.《경제학연구》, 45(3).

조윤기·배규한. 2001. 「노동조합이 근로시간 및 초과근로수당에 미치는 효과분석」.《한국동서경제연구》, 제12권 2호.

지글러, J. 2007. 『왜 세계의 절반은 굶주리는가?』. 유영미 옮김. 갈라파고스.

쿤, 토마스. 2013. 『과학혁명의 구조』. 김명자·홍성욱 옮김. 까치.

킹스노스, P. 2004. 『세계화와 싸운다』. 창비.

크리시스. 2007. 『노동을 거부하라: 노동 지상주의에 대한 11가지 반격』. 김남시 옮김. 이후.

테일러, 프레드릭. 2010. 『과학적 관리법』. 오정석·방영호 옮김. 21세기북스.

파레냐스, 라셀 살라자르. 2009. 『세계화의 하인들』. 문현아 옮김. 도서출판 여이연.

페트라스, J.·H. 벨트마이어. 2008. 『세계화의 가면을 벗겨라』. 메이데이.

폴라니, 칼. 2009. 『거대한 변환』. 홍기빈 옮김. 길.

플라스쮈러, 스베냐. 2013. 『우리의 노동은 왜 우울한가』. 서울: 로도스.

초스도프스키, M. 1998. 『빈곤의 세계화』. 이대훈 옮김. 당대.

하비, D. 1995. 『자본의 한계』. 최병두 옮김. 한울.

_____. 2007. 『신자유주의』. 최병두 옮김. 한울.

하이데, H. 2000. 『노동사회에서 벗어나기』. 강수돌 외 옮김. 박종철출판사.

하인버그, R. 2006. 『파티는 끝났다』. 신현승 옮김. 시공사.

_____. 2013. 『제로 성장 시대가 온다』. 노승영 옮김. 부키.

허먼, 주디스. 2007. 『트라우마』, 최현정 옮김. 서울: 플래닛.

ADGB. 1928. "Resolution des ADGB-Kongress 1928 in Hamburg über 'Die Verwirklichung der Wirtschaftsdemokratie," In: M. Schneider (Hrsg.): *Kleine Geschichte der Gewerkschaften - ihre Entwicklung in Deutschland von den Anfängen bis heute.* 1. Auflage. Dietz, Bonn 1989, S. 436-437.

Barling, J., C. Fullagar & E. K. Kelloway. 1992. *The Union and its Members: A Psychological Perspective.* New York: Oxford Univ. Press.

Barling, J., B. Wade, & C. Fullagar. 1990. "Predicting employee commitment to company and union: Divergent models." *Jn of Occupational Psychology*, 63, 49~61.

Bologna, S. 1989. Zur Analyse der Modernisierungsprozesse. Einführung in die Lektüre von Antonio Gramsci's "Americanismo e Fordismo." Arbeitspapiere Nr.5. Hamburg: Hamburger Stiftung für Sozialgeschichte des 20. Jahrhunderts.

Burke, R., L. Fiksenbaum, G. El-Kot, M. Koyuncu & W. Jing. 2011. Potential antecedents and consequences of work-family conflict: a three country study. in S. Kaiser et al.(eds.). *Creating Balance? International Perspectives on Work-Life Integration of Professionals.* Berlin: Springer, 101~119.

Byron, K. 2005. "A meta-analytic review of work-family conflict and its antecedents." *Journal of Vocational Behavior*, 67, 169~198.

Carlson, D. S., K. M. Kacmar & L. J. Williams. 2000. "Construction and initial validation of a multi-dimensional measure of work-family conflict."*Journal of Vocational Behavior*, 56, 249~278.

Daft, Richard L. 1999, *Leadership: Theory and Practice*, Orlando, Florida: Harcourt Brace & Company.

Dahl, Robert A. 1985. *A Preface to Economic Democracy*, Berkeley: University of California Press.

Davis, R. S. 2013. "Unionization and Work Attitudes: How Union Commitment Influences Public Sector Job Satisfaction." *Public Administration Review*, 73(1), 74~84.

Demirović, Alex. 2007. *Demokratie in der Wirtschaft. Positionen – Probleme –*

Perspektiven. Münster.

DGB. 1949. "Wirtschaftspolitische Grundsätze des Deutschen Gewerkschafts-
bundes vom Oktober 1949" In: M. Schneider(Hrsg.). *Kleine Geschichte
der Gewerkschaften: ihre Entwicklung in Deutschland von den Anfängen
bis heute*. 1. Auflage, Dietz, Bonn 1989, S.457~462.

Duxbury, L. & C. Higgins. 2006. "Work-life balance in Canada: rhetoric vs.
reality." in Paul Blyton et al. 2006. *Work-life integration: international per-
spectives on the balancing of multiple roles*. NY: Palgrave Macmillan, pp.
82~112.

Easterlin, R. 1974. "Does Economic Growth Improve the Human Lot? Some
Empirical Evidence." In Paul A. David and Melvin W. Reder(eds.). *Nations
and Households in Economic Growth: Essays in Honor of Moses
Abramovitz*. New York: Academic Press.

Fullagar, C. & J. Barling. 1989. "A longitudinal test of a model of the antecedents
and consequences of union commitment." *Jn of Applied Psychology*, 74,
213~227.

Goldin, C. 2014. "A Grand Gender Convergence: Its Last Chapter," *American
Economic Review*, 104, 1-30.

Gordon, M. E., J. W. Philpot, R. E. Burt, C. A. Thompson & W. E. Spiller. 1980.
"Commitment to the union: Development of a measure and an examination
of its correlates." *Jn of Applied Psychology*, 65, 479~499.

Greenhaus, J. H. & N. J. Beutell. 1985. "Sources of Conflict between Work and
Family Roles." *Academy of Management Review*, 19, 76~88.

Greenhaus, J. H. & G. N. Powell. 2006. "When Work and Family are Allies: A Theory
of Work-Family Enrichment." *Academy of Management Review*, 31, 72~92.

Heide, Holger. 2013. "Crisis? Resistance? Defeat?: in search of a way out of this
fatal work society." manuscript for a conference in Stockholm, Sweden.
Download: https://www.academia.edu/5692802/Crisis-Resistance-Defeat.

Hochschild, A. R. 1983. *The Managed Heart: The Commercialization of Human
Feeling*. Berkeley: The University of California Press.

_____. 1997. *The Time Bind.* N.Y.: Metropolitan.

Hubbert, M. King. 1956. "Nuclear Energy And The Fossil Fuels." Shell Development Company.

IOM. 2010. Facts and Figures of International Organization for Migration, http://www.iom.int/jahia/Jahia/about-migration/facts-and-figures/lang/en.

Kanungo, R. N. 1982. Measurement of job and work involvement. *Journal of Applied Psychology,* 67(3), 341~349.

Kerr, S, C. A. Schriesheim, C. J. Murphy & R. M. Stogdill. 1974. "Toward a contingency theory of leadership based upon the consideration and initiating structure literature." *Organizational Behavior and Human Performance,* 12(1), 62~82.

Kirchmeyer, C. 1992. Perceptions of nonwork-to-work spillover: Challenging the common view of conflict-ridden domain relationships, *Basic and Applied Social Psychology,* 13, 231~249.

Kuruvilla, S. & R. D. Iverson. 1993. "A Confirmatory Factor Analysis of Union Commitment in Australia", *Jn of Industrial Relations,* 35, 436~452.

Kochan, T. A., H. C. Katz, & R. B. McKersie. 1986. *The transformation of American industrial relations.* New York: Basic Books.

Lewchuk W. et al. 2011. *Working Without Commitment,* Hamilton: McMaster University.

Lindert, Peter. 2004. *Growing Public: Social Spending and Economic Growth Since the Eighteenth Century,* 2 vols. Cambridge University Press.

Likert, Rensis. 1979. "From production- and employee-centeredness to system 1-4." *Journal of Management,* 5(2), 147~156.

Lodahl, T. M. & M. Kejner. 1965. The definition and measurement of job involvement. *Journal of Applied Psychology,* 49(1), 24~33.

Macpherson, C. B. 1985. *The Rise and Fall of Economic Justice and Other Papers,* Oxford: Oxford University Press.

Marx, Karl. 1867. *Das Kapital I, MEW 23.*

Mayer, Udo & Norbert Reich(Hrsg.) 1975. *Mitbestimmung contra Grundgesetz?*

Argumente und Materialien zu einer überfälligen Reform, Darmstadt u.
Neuwied: Hermann Luchterhand.

Meisel, Nicolas. 2004. *Governance Culture and Development: A Different Perspective on Corporate Governance,* Organisation for Economic Cooperation and Development. Paris: OECD.

Mies, M. 1999. *Patriarchy and Capitalism on a World Scale/*London: Zed Books, 2nd edn.

Naphtali, Fritz (Hrsg.) 1928. *Wirtschaftsdemokratie. Ihr Wesen, Weg und Ziel.* Berlin[Ausg. Bund-Verlag, Köln, 1984].

Newton, L.A. & L. M. Shore, 1992. "A model of union membership: Instrumentality, commitment and opposition." *Academy of Mgt Review,* 17, 275~298.

Northouse, Peter. G. 2004. *Leadership: Theory and Practice*(3rd ed.). Thousand Oaks, California.: Sage.

Osterman, P. 1995. Work-Family Programs and the Employment Relationship. *Administrative Science Quarterly,* 40, 681~700.

Schneider, Dieter & Rudolf F. Kuda. 1969. *Mitbestimmung: Weg zur industriellen Demokratie?.* München: DTV.

Schor, J. B. 1992. *The Overworked American.* N.Y.: Basic Books.

Schweickart, David. 2002. *After Capitalism.* Lanham, Md.: Rowman and Littlefield.

Tabb, W. K. 1997. "Globalization is an issue, the power of capital is the issue." *Monthly Review,* June 1997.

_____. 2003. "Race to the Bottom?." Stanley Aronowitz and Heather Gautney (eds.). *Implicating Empire.* NY: Basic Books.

Tetrick, L.E. 1995. "Developing and maintaining union commitment: A theoretical framework." *Jn of Organizational Behavior,* 16, 583~596.

Thompson, E. P. 1967. "Time, Work-Discipline, and Industrial Capitalism," *Past and Present,* 38, 56~97.

Trentin, Bruno. 1978. *Arbeiterdemokratie: Gewerkschaften, Streiks, Fabrikräte.* Hamburg: VSA.

Tsiganou, Helen A. 1991. *Workers' Participative Schemes: The Experience of*

Capitalist and Plan-based Societies. NY: Greenwood.

Vilmar, Fritz & Karl-Otto Sandler. 1978. *Wirtschaftsdemokratie und Humani-sierung der Arbeit.* Frankfurt.

Webb, Sydney and Beatrice Webb. 1894[1920]. *The History of Trade Unionism.* London: Longmans.

지은이ㄴ**강 수 돌**

서울대 경영학과 학사 및 석사, 독일 브레멘대 박사(노사관계 전공)

미국 위스콘신대, 캐나다 토론토대 방문교수 역임

1997년 3월 ~ 현재: 고려대 세종캠퍼스 경영학부 교수

저/역서:『잘 산다는 것』,『나부터 세상을 바꿀 순 없을까?』,『한국경제의 배신』,『팔꿈치 사회』,『노
동을 보는 눈』,『경제와 사회의 녹색혁명』,『글로벌 슬럼프』,『시속 12킬로미터의 행복』,『나
부터 마을혁명』,『자본을 넘어, 노동을 넘어』,『살림의 경제학』,『나부터 교육혁명』,『노사
관계와 삶의 질』등

한울아카데미 1720

자본주의와 노사관계
삶의 질 관점

ⓒ 강수돌, 2014

지은이 | 강수돌
펴낸이 | 김종수
펴낸곳 | 도서출판 한울
편집 | 김경아

초판 1쇄 인쇄 | 2014년 8월 15일
초판 1쇄 발행 | 2014년 9월 10일

주소 | 413-756 경기도 파주시 광인사길 153 한울시소빌딩 3층
전화 | 031-955-0655
팩스 | 031-955-0656
홈페이지 | www.hanulbooks.co.kr
등록번호 | 제406-2003-000051호

ISBN 978-89-460-5720-3 03320
       978-89-460-4901-7 03320(학생판)

* 책값은 겉표지에 있습니다.
* 이 책은 강의를 위한 학생판 교재를 따로 준비했습니다.
  강의 교재로 사용하실 때는 본사로 연락해주십시오.